U0559675

供应链质量可视性管理

苏 秦 张文博 著

科学出版社

北京

内 容 简 介

高质量发展要求高质量供给和新需求创造,供应链质量可视性是企业保证产品质量安全、提高运作效率和满足消费者新需求的重要解决方案,采用以区块链溯源为代表的新一代信息技术来保证质量信息的可信性和可视性成为新的社会共识。然而由于信息共享机制、信息成本、供应链结构等诸多因素的影响或制约,企业普遍缺乏系统有效的质量可视性管理方法,供应链质量可视性不足的问题仍然十分突出。本书在把握国际前沿研究成果的基础上,指明供应链质量可视性的内涵和功能,根据供应链上质量信息的不同来源和传递关系构建多种情境下的供应链模型,提出企业的质量可视性决策、价格决策及运营优化方法,揭示质量、成本、竞争等多因素和多目标的关联性对供应链决策与绩效的影响,并设计了一系列具有不同现实适用性的供应链协调合同和多目标决策优化方案,可为企业创建并提升基于区块链的质量可视性、进行有效的供应链质量管理提供参考。

本书适合企事业单位供应链和质量管理人员,供应链管理、质量管理等相关专业的科研人员及高年级本科生和研究生阅读。

图书在版编目(CIP)数据

供应链质量可视性管理 / 苏秦,张文博著. —北京:科学出版社,2023.12
ISBN 978-7-03-076576-5

Ⅰ. ①供⋯ Ⅱ. ①苏⋯ ②张⋯ ①供应链管理-质量管理-研究
Ⅳ. ①F252.1

中国国家版本馆 CIP 数据核字(20239)第 190619 号

责任编辑:徐 倩 / 责任校对:王晓茜
责任印制:赵 博 / 封面设计:有道设计

科学出版社 出版
北京东黄城根北街 16 号
邮政编码:100717
http://www.sciencep.com

中煤(北京)印务有限公司印刷
科学出版社发行 各地新华书店经销

*

2023 年 12 月第 一 版 开本:720 × 1000 1/16
2025 年 1 月第三次印刷 印张:10
字数:200 000

定价:118.00 元
(如有印装质量问题,我社负责调换)

前　　言

高质量发展要求高质量供给和新需求创造，供应链质量可视性已成为企业保证产品质量安全、提高运作效率和满足消费者新需求的重要解决方案。然而由于信息共享机制、信息成本、供应链竞合关系和决策结构等诸多因素的影响或制约，企业缺乏对质量可视性在供应链体系中复杂作用的全面认识，也缺少系统有效的质量可视性决策方法，供应链上缺乏质量可视性的问题仍然十分突出。

基于现实问题和已有理论的差距，本书针对不同的供应链结构和产品质量信息来源情况进行建模分析。首先，考虑最基本的供应链结构即两级双边垄断供应链，且质量可视性仅由供应链上游供应商提供的情形，构建供应链质量可视性基础模型，弥补现有理论对正式的质量信息共享机制及灵活决定信息质量的研究不足，解决供应链企业面临的质量可视性系统模式选择这一启动性难题，为后续部分研究做好铺垫。其次，考虑上游供应商竞争而下游零售商垄断的供应链结构，质量可视性由供应链上游两个供应商分别提供，讨论质量竞争强度和价格竞争强度及横向的质量信息共享行为对供应商质量可视性决策的影响。再次，考虑质量信息和质量可视性同时来源于供应链上下游的双边垄断供应链，研究质量级联性给两个质量信息主体即供应商和分销商的质量可视性决策带来的影响，探讨可提升供应链整体质量可视性和绩效的协调机制。最后，以食品供应链为典型，考虑多级供应网络上质量和质量可视性的连续变化，针对模糊环境下包括成本、质量和质量可视性在内的多目标决策问题，设计两阶段优化算法获取供应链最优合作伙伴组合，揭示指标关联性对供应网络配置和供应链质量可视性等的影响。

本书的特色之一在于从信息可得性和信息质量两个方面刻画供应链质量可视性，通过明确质量可视性的直接效应（direct effect）和溢出效应（spillover effect），提出多种系统模式下的质量可视性决策方法，揭示了质量可视性有助于改善价格决策并提升企业绩效的作用机理，为企业创建供应链质量可视性时的模式选择和投资决策提供理论指导，同时丰富和发展了正式的质量信息共享制度相关文献。

本书的特色之二在于提出供应商竞争情形下最优的质量可视性决策和质量信息横向共享策略，揭示市场竞争因素对供应链企业决策继而对企业绩效的影响路径，发现了质量竞争较弱时利于质量信息横向共享，否则利于质量信息纵向共享的新结果，为供应链企业对竞品质量信息管理和价格决策提供了理论依据与实践指导。

　　本书的特色之三在于针对产品质量在供应链上下游的级联性，提出供应链多级质量可视性决策和价格决策方法，设计了三种组合协调合同，包括一种新的依据质量可视性线性收费的收益共享合同，并验证了它们对于不同市场成熟度产品的供应链协调效果，扩展了供应链质量协调的相关理论研究。

　　本书的特色之四在于考虑多级供应网络的质量和质量可视性连续性，建立模糊环境下的模糊多目标规划模型，结合加权上下界法和模拟退火算法设计新的两阶段解决方案，提出不同原材料种类和决策者偏好下的最优合作策略，为企业优化供应链结构并提升质量可视性提供了理论依据和方法参考，也为供应链管理者提供了质量风险控制等方面的洞见。

　　本书通过深入的理论研究和模型构建解决了质量不确定性、环境不确定和多种供应链结构下的质量可视性决策与优化问题，然而由于篇幅和模型处理等方面的限制，还存在一些局限性和未来可延展的研究空间，如更多产品种类、双渠道、多供应链竞争等场景下的供应链质量可视性管理策略研究等。

　　本书的研究得到了教育部人文社会科学基金项目"基于区块链溯源技术的产品质量可视性提升路径研究"（项目编号：22YJA630074）、国家自然科学基金重大项目"制造循环工业系统管理理论与方法"（项目编号：72192830，72192834）以及西安交通大学人文社会科学学术著作出版基金的资助，还得到了西安交通大学管理学院、西安交通大学机械制造系统工程国家重点实验室、西安交通大学过程控制与效率工程教育部重点实验室、中国航空发动机研究院等机构的支持，我们对这些机构的资助和支持表示衷心的感谢！

　　囿于作者水平，本书难免存在疏漏和不足，敬请读者批评指正。

苏　秦

2023 年 7 月 1 日

主要符号表

B	外部购入模式（上标）
b	质量可视性消耗成本系数
C	集中决策情形（上标）
c	质量可视性系统租赁服务费
D	分销商（下标）；分散决策情形（上标）
d	质量可视性系统研发成本系数
DE	直接效应
DS	直接效应和溢出效应
e	质量可视性努力成本系数
F	质量可视性系统固定成本；固定费用
g	质量可视性系统正外部性收益系数
K	质量可视性努力成本分担费用；收益共享合同（上标）
(N)	无落差产品（上标）
P	质量信息对零售价格的影响系数
p	产品零售价格
Q	市场需求或订货量
q	产品质量
q_0	产品质量历史均值或先验期望
R	零售商（下标）
$S(A,B)$	供应商（下标）
SC	供应链（下标）
SE	溢出效应
T	系统购买费用或信息费等转移支付费用；两部收费合同（上标）
u	企业与消费者的质量先验期望差距；质量提升幅度
v	产品质量可视性
W	质量信息对批发价格的影响系数
w	产品批发价格
(Y)	有落差产品（上标）

续表

Y	内部开发模式（上标）
Z	租赁服务模式（上标）
α	市场需求对产品质量的敏感程度
β	市场需求对产品质量可视性的敏感程度
γ	对质量可视性努力的收费系数
η	质量可视性努力的成本分担系数
Θ	产品质量信息
θ	产品质量随机变量
Λ	市场基础规模
λ	质量竞争强度
μ	供应商获取供应链利润的比例
ξ	质量可视性努力的成本分担系数
Π	质量信息对利润的影响系数
π	利润或利润函数
σ^2	产品质量波动
Υ	产品质量信息
φ	供应商获得分销商的收益共享比例
ϕ	价格竞争强度
Ω	质量信息对产品需求或订货量的影响系数
ω	对产品最终质量的贡献或权重

说明：为避免混淆，本符号表不覆盖本书第 6 章

目　　录

第1章　供应链质量可视性概述

1.1　质量可视性与高质量发展

高质量发展是解决不平衡不充分发展问题的根本途径，是满足人民日益增长的美好生活需要的必然要求。《中华人民共和国国民经济和社会发展第十四个五年规划和 2035 年远景目标纲要》提出，"我国已转向高质量发展阶段"，要"以创新驱动、高质量供给引领和创造新需求"。高质量发展是我国"十四五"乃至更长时期经济社会发展的主题，必须全领域、全地域、长期坚持。高质量发展要求企业不断深化质量创新，保证消费者获得高质量结果，实现社会质量效益的最大化。随着我国经济结构的转型升级和供给侧结构性改革对粗放、落后产能的淘汰，消费市场上的商品质量稳步提升，产品附加值和多样性也大大增加。企业对质量的追求不再局限于自身范围内的全面质量管理，而是和与之深度绑定的供应链及产业平台共同实现高质量发展。

需求侧和供给侧对于质量前所未有的偏好使得企业及其供应链将质量作为核心竞争力成为一个自然选项。特别是在衣食住行等民生行业，产品质量直接关乎消费者的生命健康和生活品质。消费者对产品的主要需求指标早已从数量、价格二元要素转向数量、价格、质量三元要素，质量甚至频频成为消费者购买行为的第一动因。相应地，供应链企业也从成本导向转为需求和价值导向，力求以高质量供给来满足消费者高水平的质量和服务需要[1]。然而，供应链的专业化分工和全球化配置放大并增加了产品质量的不确定性和不透明性，纷繁的风险因素和意外事件使供应链变得更易损，供应链任一环节发生质量波动或污染都可能引发瀑布效应，进而导致供应中断[2-4]。近年来，全球范围内发生的多起大规模产品质量安全事件对公众的生命健康造成了恶劣影响，也给各相关企业带来了重大的经济和声誉损失（表 1-1），引起产业界和学术界的高度关注[5]。这些事件凸显了多级供应链和供应网络的质量管理难题，反映出供应链上游供应商质量和质量可视性的重要性。

质量可视性是指质量信息的可得性和信息质量水平，反映了企业对质量信息的获取、处理和分享等管理能力。获得全供应链范围内的质量可视性是企业保证产品质量安全、防止中断风险的一种战略性举措[6]。随着射频识别（radio frequency identification，RFID）、全球定位系统（global positioning system，GPS）、条形码

（barcode）和快速响应（quick response，QR）码（又称二维码）、区块链（blockchain）等信息技术的全面普及，供应链"可视"逐渐成为一种可能。供应链企业借助超细粒度的可视性，能够大幅度降低库存水平，节省运作和管理成本，实时监测产品质量，有效协同处理供应链中断事件。波士顿咨询公司（Boston Consulting Group，BCG）的经验表明，提升供应链可视性可以降低 7%～20%的制造、库存和物流成本，降低 15%～30%的周转资金，提高 4%～6%的需求满足水平①。众多有影响力的企业凭借先进的供应链质量可视性系统实现了提质增效、规避风险的目标。例如，蒙牛最初与供应商交接生乳时，每年就产生 40 多万张纸质记录单，且质检结果随车送回导致质量信息严重滞后；施行"数智奶源智慧牧场"质量可视性系统后，线上进行信息化的业务对接极大地规避了质量风险、降低了运作成本②。沃尔玛和国际商业机器公司（International Business Machines Corporation，IBM）合作建设了基于区块链技术的食品信托（Food Trust）质量可视性系统，要求其蔬菜供应商从 2019 年 9 月起使用该系统，借助该系统只需要几秒便可以将产品追溯到农场，而以前这个过程可能需要数天或者数周。增强的质量可视性让沃尔玛确保每一阶段的产品都是已被验证过的，从而降低如 2018 年那样的食源性问题沿供应链传播的风险，还能避免产品召回时自身和合作伙伴遭受的巨大损失③。乔达国际集团（GEODIS）[1]的一项全球范围内的供应链调查显示，端到端的供应链可视性已经成为供应链管理者公认的仅次于两项交付性指标的第三重要的供应链目标。高德纳咨询公司（Gartner）[7]的调查报告也表明，已有 46%的供应链领导者把供应链可视性当作最优先的投资事项。

表 1-1　近年全球范围内部分产品质量安全事件

年份	事件	起因
2020～2021	冷链食品或包装表面检出新冠病毒	在三文鱼、南美白虾、智利车厘子等多种进口冷链食品的产地或运输过程中，工人或环境携带新冠病毒
2019～2021	现代、蔚来等品牌的新能源汽车起火召回	汽车电池供应商 LG 化学等生产的电池组件存在缺陷，会造成短路而引发电池起火
2018～2019	瑞典服装巨头 H&M 代工厂童装召回	印度尼西亚代工厂生产的童装色牢度不合格，可能引发儿童皮肤问题；孟加拉国代工厂生产的儿童睡衣布料未达到易燃安全标准，存在烧伤风险
2018	沃尔玛绿叶蔬菜大肠杆菌疫情	亚利桑那州菜田附近的运河水受到污染，进而污染田地里的蔬菜
2016	三星手机"电池门"	三星的电池供应商三星 SDI、ATL 因改动设计等造成电池质量缺陷，导致电池燃损爆炸

---

① 波士顿集团官网. https://www.bcg.com/capabilities/operations/turning-visibility-value-digital-supply-chains.
② 人民网. http://shipin.people.com.cn/n1/2020/0714/c430439-31782710.html.
③ 纳斯达克网站. https://www.nasdaq.com/articles/walmart-embraces-ibms-blockchain-tech-2018-09-25.

续表

年份	事件	起因
2013	欧洲马肉风波	部分欧洲国家的肉类产品供应商以马肉充当牛肉出售而未进行标示
2008	三鹿奶粉三聚氰胺事件	上游奶源供应者为提高蛋白质检测值向原奶中违法添加了三聚氰胺

后疫情时代的消费者与移动互联网络的融合更加密切，同样期望通过质量信息的"可视"来即时获知产品的质量和安全状况。消费者个性化、实时性、价值观驱动的"微需求"要求供应链企业在保证高质量物流的同时，还须提供高质量的产品信息[8]。随着环境问题的凸显和第五代移动通信技术（the 5th-generation mobile communication technology，5G）网络的快速建设，消费者的可持续性意识和对信息的渴望都在与日俱增，人们愿意主动获取产品的全过程信息以保证其符合期待[9]。现今实时物流查询、可追溯二维码、碳足迹标签、透明厨房、第三方质检服务等的流行都反映了这一热切需求。环保支持者会检查产品碳足迹来衡量产品生产销售全过程的环境影响，技术极客会通过检测平台查证科技产品每一个组件的性能参数和来源，文化爱好者则非常看重文化产品原产地或制作工艺的真实性认证。食品领域的现象更为普遍，除检视包装上产品成分、有效期等规定内容之外，消费者还希望获知种植/养殖、相关企业质量认证、运输配送、冷链保证等质量信息以打消他们对食品质量安全的担忧。已经上线质量可视性系统的企业会给产品附带认证或可追溯标签，消费者通过浏览标签或用手机扫码便可以马上知道产品的确切来源[6]。对这类高质量可视性产品，消费者往往也愿意为其支付较高的产品溢价[10]。欧洲领先的供应链技术公司 Zetes[11]对零售供应链的调研表明，供应链可视性能将顾客满意度和忠诚度提升 30%以上。

此外，在政府监管部门及社会各方的推动下，提供质量可视性正在成为一种经营规范，企业需要加大质量可视性投入以确保合规性和公众信任。多国政府已经出台了多项相关政策法规[12]，如欧盟的《通用产品安全指令》（General Product Safety Directive）、美国加利福尼亚州的《供应链透明性法案》（Transparency in Supply Chains Act）、我国的《中华人民共和国食品安全法》和《国务院办公厅关于加快推进重要产品追溯体系建设的意见》等。社会团体的关切、媒体监督和社交网络上迅速传播的评论也逐渐形成了全社会"质量共治"的氛围。走在前列的服装企业纷纷采取行动，例如，瑞士 Heidi 公布了从棉花源头到分销中心的所有供应链信息，美国 Patagonia 上线了"足迹记录"，通过衣服标签上的条形码，任何人都可以监督企业的质量和可持续性表现[6]。在一些发达国家，食品制造商提供足够的食品可视性早已成为一项法律义务[13]。我国近年也初步建成了食品行业的质量可追溯系统，如要求婴幼儿配方奶粉的生产加工必须收集牧场和奶站、冷链运输的核心信息，肉菜等生鲜食品必须录入产地和流转过程等。企业借助政府的质量可视性公共平台或者阿里健康的"码上放心"等第三方平台能够让监管部门和消费者随时鉴别食品的产地与质量真实性。

1.2　供应链质量可视性的概念

供应链质量可视性是供应链可视性的派生概念，指向供应链可视性中与产品质量相关的那部分内容，区别于供应链运作管理研究中常见的需求可视性、库存可视性、价格/成本可视性等。供应链可视性在管理学研究中长期被认为是偏应用性的非正式概念。近 10 多年，为了满足全球化供应链的风险管理和高质量发展的需要，供应链可视性才逐渐成为学者的一个研究重心。供应链可视性常常混杂在多个相关概念和过程中，因此在介绍供应链质量可视性的概念之前，有必要厘清供应链可视性的内涵和关键特征。

1.2.1　信息系统与供应链可视性

可视性的概念很早就在企业界流行，特别是在物资需求计划（material requirement planning，MRP）、改进的物资需求计划（material requirement planning Ⅱ，MRP Ⅱ）、企业资源计划（enterprise resource planning，ERP）和电子数据交换（electronic data interchange，EDI）技术等企业信息系统成为供应链企业管理供给和需求的必备工具之后[14]，供应商、运输公司、第三方物流提供商等很多企业都声称拥有或者可以提供供应链可视性，以期在市场中获得更多竞争优势和合作资源[15]。然而由于供应链管理者对供应链可视性各持己见并缺乏研究，混乱的转述和沟通问题引发了不同的理解甚至误解，供应链可视性始终是供应链管理中的难题之一[1]。

供应链学者起初并未过多关注供应链可视性这个主观性较强的词语，只有零星的学术文章将它当作一个非正式性概念有所提及。1985 年，Houlihan[16]就呼吁要提升国际供应链中的信息共享和可视性以缓解需求波动和决策扭曲产生的牛鞭效应（bullwhip effect），不过他认为当时供应链管理的首要任务是目标协调和系统整合。此后学术界探索如何利用信息技术（如 EDI、RFID、条形码）进行供需、库存等信息的共享以提升供应链绩效，可视性被看作企业在信息提供方面拥有的一种属性，相应地，供应链可视性描述的是供应链企业间信息共享的状况[17, 18]。2001 年，Lamming 等[19]借用地质学概念刻画了供应链供买双方信息共享的不透明、半透明和透明三种状态，提出应把信息共享带来的成本和价值透明度当作一种关系要素来管理。

在此基础上，2007 年，Barratt 和 Oke[20]第一次尝试将供应链可视性当作正式术语作以规范性理论界定，将其解释为"供应链成员间对关乎共同利益的关键的、有用的运作信息的共享程度或透明度"，从此开启了对供应链可视性的研究热潮。在经过以 Caridi 等[21]、Barratt M 和 Barratt R[22]、Williams 等[23]、Sodhi 和 Tang[6]为代表的一系列研讨后，供应链可视性获得了与其实践重要度相匹配的研究关注度。然而与供应链管理者相似的是，学者对供应链可视性的定义仍不一而足（表 1-2）。这种概念混乱很大程度上是因为长久以来在供应链管理研究中，可视性（visibility）与其紧密相关的类似概念如信息共享（information sharing）、透明度/透明性（transparency）、可追溯性（traceability）、信息披露（information disclosure）、可视化（visualization）等被有意或无意地混杂在一起，常被不加以区分地等同使用。因此需要通过阐明它们在供应链信息系统中的联系和各自的侧重点来廓清供应链可视性的边界。

表 1-2　供应链可视性定义

文献	定义
Barratt 和 Oke[20]，Caridi 等[21]，Barratt M 和 Barratt R[22]，Caridi 等[24]	供应链成员间对关乎共同利益的关键的、有用的运作信息的共享程度或透明度
Bartlett 等[25]	用透明度测量供应链可视性，表示为信息共享的程度
Delen 等[26]	RFID 技术提供的库存、时间等更细粒度上的信息
Francis[15]	有关事件中及时获取供应链上实体的身份、位置和状态，以及该事件的预期时间和实际时间等信息
Goh 等[27]，Yu 和 Goh[28]	供应链参与者为了获得更好的决策支持，向供应链伙伴及时获取或提供有关供应链实体的信息/知识的能力
Holmström 等[29]	运作管理中追踪（tracking）上升到理论层次的概念
Tse 和 Tan[30]	供应链过程的可追溯性和透明性
Williams 等[23]，Somapa 等[31]，王良和赵先德[32]	供应链参与者的信息共享过程中更容易获得并传递与各种供需因素相关的高质量（精确、及时、完整）信息
Musa 等[13]	供应链获取产品生命周期视角的能力
Nooraie 和 Mellat Parast[33]	在整个供应链中获取关于需求、库存数量和位置、运输相关成本和其他物流活动的最新信息的能力
Kraft 等[34]	从企业社会责任角度将供应链可视性表示为对供应商社会责任努力结果（审查或披露后获得）的确定性
Sodhi 和 Tang[6]	管理者收集供应链上下游运作信息的努力
Dubey 等[35]	能让供应链在需求和库存水平上更透明的一种组织能力，可解释为供应链连通性和供应链信息共享
Roy[36]	发展过程能够看到或被看到的状态，可以理解为技术支撑的透明度和通过可追溯性获得的溯源能力

为了更容易区分这几个概念，首先从其本义入手。①可视性作为交通、地质、

设计、影视等诸多行业或学科领域都会出现的概念，其本义是指"受光照或天气等影响，（观察者）所能看到的距离远近或清晰程度"，引申为"容易看到的事实或状态"①。②信息共享是指信息拥有者将信息分享给他人使之成为共同信息。③透明度原指如玻璃等事物具有能让人看透的性质，也指状态或情况具有让人容易理解的性质。④可追溯性是指追踪一个物体的历史、应用和定位的能力，涉及与产品或服务相关的材料和组分的来源、加工过程、交付后的配送和定位②。⑤信息披露是指将信息提供给他人，尤其是那些先前保密的或被隐藏的信息。⑥可视化（或形象化）是指在观察者脑海中形成某人或某物的图像，多出现在计算机图形学中，指创建图形、图像或动画以便交流沟通信息的技术、方法和过程。

回到供应链信息系统的语境下，如图 1-1 所示，信息共享是其他概念的基础性活动，供应链可视性和供应链透明度都是信息共享的潜在结果。供应链上的信息共享程度，即被共享信息的数量和质量，决定着供应链可视性的水平[20]。供应链可视性倾向于从供应链内部管理者的信息需求视角出发，需要管理者付出努力，通过信息系统对上下游运作信息进行收集，这个过程自然也需要供应链伙伴共享信息的合作；供应链透明度则多是对外的，指企业或供应链向公众（包括外部消费者、监管者和投资者等利益相关者）披露自身和上游的运作信息或产品信息[6]。企业需要首先对供应链可视性进行投入，然后在向外披露所得信息之后，供应链才能展现出透明度[34]。因此，如果以信息总量和质量而论，考虑供应链企业的信

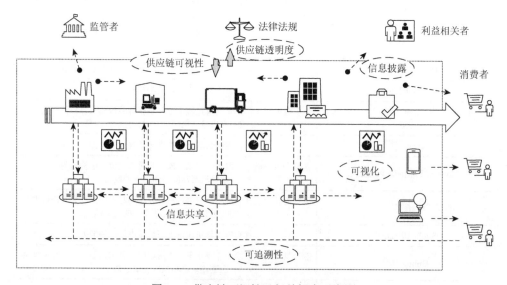

图 1-1　供应链可视性及相关概念示意图

① 在线牛津词典．https://www.oxfordlearnersdictionaries.com/definition/american_english/.

② ISO9000:2015. *Quality Management Systems-Fundamentals and Vocabulary* 中术语与定义部分.

息分享意愿和分享能力，外部利益相关者所能获得的供应链透明度在理论上总是低于供应链可视性。

鉴于产品质量对消费者（也可以是终端顾客）和供应链的重要性，企业越来越多地让消费者参与产品设计、质量监督、品牌宣传等方面，将其当作重要的供应链内部参与者。本书从消费者的公众视角看待供应链可视性，只考虑供应链中与消费者偏好和需求直接相关的质量信息（否则质量信息将蜕变成产品供应量或库存量的一个指示器[37]），故在分析时不对供应链可视性和供应链透明度加以严格区分。这也就赋予了质量信息共享一个特别的性质，即质量信息的最终接收者是消费者，所以当信息向消费者公开之后，供应链上的所有成员也就自然地获得了同样的信息①。

供应链可追溯性是企业探明产品在供应链上的来源、位置、库存等状态的能力，RFID、GPS、二维码等现代信息技术显著增强了供应链构建可追溯性的能力[6]。显然，供应链可视性需要可追溯性所能提供的信息视角和信息细粒度[13, 26, 27]，可追溯性是供应链可视性的前提[29, 30]。可追溯性强调轨迹和溯源，分析物流单元和产品与信息之间的映射关系；可视性强调链级别上的信息证据和信息的及时获得，追求供应链整体的产品协调和决策集成[36]。因此，供应链可视性的实现需要技术手段和过程管理相结合，在可追溯性的基础上及时传递所共享的信息，并将其标准化处理为一种可理解的决策依据。

供应链环境下的信息披露讨论的是分享私有信息的问题，如一些敏感的成本、需求、销量、质量、社会责任或风险信息，一般认为保持这些信息的私密性能够给信息持有者带来竞争优势或超额利润（可能是不当的）[38-40]，不过学者也探索了适当披露这些信息可能为企业带来的好处[41, 42]。对于供应链整体，披露对象是供应链外部利益相关者，因此信息披露常和供应链透明度联系在一起；在供应链内部，信息披露则与信息共享者展现的透明度和信息接收者获得的可视性有关。供应链研究中，信息披露是指供应链企业向特定方共享私有信息，隐含假设是信息已经被该企业获得，并且其信息共享过程常常带有强烈的目的性。

供应链可视化是指借助显像手段将供应链中有关信息以方便理解和掌握的图像、音频、视频等形式表现出来，同样是实现供应链可视性必不可少的技术支撑，不过与本书内容关系不大，不作论述。

从以上可以总结出供应链可视性的以下基本特征。

（1）供应链可视性是结果导向的，代表着对供应链状态的认知。它假定供应链各参与方具有某种程度的信息共享能力和意向，关注所得信息对供应链决策的

---

① 也有供应链企业尝试向公众共享成本、库存等信息，例如，服装零售商 Everlane 公开分享了供应链成本结构，线上购物平台淘宝商城向消费者展示了产品库存量和月销量等，不过它们远不如质量信息共享那么普遍。

支持作用及给供应链绩效带来的影响。

（2）供应链可视性的焦点是对内的[6]，其初衷是为供应链内部决策者提供支持。在当今竞争激烈的市场中，供应链边界日渐模糊，供应链内部成员经常会披露或泄露内部信息，客观上高水平的供应链可视性常带来供应链透明度的提升，这都不可避免地对供应链系统外部造成影响。

（3）供应链可视性的水平依赖于所需信息是否及时可得，以及被共享信息的数量和质量[20, 21, 31]。

（4）供应链可视性需要技术手段和过程管理相结合才能实现，它寻求一种供应链层级上的最佳实践或系统性解决方案。

（5）供应链可视性意味着一种供应链信息能力，它可以是战术性策略，也可以是战略性投资[27]。

由此，可在得到较多共识的 Barratt 和 Oke[20]、Goh 等[27]和 Williams 等[23]的基础上给出供应链可视性更为简洁、全面的定义：供应链可视性是指为了获得更好的决策支持，供应链参与者能够及时获取或/和提供运作所需的高质量信息或知识的能力。

1.2.2　供应链质量可视性及其要素

根据支持运作决策所需的供应链要素，供应链可视性研究可归类为多个主题，常见的有库存可视性[15, 25, 27, 31, 33, 43-45]、需求可视性[23, 27, 31, 33, 46]、成本可视性[33, 45, 47, 48]、质量可视性[30, 49, 50]、过程可视性[13, 27, 45]和风险可视性[30, 50]。加上供应链可视性本身要求的信息及时性这一时间要素，以上分类涵盖了供应链日常决策涉及的全部要素类别。此外，学者还提出了供应可视性[23]、价格可视性[45]、产品可视性[13, 45]、市场可视性[23]、异常可视性[15, 27]、社会责任可视性[34]等，这几种可视性几乎都能等价转化为常见的可视性：供应可视性包括库存可视性和描述供应商生产状态的过程可视性；价格可视性和成本可视性是一体两面；产品可视性一般是指产品的质量可视性和产品在供应链内流动的过程可视性；市场可视性则是指供应可视性和需求可视性；异常可视性和社会责任可视性分别是指事件管理理论和企业社会责任视角下的风险可视性。

质量可视性凭借其对管控质量风险、提高运作效率、增强顾客满意度和监管合规性的重要作用而成为供应链管理者和学者的关注热点，它涉及全供应链条上与产品质量相关的信息可得性和信息质量水平。依照供应链可视性的概念，供应链质量可视性是指为了获得更好的决策支持，供应链参与者能够及时获取或/和提供与产品（或服务）质量相关的高质量信息或知识的能力。因此和供应链可视性一致，在研究供应链质量可视性时应关注以下关键因素：①供应链参与者；②质量信息；③信息质量；④信息能力；⑤对决策的支持性。以下分别对它们加以说明，不过为了论述方便，本书进行了合并和拓展，上述关键因素与以下分项间并非一一对应。

1）供应链质量信息和信息主体

供应链质量信息是构建供应链质量可视性的基石。供应链质量信息就是供应链中与最终产品质量相关的信息，包括直接相关信息（如符合性、可靠性、安全性等产品质量维度信息）和间接相关信息（如供应商质量认证信息、物流过程信息）[50]。供应链质量信息的来源主体是产品及相关实体、操作和流程等，而供应链参与者是供应链质量信息的责任主体和使用者。现代供应链往往参与者众多，而且每个供应链参与者都有可能产生与产品质量相关的信息。质量信息分散在供应链不同的企业、地理位置和信息系统中[13]，一般涉及供应商、中间商、制造商、物流提供商、零售商及消费者等，上游任何成员的内在质量问题和外在质量威胁都有可能引发多级供应网络的瀑布效应，对最终产品质量造成危害。质量的这种级联性要求供应链核心企业不仅要关注自身产品质量信息，而且要审查上游质量信息，甚至需要监管下游分销、运输等过程中的质量信息。这在食品供应链中表现得尤为突出，我国和一些发达国家均倡导食品相关企业提供"从农田到餐桌"全链条的质量可视性，食品的合格率、关键成分指标、养殖/种植细节、包装危害性、冷链中的实时温度、生产和有效日期等都会成为管理者决策和消费者购买时所需的质量信息[51, 52]。

为了全面评估供应链质量可视性，学者从各供应链层级、各层级参与者和各参与者所涉及的信息种类三个层次展开[21, 53, 54]。Bartlett 等[25]提出了以下与质量相关的信息种类：标准水平、返工水平、过程可重复性、供应商质量、质量体系审核、持续改进。Tse 和 Tan[50]也给出了类似的信息范围，包括产品拒绝率和供应商应披露的质量信息（如供应商的质量审核、次级供应商的信息）。得益于信息技术提供的细粒度的可追溯性，目前供应链可获得的质量信息的内容丰富度已比过往有了大幅提升。在具体情境下要从信息需求者的角度出发，注意信息的有用性，只需收集和处理所需的相关供应链层级与参与者的特定种类和适当数量的质量信息，避免"信息过载"[6]。

2）供应链信息的质量

供应链信息的质量是供应链可视性的决定性因素[20]。不同于库存、需求、成本等信息常见的简单数量形式，质量信息除质量合格率等常见数值信息之外，往往还涉及大量的非结构化信息（如原料产地、养殖/种植过程），因此合理评估其信息质量对确定供应链质量可视性有着更明显的意义。比较全面的信息质量概念认为，信息质量是信息满足需求的程度[55]。针对一组信息整体，经常把该组信息所包含的信息数量也作为信息质量的一个维度，那么信息质量的评价维度就包括完备性（completeness）、准确性（accuracy）、可信性（trustworthiness）、及时性（timeliness）、有用性（usefulness）和易用性（usability）[14, 20, 21, 31]。完备性衡量的是所得信息的数量满足需要的程度，每个单元信息的可得性（accessibility，指信息是否被共享）是完备性的前提，连通性（connectivity，指信息接发双方用于信息共享的技术和设备是否配合良好）又是可得性的前提[35]；准确性、可信性、及时性、有用性和易用性则是对已获得信息的质量评价，即衡量信息是否准确，能否被信赖，能否在决策时及时呈现，是否对决策有用，是否规范格式、简洁明了且方便易用。

信息质量的维度在具体情境中的重要性不一，评价供应链信息质量的侧重点也应有所差别。Caridi 等[24]在对航空航天供应链企业的研究中，选取了对供应链可视性具有重要价值的信息数量、信息新鲜度（即及时性）、信息准确性三个维度作为信息质量评价指标。张煜和汪寿阳[56]通过对三鹿奶粉三聚氰胺事件的案例研究，提出食品供应链质量安全管理中要保证食品信息的透明性，加强可检测性（即不安全因素信息的可得性）、时效性和信任性。对于一般产品的质量信息，完备性、可信性、准确性是相对重要的维度；对于易逝品，及时性显得尤为重要；对于存在语言和文化差异的进口产品，质量信息是否易用变得比较重要。本书将产品质量看作多个产品属性的综合评价指标，主要关注质量信息的准确性和完备性。

3）供应链质量可视性的评价方法

基于信息质量维度，供应链可视性的评价思路是从信息使用者（通常是核心企业）的角度出发，测量核心企业可获得的上下游信息的总的信息质量。以 Caridi 等[21, 24, 53]为代表的一系列研究提出了一种系统化的供应链可视性测量方法，考虑运作过程中不同信息类型的信息数量和信息质量，通过多维度测量求几何平均值的方法来测算单个节点企业的可视性，再按节点企业相对于核心企业的位置、重要度和关键性加权计算供应链整体可视性。赵晴晴等[54]则通过调研，采用层次分析法测量了 17 个供应链可视性指标的权重。这些评价方法都能够呈现一个综合性的可视性指标作为决策参考，但囿于考虑的供应链参与者和信息种类过于庞杂，而且缺乏具体的实际应用场景，其理论指导意义并不明确。

学者常用的是分信息类型[23, 46, 57]或/和聚焦相邻层级[46, 47]的供应链可视性评价方法。针对供应链质量风险可视性，Tse 和 Tan[30, 50]整合了增量演算和边际分析方法，通过连续计算供应链各节点的质量风险度，获得了各条外包路径的质量风险可视性。Barratt 和 Oke[20]、Barratt M 和 Barratt R[22]则聚焦供应链企业内部各部门之间、各相邻企业之间的双边联系，采用两两间彼此分享的信息的质量来评价双边可视性。Zhou 等[58]关注两层供应链中可获得市场需求信息的两个制造商和共同的上游团购商，采用信息可得性和信息准确性评价三者的需求信息可视性。这些方法能够排除其他层级和其他种类信息的干扰，从供应链局部来探索可视性的动因和作用，更贴近企业决策逻辑，但丧失了一部分供应链全局视角和信息协同的可能性。因此，在聚焦双边质量信息共享的基础上，从核心企业向更远层级供应商进行拓展，应是一种更为合理和有效的供应链质量可视性评价方法。

4）供应链质量可视性系统和能力

从广义上来说，供应链质量可视性能力涵盖了供应链内所有能够让产品质量达成信息共享从而变得"可视"的事项，如蒙牛早期与生乳供应商的交易记录单和质检报告、企业为产品质量所做的宣传和广告等。不过从现代企业追求高效率、信息化的运作实践来看，质量可视性能力越来越被理解为一种以数字化信息系统为基础的质量信息获取和分享能力。Musa 等[13]将可视性系统视作由硬件和软件组成的一种信息系统，通常包含获取数据的前端、预处理数据和规范化的中端，以及用于信息分析和决策的后端，如各地政府和供应链企业搭建的质量可追溯系统。随着区块链技术的成熟，采用区块链技术来保证质量信息的可靠性和可视性成为新的共识[59]，例如，IBM、Zetes、浪潮科技等公司开发的供应链可视性解决方案均以区块链技术作为基础。本书中供应链企业的质量可视性系统是指企业在所负责的供应链流程内收集、处理并分享产品质量信息的一整套信息系统。连接供应链内各企业的可视性系统并共享相关数据，就可以形成供应链可追溯的能力。就质量可视性系统收集和分享质量信息的功能而言，其他具备类似功能的正式质量信息活动同样适用于本书。

现有质量信息共享研究大多假定企业拥有获取并共享质量信息的完全能力，且无需成本[37]或将获取成本[60]和共享成本[61]设置为定值。实际上，对于产品质量具有不确定性的企业，质量信息和质量一样，也许是"免费"的，但它不是礼物①，而且要求的信息质量越高，企业需要投入的质量可视性努力成本就越大[62,63]。开发及维持一套完整的质量可视性系统需要在设备、维护、信息采集和分享等多方面进行投入[64,65]，加上供应链质量信息涉及的数据类型差别大，如常见的温度、湿度、色度、保质期、面料健康等级等，且数据非结构化程度高，因此信息的获取、处理和分享成本相对高昂[39,60]，通常只有规模较大的企业才能负担得起[6]。

质量可视性成本投入决定着企业能提供的质量可视性，也最终决定着供应链整体的质量可视性，它是制约供应链质量可视性提升的关键因素之一。根据投入成本的用途和可变性，可把质量可视性系统的相关成本大致分为三类：①固定成本，多和基础硬件有关，如扫描器、监控器、服务器等基础性设备成本；②软件和信息操作相关成本，与质量可视性有关，如系统研发和维护、质量认证、信息收集/处理/共享等相关成本，高可视性的数据标准（如采用区块链技术核验[66]）

---

① 引自克劳士比（Crosby）的观点"质量是免费的，但它不是礼物"，此处指产品成形后即"免费"拥有一定质量，就会"免费"产生质量信息，但获得质量信息并不免费，常需要昂贵的成本。

和质量认证（如通过危害分析的临界控制点（hazard analysis and critical control point，HACCP）或 ISO9000 认证[64]）等会显著增加质量可视性系统的复杂性和成本，这类成本通常是质量可视性投入的最主要部分[67]，而且呈现收益边际递减的特性[68]；③日常消耗成本，与质量可视性和产品数量均有关系，包括标识成本、日常人工成本等，例如，4G 版本的一次性可预警温/湿度记录仪比 2G 版本的温/湿度记录仪可提供更高的可视性，当然也昂贵得多①，复杂 RFID 标签价格可达数元，而一般的二维码、条形码价格只有几分钱[65]。

5）供应链质量可视性决策

质量可视性既可以作为或用来支持供应链企业的重大战略决策，也可以作为或用来支持战术层面的运作决策。此处阐述供应链质量可视性本身的决策属性，它对企业其他战略或运作决策的影响将在 1.3.2 节介绍。当与战略决策相关时，质量可视性通常被看作企业的一种长期投资和能力建设，更看重长远的全局性收益（如合规认证、运营效率、商誉提升），一旦确定就不会轻易更改（如建设质量可视性系统）。Sodhi 和 Tang[6]从全球供应链视角总结了基于供应链可视性或透明性的企业战略，涉及供应商质量信息披露、产品源头可追溯、产品环境足迹倡议、供应商社会责任项目，以及利用质量可视性进行差异化竞争等。

在实际运作的层面，受限于供应链企业的信息能力和/或信息共享的意愿或意图，质量可视性决策常常表现出很强的策略性（或投机性）。Granados 等[45, 69]指出为了在数字化商业环境中进行有效竞争，企业会有选择地共享信息，他们将信息共享的核心策略简要地分为四类：①披露（disclose），完全分享信息；②隐匿（conceal），完全不分享信息；③偏斜（bias），有选择地向特定方分享信息；④扭曲（distort），分享不完全或不准确的信息。质量信息共享的相关文献对前两种质量可视性策略的研究成果已经相当丰富，例如，当产品质量较高时，企业很可能完全披露质量信息[70]；当产品质量容易被外界获知或者产品质量很低时，企业倾向于隐匿质量信息[60, 71]；对后两种质量可视性策略的讨论还十分缺乏，仅有少量研究考虑了上游企业选择不直接向消费者披露质量信息而是只披露给下游企业的偏斜策略的可能性[72]。

本书将上述四种质量可视性策略全部作为供应链企业的决策可选项，从质量信息的可得性和信息质量两个方面来讨论企业的质量可视性决策。质量信息的可得性考察供应商和分销商对供应链下游采取披露（共享）还是隐匿（不共享）策略，以及是否采取偏斜策略即只对下游纵向共享而不对竞争对手横向共享；信息质量则考察企业采取的扭曲策略，即共享信息的准确性和完备性如何。特

---

① 4G 即第四代移动通信技术（the 4th generation mobile communication technology）；2G 即第二代移动通信技术（the 2nd generation mobile communication technology）。

别地，企业采取扭曲策略就意味着选择了披露策略，共享的信息完全无用或数量为零（信息质量为零）可以认为企业选择了隐匿策略。因此，为了方便分析，本书采用可灵活决定的信息质量（即可自主决定的信息投入）作为企业质量可视性决策的内容。

1.3　供应链质量可视性的影响因素与作用结果

1.3.1　影响因素

能够影响供应链质量可视性的因素可以分为技术性因素和非技术性因素[20]。技术性因素涉及产品质量的生产程序、信息系统的建设和连通[20, 21]、RFID 等信息技术的应用[26, 73]等，其中，信息系统的成本影响在 1.2 节已经阐述，其他技术性因素不在本书研究范围内，本节主要论述非技术性因素，包括信任和合作、组织整合、供应链不确定性、供应链结构等。

基于信息的企业内外部关联与合作均会影响供应链信息共享[20]，因此需要在数据交换的基础上建立足够的信任，并付出大量的努力工作，才能将有限的信息共享转化为高水平的可视性[62]。Li 和 Lin[74]采集了 196 家组织的数据，发现供应链成员间信任、供应链成员共同愿景和高层管理者支持三个因素对供应链可视性产生了显著的正向影响。Lee 等[75]也得到了类似的结论，他们使用来自三个不同制造行业的 124 个中间组件制造商的数据，验证了组织间信任、资产独占性、互补性资源、联合治理结构等对供应链可视性的显著正向影响。信任与合作提高了供应链企业的外部资源整合能力，高层支持、员工协作提高了企业的内部资源整合能力和信息处理能力，从而为高水平的供应链可视性提供了保证并促进了它对供应链能力的提升作用[23]。供应链成员承诺的可信性和成员之间的信任是本书的基本隐含假设之一，否则各博弈行为体将无法收获预期利益从而导致供应链和市场失败。缺乏信任的不利影响可以通过法律监管、制度建设和发展长期关系等方式消除或缓解。区块链技术也为解决信任和数据隐私问题提供了新的途径，可参考 Wang 等[76]提出的基于区块链的供应链数据共享模型和指南。本书所涉及的质量链、食品信托等质量可视性系统也都是基于区块链技术而开发运行的。

供应商的不确定性对供应链可视性有显著的负面影响[74]，不过降低供应商不确定性及其影响正是供应链提升可视性最主要的目标。供应链中普遍存在的质量不确定性给企业和消费者的各种决策都增加了难度，每个质量信息提供者都会选择最有利于自身的方式向供应链共享质量信息，进而带给供应链决策和结果更大的不确定性。此外，供应链结构映射出的供应链虚拟性和复杂性[21]、不同结构下企业的竞合关系和决策程序也是影响质量可视性决策的重要因素。已有研究表明，竞争情形企业共享质量信息的意愿低于垄断情形[60]；当合作伙伴可以分担信息共享成本时，企业共享质量信息的动机有可能得到提升[39]。

1.3.2　作用结果

理论研究表明，供应链质量可视性（或供应链可视性）对供应链企业的决策和绩效指标多有正面影响。供应商的质量可视性不仅能帮助供应链更准确灵活地定价[39]，而且有助于提高订单完成率和顾客满意度[37]。超细粒度的供应链质量可视性能够提升污染源识别的准确性，确定产品召回策略及其最佳时机[49]。Barratt等[20, 22]基于资源基础理论，认为供应链"与众不同"的可视性一旦形成，即可成为供应链的核心竞争力从而提升供应链绩效。Delen 等[26]研究了 RFID 数据对供应链物流绩效的提升程度，认为供应链可视性也能够像质量一样成为企业区别于其他竞争对手的差异点。此外，还有学者分别基于资源依赖理论、供应链动态能力和组织信息处理理论论证了供应链可视性对供应链运作绩效[75]、战略绩效[77]和敏捷性[57]、响应性[23]的积极作用。从风险控制的角度看，供应链质量可视性至少有利于降低供应链相关环节的物料（成分）风险、产品质量安全风险、声誉风险、外部中断风险、环境风险、合规风险和交付风险等[6]。不过，以上发现更多的是针对供应链整体或质量可视性效应的受益者而言的。在分散决策的供应链中，产品质量可视性主要由上游供应商提供，供应链下游一般无须承担可视性成本和信息泄露的潜在代价，因此，高质量可视性的昂贵成本[78]和竞争中的信息劣势[37]可能给质量信息提供者造成不容忽视的负面影响。

供应链质量可视性对消费者效用价值和需求也多有正面影响。Granados 和Gupta[69]通过大量实例论证了不同产品特征、行业竞争和监管力度情形下包括质量、价格等在内的可视性给消费者带来的好处。Ghosh 和 Galbreth[79]证明了获得质量信息披露的知情消费者可降低搜索成本，且能够提升企业的均衡价格和利润。企业主动提升质量可视性的行为（如进行棕榈油的环境认证或更换健康成分[80]、开展具有环境可持续性的制造[81]）均能激励消费者购买行为。El Benni 等[10]通过对中国消费者数据实证研究发现，受 2008 年三鹿奶粉三聚氰胺事件的影响，消费者愿意为带有欧盟原产地命名保护（protected designation of origin，PDO）标签的罐装婴幼儿配方奶粉多支付售价的 30%～40%，对防伪包装和追溯二维码也有支付较高溢价的意愿。由于质量可视性成本的存在，高的质量可视性很大程度上意味着高的产品质量的可靠性[60, 70]，然而供应链中企业很可能把质量可视性的成本转嫁给消费者，高于最优情况的产品价格反而会伤害消费者[65]。此外，Cao 等[61]还报告了供应链下游零售商和消费者因无法区分制造商的信息获取决策和存在投机可能性的信息分享决策而在供应链高质量可视性结构下利益受损的现象。

由此可见，供应链质量可视性的前置影响因素和作用结果都是复杂且多方面的。供应链质量信息研究中关注度较高的关键关联最值得探讨，即质量不确定性、质量可视性成本、供应链结构（竞合关系和决策结构）对质量可视性决策进而对供应链质量可视性和供应链绩效的影响。通过对这些关联的研究，供应链管理者可以洞察供应链质量可视性的微妙变化，并采取最有效的质量可视性提升策略和优化方法。

1.4　供应链质量可视性的管理问题

尽管众多证据表明供应链质量可视性有利于企业前摄性地降低质量风险、赢得消费者信任、树立社会负责的形象，供应链管理者也都在努力使供应链变得可视化和透明化，但是供应链上缺乏质量可视性的现象仍然非常严重。根据GEODIS[1]报告，拥有完全可视性的供应链企业占比只有 6%，完全没有或只有非常有限可视性的供应链企业占比却高达 77%，Zetes[11]也印证了这一点（缺乏可视性的供应链企业占比为 71%）。质量可视性最具应用价值的一个典型领域是食品行业，然而食品企业在披露供应链信息方面的总体表现并不如想象中优秀，反而有很多故意不披露信息的现象[6]。中国副食流通协会食品安全与信息追溯分会[82]2021 年的调研报告指出，我国食品企业数量多、分布散、规模差异大，能实现食品质量可追溯的企业占比不足 5%。核心企业对较远层级的供应商和产品物流普遍缺乏清晰认知，加上一些商业信息和运作信息的保密性考虑，消费者、政府监管部门等外部利益相关者更无从知晓产品在供应链中的真实情况。

导致供应链质量可视性稀缺的因素错综复杂，对其分析非常依赖于具体的供应链情境。从供应链整体来看，质量可视性的形成一方面依赖于各节点企业内的信息采集和处理，另一方面依赖于关联企业间的信息共享，并且企业与信息相关的决策和行动大多时候直接取决于收支权衡与企业间的竞合关系，据此可以把质量可视性稀缺的原因大体上归纳为三类。

首先是建设或升级可视性系统存在较大技术难度、管理难度和成本障碍。企业的利润最大化目标和高质量可视性之间存在冲突。相比于价格、成本、数量信息较为简单、清晰的数字特点，质量相关信息往往是繁杂和模糊的。因此，质量可视性系统涉及的数据类型众多且非结构化程度高，数据的收集和处理难度较大，特别是在质量可变性较高的行业，必需的实时监测会产生更大的数据量和工作量。赵先德团队[67]2020 年的调研报告指出，信息采集和系统运维成本高是阻碍企业建设质量可视性系统的最主要因素之一。目前市场上发展成熟的可视性系统建设方案有自主开发、外部购买和租赁服务三种[14]。普通企业多局限于技术资源和系统成本，对不同系统模式在供应链层面的影响效果并不清楚，无法正确地平衡收支而不愿进行可视性投资，这大大阻碍了可视性技术的应用和发展[83]。例如，尽管沃尔玛早在 2009 年就开始探索建立覆盖全供应链的食品质量可视性体系，但由于供应商的利益诉求和系统偏好难以统一，直到2018年大肠杆菌疫情的暴发（表1-1）才让沃尔玛决定强制其生鲜蔬菜供应商全部以租赁服务的方式接入食品信托系统。又如，Barratt 等[20, 22]在案例研究中聚焦一家曾在信息共享方面颇具创新性的英国知名速溶咖啡制造商，不过该公司与咖啡豆供应商并未建立任何信息沟通，因为该公司认为这种沟通不会带来收益。然而 IBM 的消费研究报告[8]指出，新一代"永远在线"的消费者非常重视咖啡种植与生产的可持续性和质量可视性，已从根本上重塑了零售行业，该公司显然需要重新审视质量可视性与绩效间的关联，修正自身的质量可视性策略。由此可见，只有从消费者需求出发，以供应链全局视角衡量质量可视性产生的效果，探明不同系统模式下质量信息和成本结构的影响，才有机会解决质量可视性系统建设的战略性难题。

其次是信息保密性问题。企业担忧质量信息外泄会导致自身陷入博弈或竞争劣势，因而倾向于策略性地提供低的质量可视性。一方面，质量区块链等质量可视性系统是一种正式的、长期的质量信息共享机制，企业在获取质量信息前就需要确定信息的共享范围和对象。尽管企业希望通过提升质量可视性来吸引消费者，但如果产品质量较低则披露质量信息可能是不经济的或不利的，因此，当产品质量存在不确定性且无法根据实际质量状况进行信息差异性披露时，企业就失去了投入质量可视性努力的动机[61]。例如，在商务部、财政部 2010 年就开始试点推行的肉菜流通追溯体系中，大多数食品企业目前提供的质量信息仍相当匮乏，只有产品名称、生产批次和责任人等简单信息。另一方面，企业主动分享质量信息或合作伙伴的泄密均有利于竞争对手进行差异化定价和针对性营销，信息价值的外溢可能损害企业的利益[60]。苹果公司在产品发布前常常对产品细节守口如瓶，并与其供应商和下游销售代理签订严格的保密协议以防产品信息被提前曝光。越来越多的品牌商如惠氏奶粉、格力电器、青岛啤酒等选择加入可控制授权的联盟区块链或行业区块链来管理产品质量可视性，相比之下，企业参加质量信息完全公开的公有区块链的意愿普遍不高。高质量可视性给企业在质量和需求管理等方面带来的益处可能被市场竞争所抵消，因此，在探讨质量不确定性下企业最优决策的基础上，研究竞争因素对供应链质量可视性效应的影响具有重要价值。

最后是分散决策导致的双重边际化等局部最优现象。质量可视性所需要的昂贵投入进一步摊薄了企业获得的边际利润，阻碍供应链实现高的质量可视性。例如，如果在快消品供应链中只采用托盘 RFID，则制造商和零售商的收益相差不大；如果制造商加设可视性更高的箱体 RFID，则尽管可使供应链整体收益增加 5.5 倍，但零售商的收益会升至制造商的 5 倍，制造商却很难收回付出的额外可视性成本[84]。这种现象在上下游企业都需对产品质量负责的多级供应链中显得更为严重，一个相关的例子是欧盟的整车道路货运市场[78]。尽管欧盟 95%的卡车都配备了 GPS，但能够全程追踪运输的卡车占比只有 8%，这是因为物流承运商对 87% 的货运量采取了分包模式。该模式下第三方信息访问的授权成本很高，而物流承运商和分包商又都不愿改进流程或承担成本，结果导致托运人几乎得不到任何物流信息，更勿言在运产品的质量可视性了，这使易受物流影响的产品潜藏着巨大的质量风险。在缺乏供应链协调措施的情况下，企业的质量可视性决策很难逃离局部最优陷阱，因而无法实现全链条的质量可视性和可追溯性，这反过来又进一步成为企业不愿提供质量可视性的重要原因[67]。由此可见，在多级供应链特别是多级质量来源的供应链中，研究各级企业的质量可视性决策及其协调机制对于探寻供应链整体质量可视性提升方案具有重要意义。

面对模糊复杂多变的供应网络环境，企业难以对供应链上产品质量和质量信息的连续发展进行评估，更缺乏应对成本、质量和质量可视性等多目标决策的优化方法。产品原料供应商和物流服务商（简称物流商）均会给供应链质量和质量可视性带来连续影响，而不同的供应链合作伙伴的质量能力和信息能力存在差异，企业必须构建合理的供应网络，以保证在指定时间内产品始终维持高水平的质量和质量可视性。三鹿奶粉三聚氰胺事件、沃尔玛大肠杆菌疫情事件，以及 H&M 代工厂童装召回事件等无不证明了在多级供应网络中优化配置并提升供应链质量可视性的重要性。这在食品行业显得更为重要。食品行业的大多数供应商规模小、信息能力和风险控制能力较弱，核心企业或平台在追求利润最大化的同时不能不考虑产品质量和风险的控制，合理布局和不断优化自身供应网络。根据国家信息中心报告，2021 年我国外卖行业市场规模突破 1 万亿元，在这个看似已经全面信息化的热门行业中，商家卫生不达标、食品包装有害物质超标等负面新闻仍屡见报端，作为供应链核心成员的外卖平台常常过于关注成本而弱化了质量和质量可视性等重要决策目标，无法及时调整优化供应网络。此外，现实中决策制定者对决策准则和目标约束的认知往往是不精确的或模糊的[85]，这也增加了企业在平衡多个决策目标时的难度。

综上所述，高质量可视性能够在移动互联时代给供应链企业带来可观的效率提升量和新的利润增长点，同时给消费者带来更优异的质量体验，供应链质量可视性的现实重要性不言而喻，大量的研究也已经围绕供应链可视性、质量信息的事后披露等展开。但由于质量信息共享机制、质量可视性成本、供应链竞合关系和决策结构等诸多因素的影响，企业缺乏对质量可视性在供应链体系中复杂作用的全面认识，也缺乏系统有效的质量可视性决策和优化方法，从而导致供应链质量"可视"变得可望而不可即。现有研究囿于质量信息披露机制、信息获取/共享策略和信息成本非灵活性假设等限制，对供应链企业在创建质量可视性时面临的实际难题缺少有指导意义的理论成果，供应链上缺乏质量可视性的现象仍然非常严重。供应链企业对不同环境下质量可视性在供应链层面上的效应不清楚，在供应链运作和博弈过程中进行质量可视性投入与质量信息共享的动机明显不足。因此，深入探究不同质量可视性系统模式下和不同供应链结构下质量相关企业的最优决策，实现供应链质量可视性及供应链绩效的最优化，是保证高质量供给、践行高质量发展的一项具有紧迫现实意义的研究课题。

基于现实需求和理论困境，本书关注不同供应链结构下的企业质量可视性决策难题，将质量信息获取和共享看作连续统一的过程，并将信息质量和信息成本放松为可进行灵活性决策的变量，进而提出以下关键问题。

（1）不同系统模式下供应商的质量可视性决策问题。在对供应链层面上的质量可视性效应缺乏清晰认识的情况下，供应商难以判断和选择最合适的质量可视性和系统模式，与质量信息自愿披露（voluntary disclosure）相关的已有研究结论无法适用于质量可视性系统等正式的提前承诺或强制性的质量信息共享方式，而且不同系统模式之间存在显著的信息操作和成本结构差异，进一步增加了质量可视性效应的复杂性。因此，不同质量可视性系统模式下供应商的最优质量可视性决策是什么？质量可视性会给供应链上下游企业带来怎样的直接效应和溢出效应？产品质量不确定性因素及不同系统模式的成本结构又会对供应链可视性和企业利润产生怎样的影响？

（2）竞争环境下供应商的质量可视性决策问题。不同于双边垄断供应链中供应商质量可视性仅影响自身产品渠道，当供应商之间存在产品质量和价格竞争时，供应商的质量可视性决策还会对竞争对手的产品渠道收益产生影响，而且供应商之间横向的质量信息共享行为可能进一步影响各自的质量可视性决策。因此，在竞争环境下供应商应该如何进行质量可视性决策？质量可视性会给供应链各方绩效带来怎样的影响？质量竞争强度和价格竞争强度怎样影响供应链结果？供应商是否应当向竞争对手横向共享质量信息？

（3）质量信息同时来源于供应链上下游时各企业的质量可视性决策和供应链协调问题。当上下游企业均对产品质量有所贡献时，消费者将同时对各层级企业的质量信息做出反应，那么供应链上下游对产品质量均负责的企业该如何进行质量可视性决策？分散决策会扭曲供应链的最优价格和质量可视性决策机制，那么怎样的合同机制能够保证供应链实现基于上下游质量可视性的协调？产品的市场成熟度影响着消费者根据企业质量可视性和质量信息做出的质量判断，那么产品的不同市场成熟度对质量可视性决策和供应链合同的协调效果有何影响？

（4）多级供应网络中针对不同供应商和物流商组合的供应链质量可视性优化问题。当供应链核心企业面对多级供应网络中众多的供应商组合时，该如何做出保证产品质量和质量可视性的最优策略？如何平衡整个供应网络的经济成本和随时间变化的质量损失？模糊环境和不同产品类型对核心企业决策及供应网络绩效产生怎样的影响？

本书将在对相关研究回顾的基础上对上述问题依次展开研究。

第2章 供应链质量可视性与信息共享理论

2.1 供应链质量可视性的研究发展

供应链可视性的概念一经提出就获得了企业界的极大关注，然而理论界直到Barratt 和 Oke[20]的研究发表之后才将其界定为正式的术语，从而掀开理论研究的热潮。近年来该领域已累积了大量国内外相关研究，学者对供应链可视性的使能要素和其对供应链绩效的作用路径进行了广泛的讨论，但供应链可视性本身丰富的内涵和庞杂的属性导致学者的观点分歧多于共识[1, 15]。从较早信息传播理论下的"信息共享"[17, 18, 25]和"信息质量"[20, 21, 23]观点，到资源基础理论、动态能力理论和信息处理理论下的"全链条信息能力"[13, 15, 27, 33]观点，再到"供应链绩效解决方案"[1, 6]的综合思想，学者在不断加深对供应链可视性理解的同时，也指出了这一研究领域的价值和方向所在。质量信息在顾客质量感知和消费者效用中的重要作用很大程度上影响着供应链企业的决策与绩效，这促成了质量可视性近年来在信息研究中的显著地位，不过产品质量具有不确定性和强调过程连续性等特点，这对供应链可视性学者提出了相比需求、成本等相关研究更高的要求。

供应链质量可视性研究的关键在于供应链企业的质量可视性决策，决策内容主要是信息的可得性和信息质量两个方面，其复杂性源自质量信息共享决策制度、供应链过程中的质量不确定性、质量信息相关的成本结构及供应链结构等。其中，质量信息共享决策制度分为自愿披露和强制披露（mandatory disclosure）两种，直接决定了企业提供质量可视性的动力来源：自主获利或规避惩罚。基于自由市场立场，学者在自愿披露制度下的企业质量信息披露决策上获得了丰富的见解[39, 70, 71, 86-88]。他们针对企业已经获得产品质量私有信息的情况，在考虑信息资产转移代价（如信息披露成本）的情况下，研究企业如何根据消费者的质量推断来使自身利益最大化，一般认为企业具有足够的动机隐匿差质量的信息，只披露好质量的信息。这种情境设定和观点结论给企业在非正式场景下提供了简明且自主的策略启示，不过在正式或长期的质量信息共享诉求下，缺乏提前承诺的自愿披露行为导致企业的信息共享决策表现出前后明显的不一致性和投机性，可能违背监管者和供应链伙伴的信息合规性要求，也会引发消费者对产品质量可靠性和企业信誉的怀疑。

为了改善强制披露制度强烈的抑制性和自愿披露制度的随意性，学者呼吁将质量信息的获取和共享当作统一的连续过程来考虑，倡导企业在获取质量信息之前就做出信息共享承诺或自愿参与强制披露条款下的质量信息获取项目[61, 89, 90]。提前承诺共享和自愿获取而强制披露这两种形式尽管在对质量信息获取的要求上有所不同，但都消除了企业在获取质量信息之后的策略性行为，适合现今重视建设质量可视性系统等正式质量信息披露渠道的供应链企业。近期的一些研究发现，供应商侵入[91]和网络外部性[92]等可激励提前承诺共享的零售商主动分享需求信息；自愿获取而强制披露制度拉高了低质量信息披露时消费者的质量期望，反而可能提升企业的事前期望利润[61]，均显示了整体考虑质量获取和共享过程对于提升企业质量可视性投入动机的积极意义。提前承诺共享在需求和成本等信息共享研究中积累了较多成果但在质量信息方面尚缺乏类似讨论[58, 93-95]，关于自愿获取而强制披露的研究也相当有限[61, 90]，两者在供应链质量可视性热点领域的研究前景广阔。

　　质量的不确定性是随着供应链过程动态发展的，供应链质量可视性管理就意味着企业将应对质量不确定性的思路从被迫或被动共享质量信息变为主动管理质量信息。质量信息披露研究中常将质量信息看作一个完整且准确的单一信息，信息质量的不完美性被有意或无意地忽视了，如此一来，质量可视性决策就只是关乎质量信息对信息需求者的可得性，企业只需决定共享或不共享质量信息。这种设定尽管简明、易处理，但制约了信息主体对信息质量的投入和主动管理，与现实中质量信息共享总是带有模糊性的现象不尽相符，在理论上也往往出现和柔性可视性策略迥异的结果[96]，很大程度上抑制了供应链质量信息理论的发展及其对实践的指导效果。越来越多的学者倡议关注柔性的（质量）可视性策略[45, 58, 69, 97]，考虑质量信息获取或共享的不完美性已经成为研究的新趋势。相应地，在简单的信息获取/共享二元决策下，质量信息相关成本一般被设定为与信息质量无关的固定费用或者不予考虑，这种简明性假设确实收获了鲜明的管理启示，即只需找到取决于信息成本的质量获取/披露固定阈值即可，但是它忽略了信息质量和信息成本的关联性，并不能很好地解释供应链企业在投入质量可视性成本后信息产出的效率差异。

　　产品质量信息相比其他类别信息的一个特殊之处在于，质量信息一般在供应链中自上而下传递且最终受众是消费者。供应链结构对产品质量信息的来源、共享对象和共享方式、决策结构和次序都有决定性作用，不同供应链结构下，信息已知者相对信息未知者的信息优势深刻地影响着两者的决策和收益。现有面向消费市场的质量信息获取/披露研究关注了单一产品情况下或/和产品供应商直接面向消费者时的质量信息披露决策，与竞争环境相关的研究只见初步的成果[41, 60]，少有在供应链背景下考虑不同渠道产品竞争时的质量可视性决策问题[98]。现有研究设定竞争企业直接面向市场公开质量信息，并不区分信息接收方是消费者、合作伙伴还是竞争对手，未考虑在质量可视性系统中供应商面对不同对象时可以分别决定是否对其共享质量信息的现实情况，只有少量研究讨论了在双边垄断供应商向消费者披露质量信息时的不对称共享秩序即"次序披露"[41, 60]。此外，当产品生产和流转随着供应链结构纵向延展时，常常出现多个层级的企业均需要对最终产品质量负责的情况，在生鲜产品背景下已有较多研究讨论了产品源头质量和下游企业保鲜努力的决策与协调问题[99-101]，不过与质量信息获取或共享相关的研究还未见报道，仅有个别研究探讨了单一企业质量共享动机的协调或改善问题[39, 96]。

综上所述，现有与供应链质量可视性相关的研究集中在企业对质量信息的自愿披露决策上，且决策选项和信息成本多是固定或不灵活的，这无法适用于基于信息化的质量可视性系统等正式的信息共享场景中，也无法满足现代企业主动进行质量信息管理的需要。此外，关于供应链环境下质量信息纵向和横向共享的研究及对质量可视性努力的协调研究较为匮乏。因此，迫切需要研究不同供应链结构下特别是竞争环境下基于柔性策略的企业质量可视性决策方法，以及产品质量源于供应链多层级情形下的质量可视性决策方法和供应链协调机制。

2.2 供应链质量信息共享理论

供应链质量可视性研究的关键在于供应链企业的质量可视性决策，在暂不考虑竞争因素的垄断市场中，其复杂性主要源自质量的不确定性、质量可视性成本和信息共享决策机制，在一个产品生产销售周期内的这三种因素如图 2-1 中灰色部分所示。图 2-1 中的质量信息共享和产品质量感知的动态过程简述如下：在某种产品或某批次产品投入市场前，市场上存在着对产品质量的先验期望（通常是共有知识）；供应链企业投入生产后将生成产品的真实质量，同时通过质量

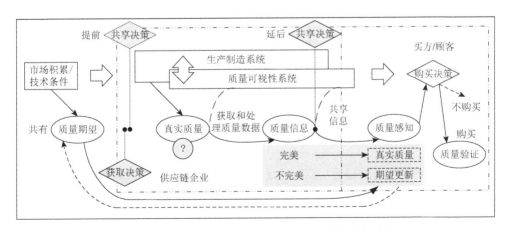

图 2-1　供应链质量信息共享与产品质量感知动态过程

可视性系统获取并处理质量数据，得到一个或一组反映产品真实质量的质量信息，进而根据既定的信息共享决策共享或不共享质量信息；下游顾客通过上游传递的信息形成对产品质量的感知，从而做出购买决策，最终反馈形成新的产品质量先验期望。

其中，质量的不确定性表现为获取质量信息前与获得（或被告知）不够准确的质量信息后，产品真实质量与决策者的质量期望存在随机差异。忽略企业的质量可视性能力限制，质量可视性成本决定了质量信息的质量，投入成本越大，获得的信息质量越高，质量信息越完美。当企业分享完美质量信息时，消费者可获知产品真实质量，否则消费者只能根据质量先验期望和不完美信息更新质量期望。图 2-1 中标出了与质量信息共享机制相关的三个决策点：①企业在质量可视性系统运行前就需要进行质量信息的获取决策，包括是否获取及准备获取的信息质量如何；②企业在获取任何信息之前就需要进行的信息共享决策，称为提前（共享）决策；③企业在质量可视性系统生成可观测质量信息后（即获取所有信息之后）才需做出的信息共享决策，称为延后（共享）决策。

信息共享决策机制对质量可视性决策有至关重要的影响[46, 61, 96]。首先，企业的质量信息共享存在自愿披露和强制披露两种基本制度，自愿披露制度下企业可完全自主决定是否共享及所共享信息的质量，强制披露制度则规定企业必须共享其所获得的全部质量信息[71, 102]，因此强制披露制度下的质量可视性决策实际上变成了质量信息获取决策（自愿获取而强制披露）[96]。其次，自愿披露制度又分为提前决策（自愿披露提前决策）和延后决策（自愿获取延后决策）两种情形。随着时间的推移，企业通过质量可视性系统获得的信息质量会逐步提高，延后决策显然比提前决策占有更大的信息优势，产品的质量不确定性会显著降低甚至消除。不过，延后决策会因依赖随机的质量信息而导致质量可视性在长期呈现出不一致，提前决策则预期会产生一个较长时期内稳定的质量可视性。

此外，与上述垄断情形相比，存在竞争或上下游层级的不同供应链结构也可能改变企业的质量可视性策略[60, 98, 103]，接下来将在回顾自愿披露制度的延后决策下的质量信息共享和提前决策下的质量信息共享、强制披露制度下的质量信息获取三类相关研究的基础上总结不同供应链结构产生的影响。

2.2.1　延后决策下的质量信息共享

自愿披露制度下的延后决策一般适用于缺乏强制性的非正式信息沟通情境，其潜在假设是企业已经获得了可用于分享的质量信息，故而可以根据已经获得的质量信息反映出的产品质量优劣情况自主决定是否向下游分享。

Grossman[86]、Milgrom[87]是最早研究供应商自愿披露质量信息的一批学者，他们提出了著名的拆解理论（unraveling theory），指出当消费者对产品质量不确定时，如果披露质量信息是可信且无成本的，那么企业总是会主动向消费者披露质量信息。Jovanovic[70]进一步讨论了信息披露需要付出成本时的情况，发现只有产品质量较高时企业才会自愿披露质量信息，披露成本成为产品质量高低的指示器，即"高信息预示高质量"；不过当披露成本过高时，企业会因不经济性而停止披露行为。Sun[71]则研究了垄断市场中具有纵向质量和不同横向属性的产品，表明对于消费者较为熟悉的成熟产品，即使披露无成本，较高质量的企业也不会披露甚至会隐匿自身产品质量信息，即"高质量无需高信息"。以上探索性成果在企业和消费者双边关系下证明了信息成本、质量先验期望对企业提升质量可视性动机的重要影响。Guan 等[104]不考虑披露成本，继续讨论了市场上存在对企业隐匿质量信息行为不敏感而不更新质量期望的消费者的情况，提出对于不更新期望的单纯消费者，最优策略是仅在低质量时披露信息，从而提高首购消费者的质量评价和后到消费者的质量先验期望；对于成熟的消费者，最优策略是在任何时候无差异地披露质量信息。

在供应链环境下，Guo[39]关注了双边垄断下制造商的质量信息最优披露方式，通过零售商向消费者披露质量信息可以让供应链上下游共同分担披露成本，结果表明相比由制造商直接披露的方式，这种间接披露方式能够提升供应链信息共享的动力。Guan 和 Chen[72]进一步讨论了零售商也能主动选择披露方式的情况，发现当产品质量很低时双方都选择不披露，当产品质量较低时制造商会选择直接披露方式，当产品质量较高时制造商会选择零售商间接披露方式。Guan 和 Chen[88]还将制造商的质量披露策略和获取消费者偏好结合起来，证明制造商的获取行为和披露行为会明显影响下游零售商对产品质量的判断，而且披露成本主要决定了制造商的信息行为和利润。

存在竞争时企业的质量信息披露策略会出现与垄断时不同的结果。Guo 和 Zhao[60]研究了双寡头垄断企业竞争情形下的自愿披露质量信息的动机，发现竞争情形下企业披露信息的可能性明显低于垄断情形；他们还揭示了供应商同时披露和次序披露信息情形下的差异，相比同时披露信息情形，次序披露信息情形下先行者的披露动机进一步减弱，而当披露成本相当高时，跟随者的披露动机加强，故次序披露起到了缓和竞争、提升企业利润和社会福利的作用。Zhang 和 Li[41]在此基础上考虑了质量预期不一致时消费者可能出现的损失厌恶情绪，表明企业披露质量信息的效果要好于退款保证；当企业次序披露时，先行者披露动机很高，跟随者披露动机减弱。Wu 等[37]关注双源采购供应链中的两个竞争供应商，发现成本优势供应商不会主动向买方共享质量信息而成本劣势供应商总有动机共享质量信息，买方总能从质量信息共享中受益，而供应商是否受益则取决于各自的质量和价格。张翠华和孙莉莉[105]则研究了一个制造商通过双零售商竞争下的质量披露策略，发现采用直接披露方式能够激励制造商提供更多的质量信息。

在此基础上，学者还考虑了供应商选择不同销售渠道的影响。Zhao 等[98]假设存在竞争的两家供应商可选择通过共同零售商销售产品，结果表明根据顾客的质量先验期望，在均衡状态下高质量供应商可能不会披露质量信息，而低质量供应商会有选择地通过零售商披露质量信息，不过高质量供应商的售价和利润总是高于低质量供应商。Guan 等[106]研究了供应商可选直销渠道时的质量披露策略，发现直销渠道会让供应商更有动力披露信息从而提升了供应链质量可视性，而且零售商能够靠"搭便车"来提高消费者的质量期望；不过他们指出，在延后决策下供应商若取消直销渠道从而改变质量披露策略，会让消费者察觉出产品质量很低，此时高的质量可视性反而对供应商不利。邓力等[107]也关注了双渠道情境，不同的是他们考虑了制造商在间接渠道和线上直销商店销售有质量差异的商品，当这种渠道差异很大时，零售商更愿意披露、也能更多地披露质量信息。蒋忠中等[108]则分析了双市场渠道销售的制造商面临灰市投机者时的质量披露和分开定价策略，表明低价市场顾客支付意愿较低时制造商会隐匿质量信息。

以上质量信息自愿披露研究均假设企业已经获得完美的质量信息，要决策的只是信息的共享或不共享，为了利益最大化，只有产品质量高于或低于某阈值时企业才会选择共享质量信息。当进一步考虑企业需要事先做出质量信息获取决策时，信息获取和信息披露两个决策被计入一个连续过程中，研究表明质量自愿披露制度有利于激励制造商投入质量信息获取努力，信息获取成本和信息获取成功率决定着质量信息获取决策，进而影响着信息披露阈值[61,89,90]。此外，在延后决策下的需求、成本等类型的信息获取和共享研究中也存在相仿的结论[109-111]。

不过，当考虑质量不确定性产品的多个生产销售周期时，延后决策将导致企业的信息共享决策表现出前后明显的不一致性和投机性，可能违背监管者和合作伙伴的信息合规性要求，也会引发消费者对企业质量可靠性的怀疑，降低消费者的质量预期[61,96]。另外，此类研究都将企业可获取质量信息假设为完全准确的，而且将信息相关成本（披露信息或获取信息）均设为一个与信息质量无关的固定投入或不予考虑，这与信息质量越高所需的信息成本越高的现实情况也不尽相符，显然会影响研究结论的适用性。

2.2.2　提前决策下的质量信息共享

自愿披露制度下的提前决策是在已知企业将要获取质量信息的前提下，要求企业提前承诺未来是否共享及共享哪些质量信息，它一般适用于质量可视性系统构建的长期、正式的信息沟通流程[109]。在进行提前决策时，企业和外界对产品质量的先验期望是一致的，需要在投入信息获取努力前就明确未来共享质量信息将要造成的利害影响。提前决策情形与强制披露制度非常相似，就事后的质量信息共享过程而言，两者均强制要求企业完全共享既定的质量信息或实现既定的信息质量；不同之处在于提前决策下的潜在假设是企业已经做好了信息获取决策，信息共享的既定内容是由企业事前自主决定的，而强制披露制度只规定对既定内容的强制共享，不必考虑既定内容的决策权归属问题。

目前直接对提前决策下的质量信息共享展开研究的文献并不多见。Cao 等[61]、Hong 等[90]注意到了企业自愿决定获取准确的产品质量信息并被强制披露结果的情形，此时企业做出获取质量信息的决定就等同于提前共享决策下的一种信息完全共享承诺，而完全丧失对质量信息结果的处置权使得企业做出这种承诺的意愿不强。

然而，提前共享决策在需求、成本等信息类型中已得到了深入的研究。Li[93, 112]较早地讨论了提前决策下在古诺竞争中多寡头横向共享、拥有共同制造商的多零售商纵向共享需求信息和成本信息的动机，之后涌现出大量研究将其扩展到多期双边垄断纵向共享[113]、单制造商-多零售商在伯特兰德竞争中纵向或横向共享[94, 114]等情境中，结果表明在无特别制度安排的情况下，私有需求信息的拥有者即零售商的最优策略均是不进行信息共享。

近年来的多项研究考虑了竞争等多因素影响下的需求信息纵向共享问题。Ha 等[95]考察了竞争强度和生产不经济性在两条竞争供应链上的影响，同样发现零售商始终缺乏主动共享信息的动机；尽管在单供应链定价模型中信息共享可能对供应链和制造商都有利，但在价格竞争下它会使制造商因更大的需求不确定性使残差变得更糟，并且在生产不经济性较大时对供应链产生正的直接效应，在竞争对手生产不经济性较小时对竞争对手供应链产生正的溢出效应，当竞争不激烈或需求信息更准确时，信息共享更有利于供应链。Ha 等[115]的后续研究考虑了制造商降低生产成本的效率，也得到了相似的发现。Shang 等[116]讨论了两个制造商通过共同零售商进行价格竞争的情形，结果表明零售商共享需求信息的动机强烈依赖于生产成本、竞争强度和信息付费，当生产经济性很大时零售商有动力去免费共享信息，否则零售商仍然缺乏信息共享的意愿。Huang 等[91]则在双渠道（供应商侵入）背景下研究发现当侵入成本中等且渠道替代率较高时，零售商主动分享信息有可能阻止供应商侵入，否则供应商必定侵入，进而导致不共享信息对零售商更为有利。石纯来和聂佳佳[92]在双渠道模型中验证了较大的网络外部性对零售商主动分享需求信息的激励作用。

不同于以上文献将信息质量作为外生变量，新近研究越来越多地提出将其作为企业可以自主控制的决策变量，以增加供应链内信息共享的可能性。Zhou 等[58, 97, 117]的系列研究分别探讨了下游企业向上游团购商、向上游团购商和竞争对手共享需求信息时，上下游企业均能获取需求信息并相互共享时的可视性决策，发现团购模式下下游企业缺乏信息共享动机，而在双向信息共享情境下信息透明总是对上游企业有利，正向透明、逆向不透明对下游企业有利且能提高信息投入的动力。Liu 等[118]分析了多个卖家和共同的零售平台之间的信息共享，平台拥有绝对的需求信息优势并能够控制信息分享的准确性，结果表明信息共享对平台和所有卖家都有利，故平台有信息共享动机，而且在不对称共享模式下的最优策略是共享完美信息，在对称共享模式下的最优策略是为所有卖家提供同等信息可视性，此时平台有降低信息准确性的动机。

对于供应链内需求信息的横向共享，Wu 等[46]建立了单卖方双买方进行供应竞争的两期模型，发现当订货量是内部均衡解时，零售商单方面得到的信息越多越好，这导致无信息共享是最终均衡策略。他们指出，零售商采取完全共享、无共享、部分共享策略都可能达到均衡，而高的信息可视性可能有利于信息提供者，不利于信息接收者，这一结论表明准确的信息反而可能限制信息接收者对不确定性事件的积极响应。

由此可见，提前决策下的供应链需求信息共享研究已经积累了大量的成果，而与质量信息共享相关的研究还非常少，其原因是现有质量信息共享研究大多针对（除法定披露责任外）非正式的和随意的质量信息共享，而且假设质量信息共享过程总是简单的和完美的，质量信息总是准确的。对于重视长期经营和质量信誉的企业，正式的或稳定的质量信息共享策略更具吸引力，并且向消费者传达质量信息有时需要高昂的付出且是不完美的。因此，提前决策下质量信息在供应链上的横向和纵向共享问题是非常值得探索的，上述需求、成本等信息共享研究可提供很好的启发和借鉴。

2.2.3　强制披露下的质量信息获取

强制披露制度起源于贸易监管和法律，早期引发了政治、经济和会计等领域的大量研讨[70]。强制披露制度下企业不存在信息共享决策，因此此制度下的质量信息相关研究基本建立在其与自愿披露制度的对比之上。此类研究最初只在假设企业已拥有质量信息的前提下展开，一般认为强制披露尽管能带来全透明的质量可视性、提升竞争强度和市场有效性，但因扼杀了企业的策略性行为，相比自愿披露制度显著损害企业的利益而招致企业的不配合[102, 119]。强制披露有利于对质量敏感的或较为知情的消费者，对其他群体几乎无影响，有可能增加消费者剩余[119]，但也有可能因企业改变应对策略而损害消费者整体的利益[71, 102]。

近来学者提出应将信息的获取决策和共享决策作为连续过程同时考虑，于是在强制披露制度下的质量信息共享决策就不再重要，质量信息获取决策成为企业质量可视性决策的主要内容。在供应链环境下，当上游制造商能够利用质量信息获取决策来影响或控制下游企业和消费者的质量期望时，强制披露制度就产生了更多不确定性结果。Guo 和 Iyer[96]在研究制造商获取和向零售商分享产品质量（满意度）信息时指出，出于对零售商行为影响的考虑，当可以自主决定要获取的信息量时，制造商更有可能选择获取不完美信息；当信息获取不灵活（即被限制为零或完美）时，强制披露制度下制造商将不会收集任何信息，而自愿披露制度下制造商总选择获取完美信息。Cao 等[61]对比了自愿披露和强制披露下制造商自愿获取准确的产品质量信息的动机，结果表明，相比自愿披露，强制披露会明显降低制造商的质量信息获取意愿，从而降低他披露质量信息的可能性，进而导致供应链下游零售商和消费者得到更少的质量信息，并降低零售商的事前期望收益和消费者剩余。Gao 等[120]在来料加工模式下代工厂的质量信息获取激励问题研究中也得到了类似的结论。

与早期未考虑信息获取的相关研究结论不同，考虑了质量信息获取决策的强制披露制度可能有利于质量信息共享企业。它通过消除企业策略性的信息披露行为来拉高企业在不披露质量信息时供应链下游的质量期望，相比自愿披露制度反而提升了企业的事前期望利润[61]。Hong 等[90]在考虑产品回收的闭环供应链中也论证了当制造商不披露质量信息时强制披露制度对其更有利，而且在该供应链设定中，强制披露同时降低了具有绿色产品偏好的消费者买到低质量产品的风险，从而增加了消费者总剩余。

可见，强制披露制度下供应链结构和供应链下游质量期望的变化显著影响着企业质量信息获取决策，进而影响着供应链上信息共享的可能性和各方的收益。质量信息获取成本也是决定获取决策阈值的关键因素，不过仍旧被各研究设置为与获取信息的质量无关的定值[61, 90]。此外，大多数研究仍采用了准确质量信息假设，但 Guo 和 Iyer[96]揭示了当允许不完美的信息获取时强制披露制度在提升企业信息共享动机上的应用前景。

2.3　基于信息共享的供应链协调理论

供应链分散决策情形下质量信息拥有者只根据自身利益最大化来进行信息获取和信息共享决策，而不会顾及供应链下游及供应链整体的利益。因此，当信息共享策略趋向于不共享均衡时，除非有特殊因素影响或制度设计，信息拥有者不会轻易放弃信息优势，也就不会主动地共享信息。多项研究都提出了采用可执行的供应链合同来调整信息拥有者的共享行为[72, 97, 116, 118]，在信息获取和共享都需要成本的情况下，以此来优化供应链可视性和整体利润显得更为必要。

供应链合同及供应链协调合同研究领域的成果十分丰富，合同样式也多种多样，常见的有批发价格（wholesale price）、两部收费（two-part tariff）、收益共享（revenue sharing）、数量折扣（quantity discount）、价格折扣（price discount）、回购/退货（buyback/return）、返利（rebate）、成本分担（cost sharing）等合同或条款，而且为了达到预期的协调效果，决策者常常会搭配若干合同或条款一起使用。根据本书的研究问题，本节主要介绍与协调信息共享决策相关的供应链合同，以及与质量可视性努力相关的供应链协调合同。为了清晰地说明问题，假设在供应链中要做出每项决策时，总存在一个以供应链整体利润最大化为目标的假想的整体决策者，这里区别并定义如下概念。

（1）协调。协调是指将供应链内若干分散决策调整到与整体决策者的决策一致，即决策对齐（alignment）。例如，当信息共享决策只考虑共享或不共享两种情形时，协调信息共享意味着通过某种机制来调整信息拥有者的信息共享决策，使之保持与整体决策者的决策相一致（通常是将不共享对齐为共享），但并不一定需要协调供应链中的其他决策。为了避免混淆，本书在特指协调某决策时会采取完全称谓，如协调信息共享、质量可视性协调，不特指时，非动词的"协调"一词均表示供应链协调。

（2）供应链协调（或渠道协调）。供应链协调通常是指通过合同等可信机制调整供应链各参与者的决策，使供应链利润等绩效和集中决策情形下的一致。其目的是对齐供应链成员的目标，消除内部的无效率[121]。供应链协调要求追求各自利益最大化的供应链成员做出的所有决策都与整体决策者一样，也就是实现完全协调[122]。在本书中，供应链协调需要同时纠正分散决策的两种外部性，即质量可视性决策的失调和纵向外部性（即双重边际化）[96]。

（3）完美协调。完美协调是指对于任一供应链成员，实现供应链协调后其状态都比协调前要好。批发价格合同是广泛使用的供应链基本合同，通常作为讨论其他合同优劣的基础[123]。在本书中，对于处在批发价格合同中的各企业，将那些使他们的收益全部得到帕累托改进的供应链协调称为完美协调[58, 124]。

2.3.1　协调信息共享的合同机制

受信息相关成本、供应链结构和市场对信息的反应等因素的影响，供应链内部或对外的信息共享对供应链整体并不一定总是有利的。协调信息拥有者共享信息的必要条件是共享信息条件下供应链的总利润不小于不共享信息条件下的总利润，这在不考虑信息成本（或信息成本很低[125]）的情况下较易成立，而在信息成本较高时信息共享的收益可能为负。此外，即使信息成本为零，信息共享引发的市场反应也会导致类似结果，例如，产品低质量时披露信息将导致需求或价格下降，可能损害供应链总利润；需求信息共享会让批发价格随需求实现情况而变化，导致更大的零售价格波动，当高需求信息占主导时，加剧了供应链双重边际化效应，对供应链整体产生不利影响[126]。上述情形下供应链的最优策略是信息不共享，信息需求者将无法在不引入外部资源情况下协调信息共享，故本节对协调信息共享的讨论只限于信息共享有利于供应链整体的情况。

单边支付是协调信息二元决策（共享/不共享、获取/不获取）的最常见（合同）机制，也可以理解为向信息提供者支付信息费[92, 116]。Zhang[114]指出，在采取批发价格合同的单制造商-双零售商需求信息纵向共享中，尽管完全信息共享对三方都有利，但无协调情况下会出现单人共享时零售商的期望利润小于无人共享时的囚徒困境，制造商可以采用单边支付方式以实现供应链完全信息共享。Shang 等[116]也在相似情境下证明了无论生产不经济性和市场竞争程度如何，单边支付总能实现完全信息共享，他们还讨论了信息付费的方式，发现零售商偏好制造商有次序地付费，而制造商偏好同时付费。在采取收益共享合同的多卖家和共同的零售平台间，单边支付也拥有协调信息共享的能力，Liu 等[118]分别提出了在不对称完全共享（向部分卖家中的任一人分享所有卖家的需求信息）和对称完全共享（向所有卖家中的任一人分享他自己的需求信息）两种模式下可实现平台完美共享信息的单一价格机制。

学者还探讨了多合同组合对信息共享（或获取）的协调效果。Ha 和 Tong[125]对双供应链竞争的分析表明，合同菜单（包含最大订货量和考虑了信息付费的固定总收费）在信息投资成本较低时能让各供应链均投资于信息共享，而批发价格合同则无法产生任何激励作用。不过，附加保密性条款可以使批发价格合同在单制造商面对多零售商竞争时协调信息共享[94]。此外，Taylor 和 Xiao[127]讨论了回购和返利合同，发现在报贩模型中回购合同能够协调零售商的需求信息获取行为，激励其选择有成本的高质量预测。Tang 和 Girotra[128]提出，批发商在向下游零售商提供提前采购折扣合同时，考虑零售商的信息获取成本和批发商对该成本的信息有限性可以提高利润率，否则对批发商和供应链都不利。

特别地，当信息质量可作为连续性的决策变量时，Chen 等[129]对比了线性合同菜单和预测合同的协调作用，前者包含批发价格合同和固定信息费，后者在前者基础上加入了事后的信息质量惩罚费，发现在供需错配的成本足够大且提升信息质量的努力为中等水平时，预测合同存在巨大优势。Guo 和 Iyer[96]则提出一个由固定预付和基于获取结果的可变转移支付组合而成的两部收费合同，实现了供应链的完全协调。Zhou 等[58]提出了一种基于共享预测的补偿合同，它由批发价格、补偿比例和固定支付三部分组成，可以在单上游双下游企业之间实现完美的供应链协调。周茂森和张庆宇[97]针对上下游企业都能获取并共享需求信息的情况，构建了类似的可完美协调供应链的投资补偿合同，它由投资利润和固定支付两部分组成。

质量信息的共享通常面向市场而非供应链内部，关于协调质量信息共享决策的研究还处于探索阶段。Guo[39]指出集中决策情形下供应链共享质量信息的意愿和期望利润要比分散决策情形下高得多,他引入了零售商间接披露信息模式,尽管未能实现协调信息共享的效果,不过上下游企业分担了信息成本,改善了制造商直接披露信息模式的低效率问题。Guan 和 Chen[72]采用收益共享和成本分担机制协调了两级供应链,但发现在制造商和零售商披露成本异质化的情况下,对披露成本的分配会限制质量信息披露的策略性,反而可能降低供应链的整体利润。

由此可见,分散决策情形下的双重边际化会降低企业信息共享和获取的动机,导致供应链可视性显著下降,只有在信息共享能给供应链带来明确好处时,信息需求者才有动力去协调信息提供者的信息行为。在信息决策是二元决策时,协调信息共享或获取决策可以采用单边支付或简单的合同组合,而在信息决策是灵活决策时往往需要借助完全协调供应链来实现。此外,现有文献只考虑了协调单一信息提供者的信息决策,未考虑供应链存在多个信息来源的情况。

2.3.2　考虑努力决策的供应链协调合同

供应链协调的实质是实现集中决策情形下可达到的供应链整体最优利润并对其进行重新分配(后面涉及供应链利润分配的描述如无特别说明均指这一过程)。由于供应链的利润最终是靠与市场的交易来实现的,不妨将价格、订货量、质量等对市场需求有直接影响的变量称为外显决策变量,将对市场无直接影响的批发价格等内部转移支付称为内部决策变量。因此,供应链协调合同的一般设计思路是使外显决策变量在分散决策情形下也能够保持集中决策情形下的最优值,以使外显决策变量决策者的利润函数成为供应链总体利润函数的仿射变换[130]。

在基本的定价/定量模型中,单参数或简单条款组合即可实现这种利润变换。供应链企业的促销、质量改进和信息采集等努力都带有明显的边际回报递减效果[129],当供应链有成员付出可以促进需求增长的昂贵努力成本时,简单的合同形式将无法协调多个外显决策变量,必须引入其他参数或机制[130]。根据典型两级供应链的纵向结构,供应链企业的努力决策有下游努力、上游努力和上下游努力三种情形。

(1)下游努力情形是被研究得最早且最多的一种情形。Taylor[131]、Krishnan等[132]指出,单参数线性合同无法纠正零售商订货/定价和努力双重决策产生的扭曲,他们分别提出了目标返利与退货合同、努力成本分担合同、单边减价津贴合同等来协调供应链。收益共享合同是常见的供应链协调机制之一,Cachon 和Lariviere[130]系统论述了它在需求和价格确定/不确定的单零售商情况下及数量竞争的多零售商情况下广泛的适用性,证明收益共享合同等效于 Bernstein 和

Federgruen[133]提出的价格折扣共享（price-discount sharing）合同，并给出了一个基于收益共享的数量折扣合同协调含零售商促销努力的供应链。Cai 等[99]考虑生鲜供应链下游分销商的保鲜努力，提出了带有补偿（等同于回购）条款的价格折扣共享合同来实现供应链协调。

（2）上游努力情形。Guo 和 Iyer[96]给出了包含固定预付和基于结果的转移支付的两部收费合同以协调含有制造商信息获取努力决策的供应链。近来学者对协调供应链上游的质量相关努力给予了高度重视。马雪丽等[100]针对农户、第三方物流提供商和下游零售商的三方博弈中第三方物流提供商的农产品保鲜努力，设计了结合收益共享和成本分担的供应链协调合同，其中，第三方物流提供商分享下游零售商一定比例的收益，其保鲜成本也由农户分担一定比例。曹晓宁等[101]在生鲜产品双渠道供应链中采用了两部收费合同、带补偿政策的成本分担合同和批发价格折扣合同协调供应商保鲜努力，并实现了供应链完美协调。

（3）上下游努力情形需要同时协调三个外显决策变量，故相比其他两种情形需要更复杂的合同机制。Bhaskaran 和 Krishnan[134]考虑了产品创新收益只受核心企业和合作企业质量改进水平（即研发努力）影响的情境，研究发现相比分散决策，尽管收益共享、投入分担和创新分担机制分别在满足一定条件下能改善供应链整体收益，但三者均无法实现供应链协调。Liu 等[135]尝试了制造商质量改进努力和零售商销售努力下的成本分担机制，尽管未能实现供应链协调，但给出了帕累托改进条件。Lambertini[136]拓展了传统的两部收费合同，将费用定义为供应链上游企业研发努力或产品质量的线性函数，从而成功协调上下游企业的研发努力，实现了供应链协调和质量改进。针对上下游均投入努力来预测需求信息的供应链，周茂森和张庆宇[97]则采用结合投资利润和固定支付的投资补偿合同实现完美协调。

由此可知，在同时协调供应链多个决策变量时，收益共享合同和成本分担合同因简洁性、两部收费合同因可灵活制定收费项而拥有更强的适用性。因此，解决供应链质量可视性决策的局部最优问题也需要基于收益和努力成本来设计协调合同[84]，不过现有研究中与协调上下游信息投入决策相关的成果还很缺乏[97]，对不同合同机制的协调效率的比较及其适用性的考虑也较为不足。

2.4　本 章 小 结

本章介绍了供应链质量可视性与信息共享理论相关的研究成果，根据质量信息共享和获取的三类决策情形梳理了现有供应链质量信息共享理论研究，并总结了协调信息共享决策的已有方法和考虑努力决策的供应链协调合同。表 2-1 和表 2-2 分别总结并对比了两支研究中的代表性文献。

表 2-1　供应链信息共享相关代表性文献

文献	信息类型	决策类型	信息成本	信息质量	供应链结构	需求类型
Guo[39]	质量	延后	固定	P	M-R-C	效用定价
Guo 和 Zhao[60]*	质量	延后	固定	P	2S-B	价格竞争
Zhang 和 Li[41]*	质量	延后	固定	P	2S-C	价格竞争
Guan 和 Chen[72]	质量	延后	固定	P	M-R-C	效用定价
Wu 等[37]	质量	延后	未考虑	P	2S-B-C	随机
张翠华和孙莉莉[105]	质量	延后	固定	P	M-2R-C	效用定价
Zhao 等[98]	质量	延后	未考虑	P	2S(-R)-C	价格竞争
Guan 等[106]	质量	延后	固定	P	S(-R)-C	数量竞争
Guo 和 Iyer[96]	质量	获取+（自愿/强制共享）	零	自定	M-R-C	效用定价
Cao 等[61]	质量	获取+（自愿/强制共享）	固定（共享无成本）	P	M-R-C	效用定价/总需定价
Hong 等[90]	质量	获取+（自愿/强制共享）	固定（共享无成本）	P	M-R-C	效用定价
Li[93]	需求/成本	提前	未考虑	IP	M-nR-C	数量竞争
Li 和 Zhang[94]*	需求	提前	未考虑	IP	M-nR-C	价格竞争
Ha 等[95, 115]	需求	提前	未考虑	IP	双链 M-R-C	数量竞争/价格竞争
Shang 等[116]	需求	提前	未考虑	IP	2M-R-C	价格竞争
Zhou 等[58]	需求	提前	未考虑	自定	S-2M-C	数量竞争
周茂森和张庆宇[97]	需求	提前	昂贵	自定	S-M-C	总需定量
本书*	质量	提前/（获取+强制共享）	昂贵	自定	S-R-C, 2S-R-C, S-D-C	总需定价/价格竞争

*考虑信息横向共享/次序披露

注：S 指供应商/卖方，M 指制造商，R 指零售商，C 指消费者，B 指买方，D 指分销商，P 指完美，IP 指不完美

表 2-2　供应链协调合同相关代表性文献

文献	需求依赖	基础决策变量	信息/努力成本	合同机制（协调效果）
Shang 等[116]	随机, p	w, p, 需求 IS	未考虑	[W] 单边支付（S）
Liu 等[118]	随机, p	Q, 需求 IS	未考虑	[收益共享合同] 单边支付（S）
Ha 和 Tong[125]	随机, p	Q, 需求预测投资	未考虑	最大订货量和总收费（P-S），W（N）
Taylor 和 Xiao[127]	随机	w, Q, 需求预测	固定	回购合同（S），返利合同（N）

续表

文献	需求依赖	基础决策变量	信息/努力成本	合同机制（协调效果）
Zhou 等[58]#	随机，p	w，Q，需求 IS	未考虑	[W] 基于共享预测的补偿合同（Y）
Guo 和 Iyer[96]#	p，质量	w，Q，质量信息获取/共享	零	[W] 固定预付和可变转移支付的两部收费合同
Guan 和 Chen[72]	p，质量	w，p，质量 IS	固定	[W] 成本分担和收益共享合同（Y）
Taylor[131]	随机，促销	w，Q，促销努力	昂贵	[W] 目标返利与退货合同（Y）
Cachon 和 Lariviere[130]	p，努力	w，收益共享比例，Q，努力	昂贵	[收益共享合同] 基于收益共享的数量折扣合同（Y）
Cai 等[99]	p，新鲜度	w，p，Q，保鲜努力	昂贵	[W]带补偿的价格折扣共享合同（Y）
曹晓宁等[101]	p，新鲜度	w，p，保鲜努力	昂贵	[W] 两部收费合同（Y），补偿+成本分担合同（Y），批发价折扣合同（Y）
周茂森和张庆宇[97]#	随机，p	w，Q，需求预测投资水平	昂贵	[W] 投资利润和固定支付的投资补偿合同（Y）
Lambertini[136]	p，质量	w，p，上下游研发努力	昂贵	[W] 线性控制/状态控制的两部收费合同（Y）
本书#	p，随机质量/质量可视性	w，p，上下游质量可视性努力	昂贵	[W] 控制努力的两部收费合同（Y），成本分担和收益共享合同：整体分担（Y），线性收费（Y）

\#考虑信息灵活（不完美）获取/共享

注：w 指批发价格，p 指零售价格，Q 指订货量/产量，IS 指信息共享，[ ]指基础合同，W 指批发价格合同，S 指信息共享协调，Y 指供应链协调，P 指有条件的协调，N 指未协调

　　综合本章回顾和比较结果可以发现，现有理论成果及其局限性主要体现在以下方面。

　　（1）由于存在多种因素，质量可视性对供应链及供应链企业的影响是复杂的。现有的质量信息共享研究多关注自愿披露制度下的延后信息共享决策（表 2-1 中第 3 列），假设企业已获知产品真实质量信息并可自愿分享。这一设定基于短期性的自由市场立场，未考虑长期市场下的消费者信任和质量信息披露的合规性，不适用于正式的或战略性的质量可视性决策。质量信息获取和共享应当作为统一的连续过程，在正式的质量可视性系统中，企业的质量信息分享决策往往在其获知质量信息结果前就已经做出了。然而，与自愿获取而强制披露及自愿披露提前决策相关的研究还非常有限，仅仅后者在需求、成本等信息共享研究中得到了较广泛的研究。

　　（2）现有研究多假设质量信息的获取或共享决策是不灵活的二元策略，即要

么没有，要么完美（表 2-1 中第 5 列），这与现实中质量信息投入和共享普遍存在的不完美性有很大出入。质量信息决策是否有灵活性极大地影响着决策结果，进而决定着被共享信息的质量和供应链后续决策[96]，因此，现有研究结论不能清晰完整地揭示产品质量不确定性和信息不对称性在供应链中的作用。相应地，现有研究一般将质量信息相关成本处理为与信息质量无关的固定费用，或者不予考虑（表 2-1 中第 4 列），忽略了信息质量和信息成本的关联性，不能很好地回应供应商对质量可视性投入产出效果的现实关切。

（3）尽管产品质量信息很大程度上影响着消费者对竞争性产品的购买选择和零售商的价格决策，但现有研究多关注单一产品或产品供应商直接面向消费者的质量信息披露决策，少有在供应链背景下考虑不同渠道产品竞争下的质量信息共享问题[98]，关于质量竞争强度和价格竞争强度对信息共享决策的影响也尚不明确。此外，现有研究设定竞争企业直接面向市场公开质量信息，并不区分信息接收方是消费者、合作伙伴还是竞争对手，未考虑在质量可视性系统中，供应商面对不同对象时可以分别决定是否对其共享质量信息的现实情况，只有少量研究讨论了在双边垄断市场中质量信息的不对等共享即次序披露[41, 60]（表 2-1 中特殊注释）。因此，在不同竞争因素的不同强度下供应链企业的纵向和横向质量可视性决策，以及其对自身产品渠道参与者、竞品渠道参与者的影响还有待研究。

（4）现有研究虽然提出了通过信息付费等方式协调信息共享，但对不完美的质量信息获取和共享决策的协调研究还很缺乏，特别是供应链上下游均对产品质量负责的情况下，供应链质量可视性的双边决策的复杂性带来更大的协调难度（表 2-2）。此外，针对不同企业质量可视性成本效率的差异性，以及市场成熟和不成熟产品具有的不同质量不确定性，一般的供应链协调合同及合同组合的适用效果也有待考察。

第3章 不同系统模式下的质量可视性决策

3.1 概　　述

供应链中普遍且长期存在的产品质量不确定性深刻地影响着供应链参与者的决策和绩效，获得并提供足够水平的质量可视性是协同应对质量风险、树立消费者信心、增强企业合规性的必然需求。供应链质量可视性的保证首先来自上游生产商或供应商提供的质量信息，它直接影响着消费者对产品质量的感知和下游企业的质量风险管理，在食品、汽车等事关公共安全的行业还会受到监管部门及其他社会团体的关切。供应商以往非正式的、随意的质量披露方式显然不能满足信息需求方的规范性要求，而且对供应商自身的决策效率和连续性极为不利。因此，供应商建立正式的质量可视性系统的紧迫性越来越高，特别是新冠疫情暴发以来，三文鱼、车厘子、汽车零部件等产品或产品包装表面检出新冠病毒的事件频发，加倍激励着供应商提升并提供质量可视性以控制供应链风险、重树消费者信心。

在质量可视性系统中，供应商在获取并共享质量信息前就需要自行确定信息共享规范，或一开始就被零售商、监管部门等利益相关方规定好了信息的共享目录。质量可视性系统以其标准化的信息交换方式保证了信息共享过程的可信性，特别是基于区块链技术的"质量链"更以数据不可篡改的特性为质量信息的真实性提供了保证。在这种半强制性的信息共享场景下，供应商根据投入预算或自身意愿策略性地决定所要共享的质量信息的质量，如增加或减少上传到系统中的信息条目、改变质量信息描述的详细程度，这也就决定了供应链下游可获得的质量可视性，最终影响消费者对产品的质量预测和购买意愿。因此，供应商在进行供应链决策时应充分考虑对质量可视性的投入程度和质量可视性的连锁式影响。

供应商的信息投入和产出效率取决于质量可视性系统的不同创建模式。市面上众多信息服务公司已经推出了多种供应链质量可视性系统，其中有三种供应链质量可视性系统在目前的应用实践中最为成熟和流行。这三种供应链质量可视性系统所需投入的质量信息操作和成本结构不同，系统运行方式和效果也不尽相同[14]。

（1）内部开发。内部开发对开发技术和开发人员的要求较高，开发成本和开发风险也较高，企业需要独立承担质量可视性系统的研发成本和全部运行成本。

不过，内部开发能够利用和重新整合企业现有资源，且能满足企业的个性化需求，因此会产生一定的系统正外部性。内部开发有时是企业的最佳、也可能是唯一的选择，这些企业往往对信息质量及信息多样性、保密性的要求高，对数据挖掘以支持高层战略决策的需求也较高，如奶制品生产商蒙牛的"数智奶源智慧牧场"系统、零售集团麦德龙的麦咨达可追溯体系、电动汽车制造商特斯拉在上海超级工厂配置的据称能够精确记录每个零件质量甚至扳手扭矩和角度的 MOS 系统。为了利用优势互补来提升开发水平并降低开发风险，与第三方技术公司合作开发逐渐成为一种替代开发模式，如浪潮科技开发的浪潮质量链独享模式，不过质量可视性系统仍旧完全隶属于企业。

（2）外部购入。目前有不少已经较为成熟、通用性好的可视性系统，如 Zetes 的供应链可视性软件、Oracle 的云观测和管理平台、浪潮质量链的共享模式。通过支付一定费用购买第三方适配研发的质量可视性解决方案（包括配套软件和硬件），企业可以规避独立开发系统的失败风险，并在系统功能允许的范围内自主决定质量可视性。不过和内部开发一样，外部购入的质量可视性系统上线后仍需企业投入质量数据收集和处理、日常运行消耗、系统维护等相关成本。

（3）租赁服务。相比前两种模式，直接租赁上下游企业的质量可视性系统或共用的第三方系统是最便捷、复杂性和成本较低的一种选择。该模式下，产品供应商只需支付一定的系统使用和服务费，进行质量信息采集、上传及日常投入即可，后续数据处理及系统运维完全由服务提供商承担。例如，沃尔玛要求绿叶蔬菜供应商全部接入 IBM 的食品信托系统，并按照各自年收入的规模向 IBM 支付100～10000 美元/月的服务费。此外，浪潮质量链的共享模式、阿里健康的"码上放心"平台、京东的"智臻链"平台，以及我国多地政府搭建的可追溯系统都致力于建立多企业通用的质量可视性平台。不过该模式下加盟企业的信息自主性会受到一定影响，服务提供商或者政府监管部门往往会制定一个较高的质量可视性准入标准。

尽管有以上多种可选方案，供应商在创建并提升质量可视性方面仍存在很大困难。一方面，在质量可视性系统中，企业在获知质量信息结果前就要进行信息共享决策，故其在进行质量可视性投入时就要考虑降低质量不确定性能够带来的收益，以及对供应链下游参与者的影响[61]。然而目前关于正式性或强制性的质量信息共享机制下的供应链决策研究还较少[61, 90]，企业缺乏基于正式的质量可视性系统的供应链层面的决策和绩效评估方法，无法形成对质量可视性合理的价值判断[67]。另一方面，质量可视性系统的投入受不同成本因素的影响，企业会根据相关信息成本的可收回情况决定产品质量信息的共享程度[70, 84]，不同系统模式的成本结构差异使得实现高质量可视性和利润最大化目标之间常常存在冲突。然而，在现有对供应链可视性或可追溯性系统的应用研究中，对质量可视性系统的信息成本及市场效果差异的讨论还未见诸报道。

因此，从供应链层面衡量质量可视性产生的效果，探讨不同系统模式下质量可视性决策及信息成本带来的影响具有重要的理论价值和现实意义。本章面向前述的三种质量可视性系统模式研究以下问题。

（1）不同质量可视性系统模式下供应商的最优质量可视性决策是什么？

（2）质量可视性会给供应链上下游企业带来怎样的直接效应和溢出效应？

（3）质量不确定性因素及不同系统模式的成本结构会对供应链可视性和企业利润产生怎样的影响？

针对这些问题，本章基于质量不确定性与需求、质量可视性与成本投入的关系分析，构建正式的质量信息共享制度下的供应链质量可视性决策和价格决策模型。现有质量信息共享研究聚焦在非正式的自愿披露制度下的延后共享决策上[39, 41, 60, 104]，较少考虑信息获取过程，均假定企业在自愿共享信息前已获知了产品的真实质量信息，研究所得到的前后不一致的或带有明显投机性的质量信息共享决策结果并不符合企业建立长期稳定的信息政策的要求。本章把质量信息的获取和共享作为统一的连续过程，在共享/不共享（或获取/不获取）的传统二元决策基础上引入灵活的信息质量决策[96]，并将已经广泛应用于需求、成本等信息共享文献中的不完美信息共享模型[58, 95, 118]引入对多维度不确定性质量的预测，弥补现有质量信息共享理论对正式的信息共享制度及不完美信息获取/共享研究的缺乏，满足企业进行主动性质量信息管理的需要。

研究发现，三种模式下质量可视性对供应商的直接效应和对零售商的溢出效应在满足一定条件时均为正，这是因为高质量可视性有利于供应链企业提升定价灵活性，从而减小质量不确定性带来的需求风险。不同于以往研究只关注确定性质量（真实质量）对企业信息共享行为的激励作用，本章考虑两种质量因素——确定性质量（质量先验期望）和不确定性质量（质量波动），发现它们对均衡质量可视性和企业期望利润具有相反的影响，具体而言，前者负向影响质量可视性从而节省信息成本，最终正向影响企业期望利润；后者正向影响质量可视性从而使缓解需求风险带来的收益高于信息成本投入，最终正向影响企业期望利润。本章的研究还表明，质量可视性系统租赁服务费起到明显的门槛作用，即均衡质量可视性随质量可视性系统租赁服务费的增大而升高。此结论与现有研究及本书中其他信息成本因素对质量可视性的阻碍作用形成鲜明对比，这是由于当有第三方代行昂贵的数据处理等操作时，供应商将有更大的成本空间去提高质量可视性以获得更多的信息收益。

此外，现有对供应链可视性系统的应用研究多从提升库存和缺货控制效率[137]、人力成本核算[138]、产品召回决策[49]等方面入手，本章则考虑对具有信息操作和成本结构差异的不同系统模式的选择问题和质量可视性的投入问题，而且发现零售商有机会通过单边支付的方式引导供应商改变系统模式选择，从而实现供应链质量可视性和期望利润的同步最优，这为技术采纳理论和协调理论在供应链质量可视性系统环境下的应用研究提供了新的见解。

本章后续在构建不同质量可视性系统模式下的双边垄断供应链决策模型基础上，首先分析不同系统模式下的质量可视性决策、价格决策及质量可视性效应，对比不同系统模式的效果差异并提出其适用条件和选择优化方法，然后采用从实际案例延展的算例，验证不同情境下的质量可视性系统模式选择策略和供应链决策方法的有效性，最后给出本章的结论及其相关的管理启示。

3.2　模　型　描　述

本书限定供应链企业只能通过数字化和信息化的质量可视性系统（如质量区块链等）进行质量信息传递与交换，这是目前现代企业追求的目标或已付诸实践的真实场景，也适用于其他正式的用于共享质量信息的可控且可信机制。另外，为了研究方便，本书设定市场上的消费者和供应链企业使用的是同一套质量可视性系统，即消费者和供应链企业具有同样的质量可视性觉察能力，并能获取同样的质量信息。实际上，供应商获取的信息、向供应链下游传递的信息，以及向消费者公开的信息是存在区别的，呈现信息质量依次降低的现象。不过，当从市场方向逆向审视供应商质量可视性决策时，消费者最为关心的质量信息也是最能够影响供应商决策的质量信息，供应链企业和消费者共同获得的质量信息是供应商应提供质量信息的最低限度，未被共享的质量信息不构成质量可视性的评价内容。因此本书设定为不考虑供应商预留信息的质量信息提前共享决策情形，等同于强制披露制度下的质量信息获取决策情形，供应链各方获得的质量可视性进行同一化处理，以免去琐碎且不重要的区分。

3.2.1　信息结构

1. 需求函数

考虑一条供应链包含上游供应商 S 与其下游客户零售商 R，供应商生产的产品质量为 q，以批发价格 w 向零售商提供产品，零售商面对消费者市场以价格 p 销售产品（本书后续若无特别说明，设定 $q, p, w \geqslant 0$ 总成立）。假设市场需求与产品质量和零售价格有关，参考 Tsay 和 Agrawal[139]、Chen 等[140]、士明军等[141]广泛采用的线性总和需求函数，将市场需求表达为 $Q = \Lambda + \alpha q - p$，其中，$\Lambda$ 为市场基础规模且 Λ 足够大以保证市场需求总为正，$\alpha > 0$ 为市场需求对产品质量的敏感程度，反映了消费者对产品质量的偏好。假设供应商的产品质量 q 是外生变量，受到生产条件或外界干扰因素的影响具有不确定性[39, 61]。从历史经验中获知产品质

量均值记为 q_0，方差为 σ^2，代表质量波动。进一步令 $q = q_0 + \theta$，将产品质量分为两部分：产品质量的先验期望 q_0 和质量随机变量 θ。其中，随机变量 θ 的均值和方差分别为 $E[\theta] = E[q - q_0] = 0$，$\mathrm{Var}(\theta) = \mathrm{Var}(q) = \sigma^2$。因此，市场需求函数扩展为

$$Q = \Lambda + \alpha(q_0 + \theta) - p \tag{3-1}$$

2. 质量可视性

在长期市场中，随着商品赔付合同和退换货政策越来越完备，供应商逐渐失去隐匿质量信息的动机，而且零售商和市场需要供应商尽可能地提供产品质量可视性以规避质量风险，因此供应商考虑从市场选择一种模式来建设正式的质量可视性系统，通过系统收集、处理并向下游分享质量信息。

假设消费者主要通过 m 个质量维度 y_i $(i = 1, 2, \cdots, m)$ 来评价产品质量，如原材料质量、生产过程质量、企业的质量认证情况、供应商负责的物流质量等，这也就决定了供应商所需要采集的质量信息范围。各质量维度均外生于相应的独立系统，故可被认为是相互独立的随机变量，记 $q = \sum\limits_{i=1}^{m} \omega_i y_i$，其中，$\omega_i$ 为质量维度 y_i 所占的权重且 $\sum\limits_{i=1}^{m} \omega_i = 1$。供应链企业通过市场调研了解消费者偏好，与消费者保持相同的权重。令 $y_i = \bar{y}_i + \varepsilon_i$，其中，$\bar{y}_i$ 为质量维度 y_i 的先验期望，ε_i 为质量随机变量子项，服从均值为 0、方差为 σ_{yi}^2 的分布，于是有 $q_0 = \sum\limits_{i=1}^{m} \omega_i \bar{y}_i$，$\theta = \sum\limits_{i=1}^{m} \omega_i \varepsilon_i$，$\sigma^2 = \sum\limits_{i=1}^{m} \omega_i^2 \sigma_{yi}^2$。

对于任一质量维度 y_i，为简明起见，只考虑质量随机变量子项 ε_i。参考 Chen 和 Tang[142]、Zhou 等[58]关于信息观测的处理方法，供应商通过质量可视性系统采集并上传数量为 n_i 的一组质量数据 $(n_i \in N)$，该组数据经过标准化处理和分析后形成质量信息 Υ_i 作为对 ε_i 的观测信息。设 $\Upsilon_i = \varepsilon_i + x_i$，其中，数据噪声 x_i 为均值为 0、方差为 σ_{xi}^2，且与 ε_i 独立的随机变量；$1/\sigma_{xi}^2$ 为 Υ_i 的期望条件准确性，与供应商提供的质量数据的数量 n_i 成正比[112]。因此，Υ_i 是 ε_i 的一个无偏估计量，有 $E[\Upsilon_i | \varepsilon_i] = \varepsilon_i$ 且 $E[\mathrm{Var}(\Upsilon_i | \varepsilon_i)] = \sigma_{xi}^2$，综合观测到的关于各质量维度的质量信息可得 $\Theta = \sum\limits_{i=1}^{m} \omega_i \Upsilon_i$ 为 θ 的无偏估计量，有 $E[\Theta | \theta] = \theta$ 且 $E[\mathrm{Var}(\Theta | \theta)] = \sum\limits_{i=1}^{m} \omega_i^2 \sigma_{xi}^2$。定义质量可视性

$$v = \frac{\mathrm{Var}(\theta)}{\mathrm{Var}(\theta) + E[\mathrm{Var}(\Theta | \theta)]} = \sigma^2 \left(\sigma^2 + \sum_{i=1}^{m} \omega_i^2 \sigma_{xi}^2 \right)^{-1} \tag{3-2}$$

它代表质量可视性系统所能提供的质量信息的质量，反映了存在质量波动的

情况下，观测者能够通过质量可视性系统获知产品真实质量水平的可能性。由此可见，质量可视性与供应商的信息能力，即获取并共享的质量信息数量和信息准确性有关，信息的数量越多、偏差越小，如生产流程的细节越丰富、越清晰，质检或认证报告越完善、越权威，质量可视性就越高。一般地，企业的信息能力取决于其对质量可视性系统的成本投入，相关信息可以通过企业公开报告或财务报表获知，并与质量可视性之间存在一定的映射关系，故认为供应商质量可视性和成本投入是共有知识[58, 97]。

供应商通过质量可视性系统观测质量信息并向零售商和消费者进行系统授权和信息共享，根据 Li[112]、Shang 等[116]采用的线性条件期望公式，观测者在质量信息 Θ 下对 θ 的期望为

$$E[\theta|\Theta] = (1-v)E[\theta] + v\Theta = v\Theta \tag{3-3}$$

该贝叶斯推断模型被广泛用于对需求、质量等信息不确定性的观测和评价中[58, 99, 143]。显然，当供应商不投入可视性努力，提供的质量可视性为 0 时，观察不到质量信息或质量信息几乎无用，观测者的质量信念只能为 $E[q] = q_0$。当供应商投入大量努力得到接近完美信息时，观测者可获知供应商的真实产品质量，即 $q_0 + \Theta$。当质量可视性为 0～1 时，供应商进行了不完美的信息共享，这也与 Li[112]、Wu 等[46]对信息质量和部分信息共享的设定相一致。进一步，根据统计学原理可以推导出以下结论：$E[\Theta] = E[\theta] = 0$，$E[\Theta|\theta] = \theta$，$E[\Theta^2] = \mathrm{Var}(\Theta) = \dfrac{\sigma^2}{v}$。

3. 质量可视性系统模式

供应商共有内部开发、外部购入和租赁服务三种质量可视性系统模式可供选择，分别用上标 Y, B, Z 表示。假设三种模式的系统开发规范一致，能够实现的功能也都相同。

当采取内部开发模式时，供应商负责质量可视性系统的全部开发和运行工作。供应商完全承担的系统研发成本为 $\dfrac{1}{2}d_0 v^2$，后续的软件和信息操作成本（又称可视性努力成本，如质检和验证、质量信息采集、系统运行、维护等成本）为 $\dfrac{1}{2}e_0 v^2$，其中，d_0 和 e_0 分别为质量可视性系统研发成本系数和质量可视性努力成本系数。研发活动和信息操作等努力投入的回报呈现明显的递减性，反映了实现高可视性需要应对的研发难度、信息质量要求、系统复杂性和管理复杂性成倍增加[64]。二次成本函数具有良好的凸性和简洁易处理的性质，在与昂贵努力成本相关的文献中得到了广泛采用[115, 130, 134, 136, 139]。企业运行质量可视性系统的单位产品日常消耗成本为 bv，其中，b 为单位产品的质量可视性消耗成本系数。内部开发模式为

企业带来的资源重用、实现独特功能、节省系统对接成本等正外部性记为 gv，其中，$g>0$ 为质量可视性系统正外部性收益系数，表示质量可视性要求越高正外部性越大，且 $g<d_0$ 表示系统成本投入高于正外部性收益。特别地，$g<0$ 表示内部开发模式为企业带来的负外部性，成为另一种形式的研发成本，$g=0$ 表示内部开发模式对企业其他方面没有影响。

当采取外部购入模式时，供应商需要向外部的系统提供方支付系统购买费用 T，在系统运行时同样付出可视性努力成本 $\frac{1}{2}e_0v^2$ 和单位产品日常消耗成本 bv。

当采取租赁服务模式时，供应商只需承担质量信息的采集和录入等工作，投入努力成本 $\frac{1}{2}e_1v^2$，对单位售出产品向可视性服务提供商支付固定的租赁服务费 c，并花费单位产品日常消耗成本 bv。由于存在服务提供商，有 $e_1<e_0$，其中，$e_i>0$ $(i=0,1)$ 为质量可视性努力成本系数。

此外，供应商的单位产品生产成本、零售商的渠道成本，以及三种模式都用到的相同固定成本（如场地费、监控扫描装备费）暂时一般化为 0。假设所有参与者都是风险中性的，且供应商都是诚实可信的，虚假的质量信息会受到合同方和监管机构的严厉惩罚。以上都是共有知识。

3.2.2　决策结构

整个事件和决策涉及的发展过程如图 3-1 所示，简述如下。

（1）供应商选择质量可视性系统模式，依据所选模式支付相关费用，并决定提供的质量可视性 v。

（2）供应商生产产品，投入相应努力成本并实现已确定好的质量可视性，在生产完成后通过质量可视性系统观测到质量信息 Θ，据此决定产品批发价格 w。

（3）零售商根据质量信息和批发价格决定产品零售价格 p，生成市场需求后向供应商订货并销售，最终供应链各方实现应得利润。

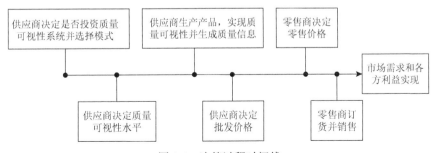

图 3-1　决策过程时间线

3.3　策　略　均　衡

3.3.1　基准情形

首先以供应商尚未建立质量可视性系统的情形作为基准，将该情形记为上标0。该情形下供应商未投入任何研发努力或可视性努力，且无须支付各种费用，故决策过程从第二阶段的批发价格决策开始。

为保证子博弈完美，先分析博弈最后阶段的行动。零售商设定零售价格 p 下的需求期望为 $Q = \Lambda + \alpha(q_0 + E[\theta]) - p$。在供应商给定批发价格 w 的情况下，零售商最大化其期望利润 $\pi_R = (p - w)(\Lambda + \alpha q_0 + \alpha E[\theta] - p)$，求其一阶条件可得零售商的最佳反应零售价格 $\hat{p}(w) = \frac{1}{2}(\Lambda + \alpha q_0 + w)$，于是有订货量 $\hat{Q}(w) = \frac{1}{2}(\Lambda + \alpha q_0 - w)$。

再回到第二阶段，供应商最大化其期望利润 $\pi_S = \frac{1}{2}(\Lambda + \alpha q_0 - w)w$，求其一阶条件可得供应商的均衡批发价格 $w^0 = \frac{1}{2}(\Lambda + \alpha q_0)$，进而求得零售商的均衡零售价格、均衡订货量、供应商和零售商的期望利润分别为 $p^0 = \frac{3}{4}(\Lambda + \alpha q_0)$，$Q^0 = \frac{1}{4}(\Lambda + \alpha q_0)$，$\pi_S^0 = \frac{1}{8}(\Lambda + \alpha q_0)^2$，$\pi_R^0 = \frac{1}{16}(\Lambda + \alpha q_0)^2$。

由此可见，未建立质量可视性系统时，供应商和零售商各自的价格和利润均只与市场需求对产品质量的敏感程度及对产品质量的先验期望 q_0 有关，此时质量不确定性带来的需求风险被供应链系统完全接收。在供应商主导定价的供应链中存在双重边际化，由 $w^0 = 2(p^0 - w^0)$ 知，供应商通过较高的批发价格侵蚀零售商的利润，而且供应商利润为零售商利润的 2 倍，供应商占据着先动优势。

为了方便论述，本书将质量可视性系统固定成本一般化为 0，在将基准情形与其他三种模式进行对比时，基准情形下的供应商因未投入质量可视性系统固定成本而获得了收益 F，因此将供应商期望利润调整为 $\tilde{\pi}_S^0 = \pi_S^0 + F$ 再与其他三种模式作比较。

3.3.2　内部开发模式

若供应商决定自行开发质量可视性系统，按照三阶段动态博弈逆向推导。当零售商观察到供应商质量可视性 v、质量信息 Θ 后，对供应商产品质量的信念更新为 $E[\theta|\Theta] = v\Theta$，在零售价格为 p 时可实现期望需求量为 $Q = \Lambda + \alpha q_0 +$

$\alpha E[\theta|\Theta] - p$。在供应商给定批发价格 w 的情况下，零售商最大化其期望利润：

$$\pi_R = (p - w)(\Lambda + \alpha q_0 + \alpha E[\theta|\Theta] - p) \tag{3-4}$$

求其一阶条件可得零售商的最佳反应零售价格为

$$\hat{p}(w, v) = \frac{1}{2}(\Lambda + \alpha q_0 + \alpha E[\theta|\Theta] + w)$$

于是订货量为

$$\hat{Q}(w, v) = \frac{1}{2}(\Lambda + \alpha q_0 + \alpha E[\theta|\Theta] - w)$$

供应商考虑 $\hat{Q}(w, v)$，在质量信息 Θ 下最大化其期望利润：

$$\pi_S = \frac{1}{2}(w - bv)(\Lambda + \alpha q_0 + \alpha E[\theta|\Theta] - w) - \frac{1}{2}(d_0 + e_0)v^2 + gv \tag{3-5}$$

求其一阶条件可得供应商的最佳反应批发价格为

$$\hat{w}(v) = \frac{1}{2}(\Lambda + \alpha q_0 + \alpha E[\theta|\Theta] + bv)$$

进而供应商研发前的期望利润为

$$\begin{aligned}
\pi_S &= E\left[\frac{1}{8}(\Lambda + \alpha q_0 + \alpha v\Theta - bv)^2 - \frac{1}{2}(d_0 + e_0)v^2 + gv\right] \\
&= \frac{1}{8}(\Lambda + \alpha q_0 - bv)^2 + \frac{1}{8}\alpha^2\sigma^2 v - \frac{1}{2}(d_0 + e_0)v^2 + gv
\end{aligned} \tag{3-6}$$

现实中质量可视性系统研发成本系数和可视性努力成本系数一般较大，为避免缺乏明显意义的结论，假设 $d_0 + e_0 - \frac{1}{4}b^2 > \frac{1}{8}\alpha^2\sigma^2 - \frac{1}{4}b(\Lambda + \alpha q_0) + g > 0$ 以排除质量可视性的边界解（0 或 1）的情况，且 $g < \frac{1}{4}b(\Lambda + \alpha q_0)$ 以排除无质量波动（$\sigma^2 = 0$）时仍旧提升质量可视性的情况。求解可得均衡条件下供应商质量可视性的内部均衡解为

$$v^Y = \frac{\alpha^2\sigma^2 - 2b(\Lambda + \alpha q_0) + 8g}{8(d_0 + e_0) - 2b^2} \tag{3-7}$$

由此可见，暂不考虑质量可视性系统固定成本时，在一定的均衡条件下，供应商质量可视性决策存在内部均衡解。此外，即使 $0 \geqslant g > \frac{1}{4}b(\Lambda + \alpha q_0) - \frac{1}{8}\alpha^2\sigma^2$，即内部开发模式存在负外部性但较小，内部开发模式也存在可行性（$v^Y > 0$ 总成立）。

【命题 3-1】　采取内部开发模式时，在其他条件不变情况下，供应商愿意开发并提供的最大质量可视性随质量波动 σ^2、质量可视性系统正外部性收益系数 g

的增大而升高，随产品质量先验期望 q_0、质量可视性消耗成本系数 b、质量可视性系统研发成本系数 d_0 和质量可视性努力成本系数 e_0 的增大而降低。

证明：对均衡解 v^Y 分别求 q_0、σ^2、g、d_0、e_0 的导数易得对应结论。

对于 b，令

$$f_1(b) = -(\Lambda + \alpha q_0)b^2 + (\alpha^2 \sigma^2 + 8g)b - 4(\Lambda + \alpha q_0)(d_0 + e_0)$$

求导得

$$\frac{\partial v^Y}{\partial b} = \frac{f_1(b)}{(4d_0 + 4e_0 - b^2)^2}$$

由均衡条件知，$0 < b < \dfrac{\alpha^2 \sigma^2 + 8g}{2(\Lambda + \alpha q_0)}$ 且 $d_0 + e_0 > \dfrac{(\alpha^2 \sigma^2 + 8g)^2}{16(\Lambda + \alpha q_0)^2}$（当 $b = \dfrac{\alpha^2 \sigma^2 + 8g}{2(\Lambda + \alpha q_0)}$ 时求得），可见 $f_1(b)$ 在 b 的定义域上是单调函数，进而得

$$f_1(0) < 0 \text{ 且 } f_1\left(\frac{\alpha^2 \sigma^2 + 8g}{2(\Lambda + \alpha q_0)}\right) = \frac{(\alpha^2 \sigma^2 + 8g)^2}{4(\Lambda + \alpha q_0)} - 4(\Lambda + \alpha q_0)(d_0 + e_0) < 0$$

故 $\dfrac{\partial v^Y}{\partial b} < 0$ 成立。 □

供应商产品质量先验期望越高、产品质量越稳定（即质量波动越小），则均衡质量可视性越小，说明产品的高质量会削弱供应商提升质量可视性的动机。该结论与 Sun[71] 的研究发现一致，这是因为长期市场情境下，供应商的消费者对其产品质量是有一个长久认知和预期的，对其质量存在的波动也有着清晰的认识，因此高质量产品会带来较高的市场需求，质量波动带来的需求波动对利润影响相对较小。此时供应商再提升质量可视性反而招致更大的质量可视性成本，故其愿意提供的最大质量可视性会下降。高质量阻碍质量可视性投入较为典型的例子是单品质量预期高、品控相对优良的苹果公司，以及性价比高、质量较稳定的服装品牌迪卡侬，他们的广告营销甚至产品包装策略都要比竞争者克制得多。

如果供应商产品质量波动较大，刻意隐瞒质量情况会导致消费者的信任下降，长期来看会最终降低消费者对其产品质量的偏好，因此供应商将努力提升质量可视性以帮助消费者更正确地做出购买决策。高质量波动促进质量可视性投入的例子如以生鲜品为典型代表的食品，因其生产和流通环节质量风险大，故企业往往需要提前做好质量可视性建设，视具体产出的质量对价格等策略进行针对性调整。值得注意的是，同一产品的质量波动增大并不意味着企业需要立即加大质量可视性投入，相反地，第一要务是检查质量生产系统，提高产品质量控制水平，而提升质量可视性更能帮助企业及时发现质量失控问题。

此外，由 $\left|\dfrac{\partial v^Y / \partial q_0}{\partial v^Y / \partial(\sigma^2)}\right| = \dfrac{b}{\alpha}$ 知，质量先验期望和质量波动对质量可视性的影响

相对大小取决于质量可视性消耗成本系数与市场需求对产品质量的敏感程度的比值，这意味着当产品质量对消费者的重要性很高时，供应商质量可视性决策主要取决于产品质量波动，这是由于相比产品一贯的市场评价，此时消费者更注重当下批次产品的质量稳定性。命题 3-1 还表明日常消耗成本、系统研发成本和质量可视性努力成本均阻碍质量可视性的提升，可见成本是建设质量可视性系统最关键的制约因素。

根据均衡质量可视性可得供应商的均衡批发价格、零售商的均衡零售价格和均衡订货量分别为

$$w^Y = \frac{1}{2}(\Lambda + \alpha q_0) + \frac{1}{2}v^Y(\alpha\Theta + b) \tag{3-8}$$

$$p^Y = \frac{3}{4}(\Lambda + \alpha q_0) + \frac{1}{4}v^Y(3\alpha\Theta + b) \tag{3-9}$$

$$Q^Y = \frac{1}{4}(\Lambda + \alpha q_0) + \frac{1}{4}v^Y(\alpha\Theta - b) \tag{3-10}$$

【引理 3-1】　采取内部开发模式时，供应商的均衡批发价格、零售商的均衡零售价格、均衡订货量均随观测到的质量信息的增大而呈线性增长，且当市场需求对产品质量的敏感程度 α 一定时，质量可视性越高，这种响应性越强。

证明：由 $v^Y > 0$ 得证。　　　　　　　　　　　　　　　　　　　　　□

对比 3.3.1 节基准情形下的均衡解，上述均衡价格决策和均衡订货量可以分解为三个部分：①基准价格或基准需求；②关于日常消耗成本的函数；③关于质量信息的线性函数。这说明在建设质量可视性系统后，供应商的批发价格和零售商的零售价格在分摊一定质量可视性成本（分别为 $\frac{1}{2}v^Y b$ 和 $\frac{1}{4}v^Y b$）的基础上，能够依据质量信息 Θ 进行相应的线性调整，从而一方面将质量可视性投入成本部分转移给市场，另一方面减轻质量波动带来的需求不确定性。不过由于 $w^Y > 2(p^Y - w^Y)$，批发价格的调整幅度更大，可见供应商依靠供应链优势地位，加剧了供应链的双重边际化。均衡订货量则是在减少 $\frac{1}{4}v^Y b$ 的基础上随质量信息 Θ 变化，这个减少量完全源自提升的零售价格，当且仅当质量信息 $\Theta > \frac{b}{\alpha}$ 时，供应链需求相比基准情形才会正向增长。

基于上述均衡解，可以得到内部开发模式下供应商和零售商在决策开始前的期望利润分别为

$$\pi_S^Y = \frac{1}{8}(\Lambda + \alpha q_0)^2 + \frac{1}{16}v^Y(\alpha^2\sigma^2 - 2b(\Lambda + \alpha q_0) + 8g) \tag{3-11}$$

$$\pi_R^Y = \frac{1}{16}(\Lambda + \alpha q_0)^2 + \frac{1}{16} v^Y (\alpha^2 \sigma^2 - 2b(\Lambda + \alpha q_0) + b^2 v^Y) \qquad (3\text{-}12)$$

【命题 3-2】 采取内部开发模式时，质量可视性对供应商的直接效应为正，当条件 $\alpha^2 \sigma^2 - 2b(\Lambda + \alpha q_0) > \dfrac{-8bg}{8d_0 + 8e_0 - b^2}$ 成立时，质量可视性对零售商的溢出效应为正。

证明：作差比较 $\pi_S^Y - \pi_S^0$ 和 $\pi_R^Y - \pi_R^0$ 并由均衡条件易证。 □

在建立质量可视性系统情形下，供应商和零售商的利润可分为两部分：将式（3-11）和式（3-12）的加式第一部分称为确定性利润，表示无质量不确定性（$\sigma^2 = 0$）或者无质量可视性（无质量信息）时的基础利润；将式（3-11）和式（3-12）的加式后续部分称为可变利润。供应商的可变利润就是信息共享的直接效应，零售商的可变利润则为信息共享的溢出效应。由命题 3-2 可知，直接效应为正，而溢出效应取决于特定条件。这是由于均衡条件已经保证了供应商建设质量可视性系统有利可图，否则他将不会投资。对于零售商，由 $\dfrac{\partial \pi_S^Y}{\partial v^Y} > 0$ 得，当 $v^Y > -\dfrac{\alpha^2 \sigma^2 - 2b(\Lambda + \alpha q_0)}{2b^2}$ 时，其利润才随质量可视性的增加而有所增长。由此可见，零售商一方面享受了质量可视性缓解需求波动的好处，另一方面承受了供应商利用优势地位分摊的质量可视性成本，因此溢出效应的正负取决于这两方面利弊的对比。当命题 3-2 中条件不满足时，供应商倾向于主要享受系统研发带来的正外部性，从而提供一个较低的质量可视性，这导致零售商获得的质量可视性收益低于分摊的成本，故其无法从质量可视性中得到好处。

【命题 3-3】 采取内部开发模式时，供应商的期望利润会随产品质量先验期望 q_0、质量波动 σ^2、质量可视性系统正外部性收益系数 g 的增大而升高，随质量可视性消耗成本系数 b、质量可视性系统研发成本系数 d_0 或质量可视性努力成本系数 e_0 的增大而降低。各参数对零售商的期望利润的影响则取决于不同的条件和区间，不过主要影响与供应商的一致。

证明：分别对 π_S^Y 求关于 σ^2、g、d_0、e_0 的导数易得对应结论。

对于质量先验期望 q_0，求导得

$$\frac{\partial \pi_S^Y}{\partial q_0} = \frac{\alpha[8(d_0 + e_0)(\Lambda + \alpha q_0) - (\alpha^2 \sigma^2 + 8g)b]}{32(d_0 + e_0) - 8b^2}$$

由 $0 < b < \dfrac{\alpha^2 \sigma^2 + 8g}{2(\Lambda + \alpha q_0)}$ 且 $d_0 + e_0 > \dfrac{(\alpha^2 \sigma^2 + 8g)^2}{16(\Lambda + \alpha q_0)^2}$ 可得

$$8(d_0 + e_0)(\Lambda + \alpha q_0) - (\alpha^2 \sigma^2 + 8g)b > \frac{(\alpha^2 \sigma^2 + 8g)^2}{2(\Lambda + \alpha q_0)} - \frac{(\alpha^2 \sigma^2 + 8g)^2}{2(\Lambda + \alpha q_0)} = 0$$

故 $\dfrac{\partial \pi_S^Y}{\partial q_0} > 0$ 。

同理，对于质量可视性消耗成本系数 b ，有

$$\frac{\partial \pi_S^Y}{\partial b} = \frac{v^Y[(\alpha^2\sigma^2 + 8g)b - 8(d_0 + e_0)(\Lambda + \alpha q_0)]}{8(4d_0 + 4e_0 - b^2)} < 0$$

再观察 π_R^Y 是关于 q_0 的二次凸函数，因此对其求 q_0 的导数可得，当

$$-\frac{2b^2 g}{d_0 + e_0} + \alpha^2\sigma^2 \left(1 - \frac{b^2}{4d_0 + 4e_0}\right)^2 > \alpha^2\sigma^2 - 2b(\Lambda + \alpha q_0) > -8g$$

成立，即 $q_0 > q_0'$ ，其中， $\pi_R^Y(q_0') = \min \pi_R^Y(q_0)$ 时， π_R^Y 随 q_0 的增大而升高，否则 π_R^Y 随 q_0 的增大而降低。因此，当该条件左端小于边界条件值 $8(d_0 + e_0) - 2b^2$ 时， π_R^Y 随 q_0 的增大先降低再升高，否则只升高。

同理，对于质量波动 σ^2 ，将其作为整体求导可得，当

$$-\frac{8(d_0 + e_0)g}{8(d_0 + e_0) - b^2} > \alpha^2\sigma^2 - 2b(\Lambda + \alpha q_0) > -8g$$

成立，即 σ^2 小于一个定值时， π_R^Y 随 σ^2 的增大而降低，否则 π_R^Y 随 σ^2 的增大而升高。该条件左端明显小于边界条件值，因此 π_R^Y 随 σ^2 的增大先降低再升高。

同理，对于质量可视性消耗成本系数 b 也有类似结论，在一定区间内即 b 大于一个定值时， π_R^Y 随 b 的增大而降低，否则 π_R^Y 随 b 的增大而升高，其取值表达式过于复杂，此处不再列出。

当 $-\dfrac{2b^2 g}{d_0 + e_0} > \alpha^2\sigma^2 - 2b(\Lambda + \alpha q_0) > -8g$ 时，对于质量可视性系统正外部性收益系数 g ， π_R^Y 随其增大而降低，否则 π_R^Y 随其增大而升高，故 π_R^Y 随 g 的增大先降低再升高；对于质量可视性系统研发成本系数 d_0 或质量可视性努力成本系数 e_0 ， π_R^Y 随其增大而升高，否则 π_R^Y 随其增大而降低，故 π_R^Y 随 d_0 或 e_0 的增大先降低再升高。　　　　　　　　　　　　　　□

由命题 3-1 可知，质量先验期望增大导致均衡质量可视性变小；命题 3-3 表明，对于供应商，质量先验期望增大对提升需求产生的正面影响大于其阻碍质量可视性进而引发需求波动增大带来的负面影响，因此提升质量先验期望是有益的。此外，质量波动、质量可视性系统正外部性收益系数的增大或各种成本系数的减小会激励供应商加大质量可视性投入，从而获得更高的利润。

对于零售商，内部开发模式存在系统外部性收益抵消供应商努力成本的现象，因此当供应商的均衡质量可视性较低时（此时质量先验期望较大、质量波动较小、质量可视性系统正外部性收益系数较小或任一成本系数较大），各参数的变化若能提升质量可视性，那么这种变化反而会降低零售商利润。这是因为低水平质量可

视性带给零售商的收益小于供应商分摊过来的成本，此时再提升质量可视性，分摊成本的增幅要大于收益的增幅。当质量可视性系统正外部性收益系数足够小时，供应商跳出"正外部性陷阱"，零售商的利润变化就和供应商大体一致了。

质量先验期望对零售商利润的影响比对其对供应商利润的双重影响还多出了正外部性的影响，因此提升质量先验期望对零售商的利润更重要。在通常情况下，质量可视性消耗成本系数远小于质量可视性努力成本系数（即 $4(d_0+e_0)-b^2$ 很大）且质量可视性系统的正外部性是较为有限的，所以各参数对供应商和零售商利润产生相反作用的区间较窄，而且在这些区间上的参数取值情况较为极端，因此可以认为大多情况下上述各参数对供应商和零售商利润的影响具有一致性。

3.3.3　外部购入模式

供应商选择外部购入模式时，其决策推导过程与 3.3.2 节类似，只需将供应商期望利润函数（式（3-5））中的质量可视性努力成本部分由 $\frac{1}{2}(d_0+e_0)v^2$ 更换为 $\frac{1}{2}e_0v^2+T$。另外，取 $g=0$，其余参数和结构均不变。由于系统购买费用是常数 T，不影响均衡条件，在条件 $e_0-\frac{1}{4}b^2>\frac{1}{8}\alpha^2\sigma^2-\frac{1}{4}b(\Lambda+\alpha q_0)>0$ 成立时，可得外部购入模式下的均衡解和均衡利润分别为

$$v^B=\frac{\alpha^2\sigma^2-2b(\Lambda+\alpha q_0)}{8e_0-2b^2}\tag{3-13}$$

$$w^B=\frac{1}{2}(\Lambda+\alpha q_0)+\frac{1}{2}v^B(\alpha\Theta+b)\tag{3-14}$$

$$p^B=\frac{3}{4}(\Lambda+\alpha q_0)+\frac{1}{4}v^B(3\alpha\Theta+b)\tag{3-15}$$

$$Q^B=\frac{1}{4}(\Lambda+\alpha q_0)+\frac{1}{4}v^B(\alpha\Theta-b)\tag{3-16}$$

$$\pi_S^B=\frac{1}{8}(\Lambda+\alpha q_0)^2+\frac{1}{16}v^B(\alpha^2\sigma^2-2b(\Lambda+\alpha q_0))-T\tag{3-17}$$

$$\pi_R^B=\frac{1}{16}(\Lambda+\alpha q_0)^2+\frac{1}{16}(v^B)^2(8e_0-b^2)\tag{3-18}$$

此模式下也有类似命题 3-1 和引理 3-1 的结论，观察利润函数（式（3-17）和式（3-18）），可得以下命题。

【命题 3-4】　采取外部购入模式时，当条件 $T<\frac{1}{16}v^B(\alpha^2\sigma^2-2b(\Lambda+\alpha q_0))$ 成立时，供应商质量可视性的直接效应为正，而溢出效应始终为正。

证明：将利润函数分别与 π_S^0 和 π_R^0 作差且由均衡条件易证。　　　　□

在外部购入模式下，增大质量可视性将使得供应商和零售商的利润同时得到提升，不过与内部开发模式相反，零售商所得的溢出效应始终为正，而供应商所得的直接效应取决于特定条件。这是由于均衡条件尽管保证了质量可视性存在内部均衡解，但供应商一次性对外支付的系统购买费用只能独自承担，无法通过价格博弈分摊出去。对于零售商，质量可视性缓解需求波动带来的收益大于需要分摊的成本，故溢出效应为正。

【命题 3-5】　采取外部购入模式时，有如下结论：

（1）供应商的期望利润会随产品质量先验期望 q_0 或质量波动 σ^2 的增大而升高，随质量可视性消耗成本系数 b 或质量可视性努力成本系数 e_0 的增大而降低；

（2）产品质量先验期望 q_0 和质量可视性消耗成本系数 b 对零售商期望利润分别产生正向和负向的主要影响，而零售商期望利润随质量波动 σ^2 的增大而升高，随质量可视性努力成本系数 e_0 的增大而降低。

证明：（1）分别对 π_S^B 求关于 q_0、σ^2、b、e_0 的导数易得对应结论。

（2）类似地，对 π_R^B 求 q_0 导数得，当

$$0 < \alpha^2\sigma^2 - 2b(\Lambda + \alpha q_0) < \alpha^2\sigma^2\left(1 - \frac{b^2}{4e_0}\right)^2$$

时，π_R^B 随 q_0 的增大而升高，否则 π_R^B 随 q_0 的增大而降低。因此，当上式右端小于边界条件值 $8e_0 - 2b^2$ 时，π_R^B 随 q_0 的增大先降低后升高，否则 π_R^B 随 q_0 的增大一直升高。

对于质量可视性消耗成本系数 b，当

$$\alpha^2\sigma^2 - 2b^2(\Lambda + \alpha q_0) < \frac{(8e_0 - b^2)(4e_0 - b^2)\alpha^2\sigma^2}{32e_0}$$

等同于

$$64e_0^2(\Lambda + \alpha q_0) - \alpha^2\sigma^2 b(12e_0 - b^2) > 0$$

时，π_R^B 随 b 的增大而降低，否则 π_R^B 随 b 的增大而升高。将后一不等式左端对 b 求导得，判定条件是 b 的减函数，因此，前一不等式右端小于边界条件值 $8e_0 - 2b^2$ 时，π_R^B 随 b 的增大先降低后升高，否则 π_R^B 随 b 的增大只降低。

对于质量波动 σ^2，将其作为整体求导易得 $\dfrac{\partial \pi_S^B}{\partial(\sigma^2)} > 0$；对于质量可视性努力成本系数 e_0，求导易得 $\dfrac{\partial \pi_S^B}{\partial e_0} < 0$。　　　　□

对比命题 3-3 可知，在排除内部开发模式的正外部性效果之后，命题 3-5 与

其结论基本一致。由此可见，在大多数情况下，是否要建立自有的质量可视性系统主要取决于产品质量波动、质量可视性系统研发成本系数和质量可视性努力成本系数。高质量可视性能让供应链企业更好、更及时地洞察市场需求变化，因此能够给供应链上下游企业都带来明显的利润增长预期。不过，质量信息不等于质量，高质量可视性并不一定预示着高质量。在长期市场中，提升产品质量水平包括提升质量先验期望和降低质量波动，对提升质量可视性有明显的替代作用。

3.3.4　租赁服务模式

供应商在选择租赁质量可视性服务的情况下，只需按出货量支付服务费并付出较低的数据成本和日常消耗成本。当零售商观测到质量可视性 v 下的质量信息 Θ 后，在零售价格为 p 时可实现期望需求量 $Q = \Lambda + \alpha q_0 + \alpha E[\theta|\Theta] - p$。在供应商给定批发价格 w 的情况下，零售商最大化其期望利润：

$$\pi_R = (p - w)(\Lambda + \alpha q_0 + \alpha E[\theta|\Theta] - p) \tag{3-19}$$

求其一阶条件可得零售商的反应零售价格为

$$\hat{p}(w,v) = \frac{1}{2}(\Lambda + \alpha q_0 + \alpha E[\theta|\Theta] + w)$$

进而有订货量 $\hat{Q}(w,v) = \frac{1}{2}(\Lambda + \alpha q_0 + \alpha E[\theta|\Theta] - w)$。

供应商考虑 $\hat{Q}(w,v)$，在质量信息 Θ 下最大化其期望利润：

$$\pi_S = \frac{1}{2}(w - c - bv)(\Lambda + \alpha q_0 + \alpha E[\theta|\Theta] - w) - \frac{1}{2}e_1 v^2 \tag{3-20}$$

求其一阶条件可得供应商的最佳反应批发价格为

$$\hat{w}(v) = \frac{1}{2}(\Lambda + \alpha q_0 + \alpha E[\theta|\Theta] + c + bv)$$

进而可得博弈第一阶段供应商在质量可视性决策前的期望利润为

$$\pi_S = E\left[\frac{1}{8}(\Lambda + \alpha q_0 + \alpha v\Theta - c - bv)^2 - \frac{1}{2}e_1 v^2\right]$$

$$= \frac{1}{8}(\Lambda + \alpha q_0 - c - bv)^2 + \frac{1}{8}\alpha^2 \sigma^2 v - \frac{1}{2}e_1 v^2 \tag{3-21}$$

在满足条件 $e_1 - \frac{1}{4}b^2 > \frac{1}{8}\alpha^2\sigma^2 - \frac{1}{4}b(\Lambda + \alpha q_0 - c) > 0$ 时，可得该模式下的均衡解为

$$v^z = \frac{\alpha^2\sigma^2 - 2b(\Lambda + \alpha q_0 - c)}{8e_1 - 2b^2} \tag{3-22}$$

$$w^Z = \frac{1}{2}(\Lambda + \alpha q_0) + \frac{1}{2}c + \frac{1}{2}v^Z(\alpha\Theta + b) \tag{3-23}$$

$$p^Z = \frac{3}{4}(\Lambda + \alpha q_0) + \frac{1}{4}c + \frac{1}{4}v^Z(3\alpha\Theta + b) \tag{3-24}$$

$$Q^Z = \frac{1}{4}(\Lambda + \alpha q_0) - \frac{1}{4}c + \frac{1}{4}v^Z(\alpha\Theta - b) \tag{3-25}$$

基于上述均衡解，可以得到租赁服务模式下供应商和零售商的决策前期望利润分别为

$$\pi_S^Z = \frac{1}{8}(\Lambda + \alpha q_0 - c)^2 + \frac{1}{16}v^Z(\alpha^2\sigma^2 - 2b(\Lambda + \alpha q_0 - c)) \tag{3-26}$$

$$\pi_R^Z = \frac{1}{16}(\Lambda + \alpha q_0 - c)^2 + \frac{1}{16}(v^Z)^2(8e_1 - b^2) \tag{3-27}$$

同样能够得到和命题 3-1、引理 3-1 关于相应参数类似的结论；分别用 $\Lambda + \alpha q_0 - c$ 替换 $\Lambda + \alpha q_0$、用 e_1 代替 e_0，即可得到和命题 3-5 类似的结论。分析期望利润和质量可视性系统租赁服务费 c 则有如下命题。

【命题 3-6】　采取租赁服务模式时，有如下结论：

（1）在其他条件不变情况下，随着质量可视性系统租赁服务费 c 的增大，供应商的均衡质量可视性升高；供应商的期望利润降低，零售商的期望利润根据不同判定条件降低或先降低后升高。

（2）存在 c 的一定区间，使供应链质量可视性的直接效应和溢出效应均为正；在 $(8e_1 - \alpha^2\sigma^2)^2 > 4[4e_1 - (\Lambda + \alpha q_0)^2 - \alpha^2\sigma^2]$ 成立时，直接效应总为正；溢出效应是否总为正需根据边界条件和判定条件确定。

证明：（1）对均衡解 v^Z 求 c 的导数易得命题前一部分结论。

对于命题后一部分，由 $0 < b < \dfrac{\alpha^2\sigma^2}{2(\Lambda + \alpha q_0 - c)}$ 和前面证明过程可知，

$$e_1 > \frac{(\alpha^2\sigma^2)^2}{16(\Lambda + \alpha q_0 - c)^2} > \frac{b\alpha^2\sigma^2}{8(\Lambda + \alpha q_0 - c)}$$

即

$$8e_1(\Lambda + \alpha q_0 - c) > \alpha^2\sigma^2 b$$

故对期望利润函数求 c 导数，有

$$\frac{\partial \pi_S^Z}{\partial c} = \frac{\alpha^2\sigma^2 b - 8e_1(\Lambda + \alpha q_0 - c)}{32e_1 - 8b^2} < 0$$

当 $c > \Lambda + \alpha q_0 - \dfrac{\alpha^2\sigma^2 b(8e_1 - b^2)}{32e_1^2}$，即

$$\alpha^2\sigma^2 - 2b(\varLambda + \alpha q_0 - c) > \alpha^2\sigma^2\left(1 - \frac{b^2}{4e_1}\right)^2$$

时，$\dfrac{\partial \pi_R^Z}{\partial c} > 0$，否则 $\dfrac{\partial \pi_R^Z}{\partial c} < 0$，意味着上述不等式右端小于边界条件值 $8e_1 - 2b^2$ 时，π_R^Y 随 c 的增大先降低后升高，否则 π_R^Y 随 c 的增大只降低。

（2）由于在 c 的值域上 π_S^Z 单调递减，由 $\pi_S^Z(c=0) - \pi_S^0(c=0) > 0$ 可得，存在 c 的一定区间 $[0, \breve{c}_1]$ 使直接效应为正，其中，$\breve{c}_1$ 为 $\pi_S^Z(c) - \pi_S^0(c) = 0$ 的解。再将 c 的最大值 $\dfrac{8e_1 - \alpha^2\sigma^2}{2b} - b + \varLambda + \alpha q_0$ 代入式（3-26）可得，条件 $(8e_1 - \alpha^2\sigma^2)^2 > 4[4e_1 - (\varLambda + \alpha q_0)^2 - \alpha^2\sigma^2]$ 成立时，租赁服务模式下的直接效应总为正。同样，由 $\pi_R^Z(c=0) - \pi_R^0(c=0) > 0$ 可得，存在 c 的一定区间 $[0, \breve{c}_2]$ 使溢出效应为正，其中，$\breve{c}_2$ 为 $\pi_R^Z(c) - \pi_R^0(c) = 0$ 的解。因此，在区间 $[0, \min\{\breve{c}_1, \breve{c}_2\}]$ 上，直接效应和溢出效应均为正。

进一步，当 $\alpha^2\sigma^2\left(1 - \dfrac{b^2}{4e_1}\right)^2 < 8e_1 - 2b^2$ 时，π_R^Z 在 c 的值域上先降低后升高，求其最小值可得，当 $\alpha^4\sigma^4(8e_1 - b^2) > 64(\varLambda + \alpha q_0)^2 e_1^2$ 时，溢出效应总为正；否则，求其边界解可得，当 $(8e_1 - \alpha^2\sigma^2)^2 > 4b^2[(\varLambda + \alpha q_0)^2 - \alpha^2\sigma^2]$ 时，溢出效应总为正。　□

质量可视性系统租赁服务费的增大并未阻挡供应商提升质量可视性的意愿，反而有利于质量可视性的提升。这是因为更高的质量可视性系统租赁服务费提升了单位产品的供给成本，一定程度上削弱了供应商的确定性利润；而系统服务提供商代理数据处理等昂贵操作节省了供应商在质量可视性上的努力投入，这导致供应商愿意去开拓更多的可变利润，也就是通过提升质量可视性来减少需求波动，从而获得更大的信息收益以冲抵质量可视性系统租赁服务费带来的成本。然而，通过提升质量可视性增加的收益依然无法弥补质量可视性系统租赁服务费带来的成本，供应商的总体利润仍然是随质量可视性系统租赁服务费的增大而降低的。对于零售商，因为分摊的质量可视性成本比例较供应商少，当满足边界条件且质量可视性系统租赁服务费较大时，其利润受到质量可视性收益的支配，随质量可视性系统租赁服务费的增大而升高。

从另一角度看，当服务提供商针对数据处理等昂贵操作收取质量可视性系统租赁服务费时，供应商总是会尽量提升质量可视性以让这笔费用"物有所值"，因此提高质量可视性系统租赁服务费既可以看作提升质量可视性服务的标准或门槛，也可以变成一种激励供应商提升质量可视性的手段。现实中正是如此，沃尔玛的绿叶蔬菜供应商在接入 IBM 的食品信托系统时需要提供沃尔玛要求的一定标准的质量信息，这可看作一项准入门槛。作为质量可视性方案的提供者，京东智臻链、浪潮质量链等采用多级定价的方式提供数据增值服务，尽可能帮助入链企业承担属于非核心业务的质量可视性努力，例如，购买高级服务版本（较大的质量可视性系统租赁服务费）除可以享受基础质量数据分析和生产溯源区块链存证等基本服务之外，还能享受供应链数据和营销数据分析、流通溯源区块链存证等增值服务，这样就给入链企业节省或创造了提高质量可视性的成本空间，以此来引导入链企业专注于采集并提供统一的高标准质量信息。

3.4 对 比 分 析

首先，对比命题 3-1、命题 3-3、命题 3-5 和命题 3-6 中各参数对均衡决策和供应商及零售商利润的影响可知，同一参数在三种模式下对决策变量和供应链企业期望利润的影响基本一致，只有存在系统正外部性情况的内部开发模式下，零售商期望利润受到的影响稍显复杂。值得注意的是，三种模式下，质量先验期望 q_0、质量可视性系统租赁服务费 c 对均衡质量可视性的影响和对供应链企业期望利润的主要影响均是相反的，其他收益或成本因素对均衡质量可视性的影响和对供应链企业期望利润的主要影响却相同。以上规律充分说明了在不同类型信息成本等因素的影响下，质量可视性对企业绩效具有复杂的作用机理。这弥补了现有质量信息披露研究大多只考虑单一固定的信息成本的不足。

然后，质量可视性变化和供应商利润变化的不同步可能使供应商的利润最大化目标与实现高质量可视性的目标之间发生冲突，加之供应链分散决策存在的双重边际化现象，供应商会因单方面追逐利润而放弃可使供应链质量可视性及供应链绩效最大化的系统模式。本节后续内容将在对比三种模式的均衡质量可视性和企业绩效的基础上分析各模式的优先选择条件，并讨论协调供应商选择策略以提升供应链质量可视性和绩效的可能性。

对比不同质量可视性系统模式对质量可视性和价格决策的影响。假设三个均衡条件均成立且 $g, c, e_0 - e_1 > 0$，综合有

$$d_0 + e_0 - \frac{1}{4}b^2 > \frac{1}{8}\alpha^2\sigma^2 - \frac{1}{4}b(\Lambda + \alpha q_0) + g > 0$$

$$d_0 + e_0 - \frac{1}{4}b^2 > e_0 - \frac{1}{4}b^2 > e_1 - \frac{1}{4}b^2 > \frac{1}{8}\alpha^2\sigma^2 - \frac{1}{4}b(\Lambda + \alpha q_0 - c) > \frac{1}{8}\alpha^2\sigma^2 - \frac{1}{4}b(\Lambda + \alpha q_0) > 0$$

且 $g < \frac{1}{4}b(\Lambda + \alpha q_0)$ 成立。

【命题 3-7】 （1）对于均衡质量可视性，租赁服务模式总是高于外部购入模式；当 $d_0 < d_1$ 或 $g > g_1$ 时，内部开发模式高于外部购入模式；当 $d_0 < d_2$ 或 $g > g_2$（即 $c < c_1$ 或 $e_1 < e_2$）时，内部开发模式高于租赁服务模式。

（2）当 b 一定时，三种模式下均衡价格期望均随质量可视性的增大而升高，进而不同模式下均衡价格期望的相互关系与（1）中结论相同；均衡订货量期望则与均衡价格期望的结论相反。其中，

$$d_1 = \frac{2g(4e_0 - b^2)}{\alpha^2\sigma^2 - 2b(\Lambda + \alpha q_0)}$$

$$g_1 = \frac{d_0[\alpha^2\sigma^2 - 2b(\Lambda + \alpha q_0)]}{2(4e_1 - b^2)}$$

$$d_2 = \frac{2e_1[\alpha^2\sigma^2 - 2b(\Lambda + \alpha q_0) + 8g] - b^2(4g - bc)}{2[\alpha^2\sigma^2 - 2b(\Lambda + \alpha q_0 - c)]} - e_0$$

$$g_2 = \frac{2(d_0 + e_0 - e_1)[\alpha^2\sigma^2 - 2b(\Lambda + \alpha q_0)] + bc(4d_0 + 4e_0 - b^2)}{4(4e_1 - b^2)}$$

$$c_1 = \frac{4g(4e_1 - b^2) - 2(d_0 + e_0 - e_1)[\alpha^2\sigma^2 - 2b(\Lambda + \alpha q_0)]}{b(4d_0 + 4e_0 - b^2)}$$

$$e_2 = \frac{2(d_0 + e_0)[\alpha^2\sigma^2 - 2b(\Lambda + \alpha q_0 - c)] + b^2(4g - bc)}{2[\alpha^2\sigma^2 - 2b(\Lambda + \alpha q_0) + 8g]}$$

证明：（1）对三种模式下的均衡解 $v^i(i = Y,B,Z)$ 分别两两作差比较即得。

（2）当 b 一定时，对 w^i、p^i 和 Q^i 分别求期望可得其与 v^i 分别呈正向、正向和负向线性关系，系数分别为 $\frac{1}{2}b$、$\frac{1}{4}b$ 和 $-\frac{1}{4}b$。 □

由命题 3-7 可知，在相同的条件下，供应商采用租赁服务模式提升供应链质量可视性的意愿总是强于外部购入模式。这是因为租赁服务模式下，服务提供商利用自己的技术优势代替供应商处理数据，其边际成本较低，尽管向供应商征收了单位产品固定的租赁服务费，但节省了供应商大量的质量可视性努力成本，因此供应商有更大的成本空间去提升质量可视性。只有质量可视性系统研发成本系数 d_0 低于一定值或质量可视性系统正外部性收益系数 g 高于一定值时，内部开发模式下的均衡质量可视性才会高于另两种模式，而且很明显有 $d_1 > d_2$ 且 $g_1 > g_2$。另外，在相同的条件下，当租赁服务模式下质量可视性系统租赁服务费 c 较低，即供应商自身承担的质量可视性努力成本系数 e_1 较高时，该模式下的均衡质量可视性将会低于内部开发模式。综合来看，租赁服务模式对提升供应链质量可视性似乎更有利。现实中，租赁服务模式代表了质量可视性未来发展的一种趋势，第三方服务提供商凭借其专业化、标准化的数据服务获得了越来越大的市场份额，并逐渐被供应链企业、政府监管部门、社会大众所认可和提倡。

在一定的技术条件下，质量可视性消耗成本系数保持不变，产品的期望批发价格和期望零售价格均与质量可视性成正比，这确切地反映了市场对供应链质量

可视性的长期反应。质量可视性升高，意味着供应商为产品质量信息付出了更多可视性成本，呈现出对质量负责的态度，因此下游厂商和消费者愿为产品支付更高的价格（溢价），这与 El Benni 等[10]的结论一致。在同等条件下，租赁服务模式提供了更高的质量可视性，可获得比外部购入模式更高的产品价格。在价格敏感的市场中，较高的产品溢价自然会导致期望销量产生相应幅度的降低，这往往符合高质量可视性产品的设计路线。

对于任一质量可视性系统模式，只有 $\pi_S^i > \tilde{\pi}_S^0 (i = Y, B, Z)$，供应商从中获得的质量可视性直接效应大于质量可视性系统固定成本 F 时，他才会投资建设质量可视性系统。由命题 3-2、命题 3-4 和命题 3-6 可知，在一定条件下，三种质量可视性系统模式的直接效应均存在为正值的可能性。假设三个直接效应均大于 F，考察供应商对三种模式的选择策略。

【命题 3-8】　对于供应商，当 $d_0 < d_3$ 或 $T > T_1$ 时，选择内部开发模式优于外部购入模式；当 $d_0 < d_4$ 时，选择内部开发模式优于租赁服务模式；当 $c < c_2$ 或 $e_1 < e_3$ 时，选择租赁服务模式优于外部购入模式。其中，

$$d_3 = \frac{4(4e_0 - b^2)[g(\alpha^2\sigma^2 - 2b(\Lambda + \alpha q_0) + 4g) + 2T(4e_0 - b^2)]}{[\alpha^2\sigma^2 - 2b(\Lambda + \alpha q_0)]^2 - 32T(4e_0 - b^2)}$$

$$T_1 = \frac{d_0[\alpha^2\sigma^2 - 2b(\Lambda + \alpha q_0)]^2}{8(4d_0 + 4e_0 - b^2)(4e_0 - b^2)} + \frac{g(\alpha^2\sigma^2 - 2b(\Lambda + \alpha q_0) + 4g)}{2(4d_0 + 4e_0 - b^2)}$$

$$d_4 = \frac{[\alpha^2\sigma^2 - 2b(\Lambda + \alpha q_0) + 8g]^2(4e_1 - b^2)}{4[\alpha^2\sigma^2 - 2b(\Lambda + \alpha q_0 - c)]^2 - 16c(2\Lambda + 2\alpha q_0 - c)(4e_1 - b^2)} + \frac{1}{4}b^2 - e_0$$

$$c_2 = f^{-1}(0), f(c) = \pi_S^Z(c) - \pi_S^B(c)$$

$$e_3 = \frac{[\alpha^2\sigma^2 - 2b(\Lambda + \alpha q_0 - c)]^2(4e_0 - b^2)}{4[\alpha^2\sigma^2 - 2b(\Lambda + \alpha q_0)]^2 + 16(2\Lambda c + 2\alpha q_0 c - c^2 - 8T)(4e_0 - b^2)} + \frac{1}{4}b^2$$

证明：分别对三种模式下的供应商期望利润两两作差比较即得证。　　□

命题 3-8 给出了三种质量可视性系统模式获得供应商优先选择的关键参数条件，反映了质量可视性系统的信息操作与成本结构等因素对供应商选择模式的影响。显然，当质量可视性系统研发成本系数足够低或正外部性收益系数足够高时，供应商会选择内部开发模式；当系统购买费用足够低时，供应商会选择外部购入模式；当质量可视性努力成本系数较低时，供应商选择租赁服务模式，将较为昂贵的信息处理等工作交由系统服务提供商负责。

此外，在存在事前信息付费合同或成本共担合同的情况下，零售商也可拿出部分或全部溢出效应来补贴供应商，帮助供应商弥补质量可视性系统固定成本以建立质量可视性系统，或者引导供应商选择零售商偏好的模式。假设三种模式内

部均衡条件均成立且质量可视性系统租赁服务费 c 不过分高，保证内部开发模式和租赁服务模式的溢出效应均为正。

【推论 3-1】　对于任意两种质量可视性系统模式 i 和 j（$i,j=Y,B,Z$ 且 $i \neq j$），当 $v^i > v^j$ 且 $\pi_R^i - \pi_R^j > \pi_S^j - \pi_S^i > 0$ 时，零售商通过单边支付 $T \in (\pi_S^j - \pi_S^i, \pi_R^i - \pi_R^j)$ 引导供应商选择模式 i，可实现供应链质量可视性和整体利润的帕累托优化。

证明：推论 3-1 中条件成立时供应商的占优策略是 j，单边支付后供应商和零售商利润为 $\{\pi_S^i + T > \pi_S^j, \pi_R^i - T > \pi_R^j\}$，供应商的占优策略更改为 i，由 $v^i > v^j$ 和 $\pi_{SC}^i > \pi_{SC}^j$ 可证。　　　　　　　　　　　　　　　　　　　　　　□

供应链上下游企业的分散决策存在的双重边际化效应可能使供应商放弃选择拥有较高的均衡质量可视性的模式，单边支付是简便易行的离散策略协调方法，有助于供应链管理者实现整体利润和质量可视性的最优。受限于判定条件表达式的复杂性，下节将采用算例更直观地说明供应商的最优选择策略及其协调方法。

3.5　算 例 研 究

本节采用并改编陈红华和田志宏[65]提出的实施北京市农业局农产品可追溯系统（简称产品可追溯系统）的某企业的实地调研数据，为了简明起见，抽取一种典型绿色蔬菜的日销售数据集，并将其看作质量可视性为中上等水平 0.7 时的状态，质量可视性系统固定成本按照 10 年期摊销折算到天，其他月度或年度数据也按天来折算，以每 10 千克产品作为单位产品。在某一销售日内，质量可视性系统固定成本 F 为 8.22 元，系统购买费用 T 为 6.85 元，数据采集、培训等质量可视性努力成本系数 e_1 为 204.1 元，数据处理、系统维护等费用系数即 $e_0 - e_1$ 为 71.57 元，故供应商完全承担的质量可视性努力成本系数 e_0 为 275.67 元，打印费、标识费、人工费等质量可视性消耗成本系数 b 为 2.7 元/单位产品。市场基础规模 Λ 为 20 单位产品，在这里适当缩小了市场基础规模以便于观察质量可视性对企业利润的影响；产品质量先验期望 q_0 按照质量等级取为 3，质量随机变量 θ 的均值为 0、方差 σ^2 为 1，市场需求对产品质量的敏感程度 α 为 40 单位产品；由于以每 10 千克产品为单位产品，模型中的零售价格为 $p = 10\bar{p}$，批发价格为 $w = 10\bar{w}$；内部开发模式时质量可视性系统研发成本系数 d_0 设为 90 元，质量可视性系统正外部性收益系数 g 设为 5 元，质量可视性系统租赁服务费 c 设为 0.2 元/单位产品，与前面数学模型保持一致，暂不考虑产品的生产成本及其他渠道成本，故此时供应商的利润实际上是供应商的收入。该处理并不影响本书主要结论。除特别标明外，本节余下的分析过程中一律省去各参数的单位。

以上数据呈现出数据采集和处理、系统维护等质量可视性系统运维所需的成本远高于系统购买成本甚至系统开发成本的特点，符合现实中运维成本高昂的现象[67]；质量可视性消耗成本系数尽管数值较小，但在可观的出货量下依然是一笔高昂的开支，这也是 Balocco 等[84]提出的制造商只愿采用托盘 RFID 标签而不愿采用箱体 RFID 标签的原因。各参数值同时满足三种模式下的均衡条件，具体均衡结果如表 3-1 所示，其中，DE 为质量可视性的直接效应，SE 为质量可视性的溢出效应，π_{SC} 为供应链的总利润（总收入）。

表 3-1　不同模式下的供应链均衡结果

模式	v	$\bar{w}$	$\bar{p}$	Q	π_S	DE	π_R	SE	π_{SC}
0	—	7.00	10.50	35.00	2450.00	—	1225.00	—	3675.00
Y	0.30	7.04 +0.60 Θ	10.52 +0.90 Θ	34.80 +3.00 Θ	2466.78	16.78	1240.87	15.87	3707.65
B	0.39	7.05 +0.78 Θ	10.53 +1.17 Θ	34.74 +3.90 Θ	2463.47	13.47	1245.90	20.90	3709.37
Z	0.52	7.08 +1.04 Θ	10.54 +1.56 Θ	34.60 +5.20 Θ	2470.59	20.59	1248.97	23.97	3719.56

注：0 指基准情形

由表 3-1 可知，供应商和零售商可根据观测到的产品质量信息相应地调整产品的批发价格和零售价格，以最有效地把握市场对产品质量波动的反应，越高的质量可视性下调整的幅度越大，表明质量可视性在缓解质量牛鞭效应上的价值。此外，从长期来看，10 千克产品的期望批发价格和期望零售价格在三种模式下可分别上涨 4～8 分和 2～4 分，这也反映了质量可视性对于产品价值的直接提升作用，如果考虑质量可视性带来的消费者信赖、品牌效应等附加价值及可追溯的便利性，高质量可视性的产品将拥有更大的溢价空间。

在算例的参数值设定下，质量可视性的直接效应均大于质量可视性系统固定成本 F，因此供应商具备投资建设质量可视性系统的动机。供应商会优先选择租赁服务模式，内部开发模式是次优选择，外部购入模式是最差选择。租赁服务模式下供应商利润和质量可视性明显高于另两种模式，符合算例背景中企业参加政府产品可追溯系统的实际选择。外部购入模式差于内部开发模式，这是由于此算例中的质量可视性系统研发成本系数较低，是参考政府产品可追溯系统的研发成本平摊折算的，而且假设系统能帮助改善供应商其他方面的生产运作管理，带给供应商明显的正外部性，这种设定显然比一般的系统研发环境宽松得多。不过，内部开发模式达成的均衡质量可视性低于外部购入模式，这是由正外部性较小时高昂的研发成本所导致的。

放松三种模式下质量可视性系统研发成本系数 d_0 和质量可视性系统正外部性收益系数 g、系统购买费用 T、质量可视性系统租赁服务费 c 四个关键参数的赋值，继续考察它们对供应商选择策略的影响。假设三种模式下的直接效应均为正，可得其取值范围分别为 $d_0 > 0$，$0 < g < d_0 + 168.35$，$0 < T < 20.32$，$0 < c < 0.80$。依照命题 3-7 和命题 3-8，可以得到它们对均衡质量可视性和供应商期望利润的影响结果，如图 3-2 所示。图 3-2 中各曲线代表不同参数组合下，内部开发模式的均衡质量可视性和供应商期望利润与另两种模式相比的等值线，黑色实心箭头表示另两种模式相比内部开发模式占优的临界线和占优方向，阴影部分表示内部开发模式绝对占优的情形。

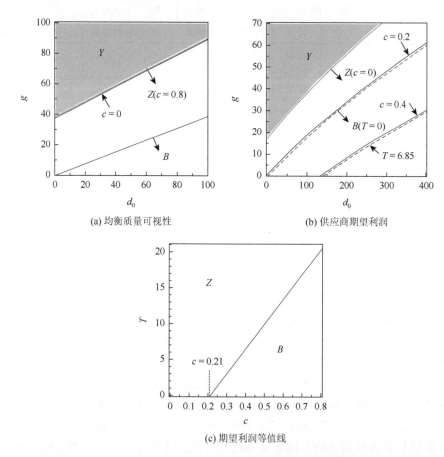

图 3-2　各模式关键参数对均衡质量可视性和供应商期望利润的影响及期望利润等值线

从图 3-2（a）中可以看出，左上方的均衡质量可视性较高。对于租赁服务模式，随着质量可视性系统租赁服务费的升高，等值线向左上方移动，此时只有更大的质量可视性系统正外部性收益系数或更小的质量可视性系统研发成本系数才能帮助内部开发模式在均衡质量可视性上超越租赁服务模式。此外，租赁服务模式下的均衡质量可视性总是显著高于外部购入模式，说明质量可视性系统租赁服务费起到了明显的门槛效果。不过租赁服务模式下质量可视性系统租赁服务费为 0～0.8，过高的质量可视性系统租赁服务费将无法保证直接效应为正，因此它在取值区间内的变化对质量可视性的影响并不明显。算例中产品是单价较低的日常消费品——蔬菜，其质量数据处理并不复杂，信息服务附加值较低，反而对供应商期望利润影响较大，这在图 3-2（b）中表现更明显。

从图 3-2（b）中同样可以看出，左上方的期望利润较高。对于租赁服务模式，随着质量可视性系统租赁服务费的升高，等值线向右下方移动，此时更小的质量可视性系统正外部性收益系数或更大的质量可视性系统研发成本系数即可帮助内部开发模式在供应商期望利润上超越租赁服务模式，即质量可视性系统租赁服务费的升高使得供应商更容易选择内部开发模式。类似地，对于外部购入模式，随着系统购买费用的升高，等值线向右下方移动，因此供应商在此模式下的期望利润优势逐渐丧失。图 3-2（b）中 $c = 0.2$ 和 $T = 6.85$ 两条等值线反映了算例中的预设情况，参数组合点 $(d_0, g) = (90, 5)$ 落在了两条等值线之间，印证了此情况下租赁服务模式优于内部开发模式，且优于外部购入模式的结论。

在图 3-2（b）中比较租赁服务模式和外部购入模式，当 $c = 0$ 且 $T = 0$ 即供应商无须支付质量可视性系统租赁服务费和系统购买费用时，租赁服务模式的等值线在外部购入模式的左上方，说明相比外部购入模式，供应商会更倾向于租赁服务模式。图 3-2（c）进一步给出了质量可视性系统租赁服务费和系统购买费用不为 0 时的模式选择区域，质量可视性系统租赁服务费和系统购买费用共同决定的期望利润等值线是二次曲线的一段，在值域内近似为一条直线。当参数组合点 (c, T) 处于等值线左上方时，供应商优先选择租赁服务模式，否则优先选择外部购入模式。当 $c < 0.21$ 时，无论系统购买费用如何低，供应商总是优先选择租赁服务模式。

上述结论能够很好地解释近年来我国各地在建设质量可视性系统时的现实情况。由于建设质量可视性系统需要高昂的研发和运维费用，企业并无动力自行开发或购入，因此 2015 年《国务院办公厅关于加快推进重要产品追溯体系建设的意见》和新的《中华人民共和国食品安全法》发布后，在前期试点的基础上开始在全国范围内由各地方政府主导构建产品可追溯系统。在推行初期政府往往最大限度地负担系统成本以减小企业成本顾虑和政策阻力，例如，西安市的肉菜流通追溯管理系统由政府出资借助第三方信息服务企业专门建立，北京市政府负担了农产品追溯系统的开发和运维成本并向企业赠送硬件设施[65]。不过这些产品可追溯系统能够实现的功能相对简单且仅限于农鲜产品，随着产品质量可视性需求在全产品领域的铺开，专业的质量可视性系统服务提供商直接面向全市场提供标准化的租赁服务，如前面提到浪潮科技的浪潮质量链、阿里健康的"码上放心"和京东的智臻链等，通过进一步降低企业的质量可视性努力成本并提升质量数据的价值，逐渐成为一般企业建设质量可视性系统时的优先选项。

回到表 3-1，三种模式下质量可视性的溢出效应也均为正，说明供应商、零售商和供应链整体都能够从质量可视性投入中获利，这也就赋予了零售商左右供应商模式选择的空间。对比内部开发模式和外部购入模式，后者的质量可视性高于前者，零售商和供应链从后者的收益明显也要高于前者（$\pi_R^B - \pi_R^Y = 5.03$），然而供应商却更愿意选择前者（$\pi_S^Y - \pi_S^B = 3.31$）。当零售商可以在事前和供应商进行谈判时，他就能够向供应商单方面支付至少 3.31 元/天，并要求供应商选择外部购入模式。

图 3-3 通过描绘不同参数组合对供应商期望利润和供应链期望利润的影响，进一步展示了零售商协调供应商模式选择策略的可能性。图 3-3 中实线分别代表不同模式下的供应链期望利润等值线，虚线代表不同模式下的供应商期望利润等值线。

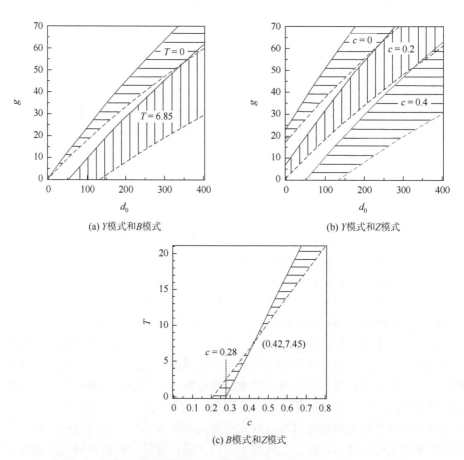

(a) Y模式和B模式

(b) Y模式和Z模式

(c) B模式和Z模式

图 3-3　各模式关键参数对供应商期望利润和供应链期望利润的影响

在图 3-3（a）中，当 $T = 0$ 时，参数组合点 (d_0, g) 落入横线阴影部分时，供应链期望利润在外部购入模式下比在内部开发模式下更大,供应商期望利润则反之,因此零售商能够在不损失自身收益的情况下,通过单边支付来引导供应商选择外部购入模式,从而达到更高的溢出效应。再对照图 3-2(a),此时也能够实现外部购入模式带来的比内部开发模式更大的供应链质量可视性。同样,对于算例中设定的 $T = 6.85$ 也有相似结论,阴影区域的面积随着系统购买费用的增大而扩大,意味着在内部开发模式成本和收益不明朗的情况下,零售商左右供应商选择的可能性会增大。同理,在图 3-3(b)中,当参数组合点 (d_0, g) 落入不同质量可视性系统租赁服务费情况下相应的阴影部分时,零售商也存在通过单边支付引导供应商选择租赁服务模式,并获得租赁服务模式下更高的均衡质量可视性的机会。这正是因为内部开发模式达到决策均衡时供应商能够更有效地将研发成本借由价格博弈分摊给零售商,而在外部购买模式下供应商无法分摊系统购买费用,租赁服务模式下则只需分摊较少的质量可视性系统租赁服务费。

在图 3-3(c)中,租赁服务模式下的均衡质量可视性总是大于同条件外部购入模式下的均衡质量可视性,因此在左下方阴影部分,即系统购买费用不算高的情况下质量可视性系统租赁服务费超出供应商承受阈值时,供应商倾向于选择外部购入模式,此时零售商依然存在通过单边支付引导供应商选择对零售商更好且质量可视性更高的租赁服务模式。在右上方阴影部分,即质量可视性系统租赁服务费较高情况下系统购买费用超出供应商承受阈值时,供应商倾向于选择租赁服务模式。由命题 3-6 可知,此时供应商会选择高质量可视性,从而引发更高的质量可视性努力成本,加上质量可视性系统租赁服务费,通过价格博弈,零售商会被分摊一个过高的成本,因此零售商将有动力牺牲高质量可视性而去补贴供应商,鼓励后者选择外部购入模式。此种情况不利于提升供应链整体的质量可视性,鉴于供应商期望利润对质量可视性系统租赁服务费的敏感性,政府监管部门或第三方服务提供商应致力于适当降低质量可视性系统租赁服务费或向企业提供更多的信息增值服务,以使参数组合点向左移出阴影区域,从而既保持供应链期望利润,又能让供应链整体停留在较高水平的质量可视性上。

3.6 结论与管理启示

基于质量可视性系统下提前承诺或强制性共享质量信息的特点,本章综合考虑质量信息获取、处理和共享过程,构建不同质量可视性系统模式下的双边垄断供应链决策模型,明确了供应链质量可视性决策和最优价格决策及质量可视性的直接效应和溢出效应,分析了产品质量水平、信息成本等因素对供应链决策和企业绩效的影响。在此基础上提出供应商选择不同质量可视性系统模式的判定条件和协调方法,并基于我国高质量发展中的实际案例进行情景模拟,验证了模型的适用性和方法的有效性。研究结论可为供应链管理者在正式的质量信息共享制度下，特别是在区块链技术环境下，创建并提升质量可视性、进行有效的质量信息决策和需求管理提供参考。

（1）高质量可视性能够帮助供应链企业根据质量信息及时调整价格和订货量，从而减小质量不确定性带来的需求风险，当均衡条件成立且系统购买费用和质量可视性系统租赁服务费适当低时，三种模式下质量可视性对供应商的直接效应和对零售商的溢出效应都为正，此时企业有创建质量可视性系统的动力。质量可视性系统所提供的稳定的信息共享可为供应链企业提高市场需求和质量风险的透明度，有利于产品形成质量信息附加值并增加产品溢价和声誉。

（2）产品质量先验期望和质量波动对均衡质量可视性和企业期望利润具有不同的影响机理。较高的质量水平（包括高的质量先验期望和低的质量波动）会阻碍供应商提升质量可视性，而高的质量先验期望和高的质量波动大多情况下有利于供应商和零售商利润提升。这意味着在长期市场中"高质量预期无需高信息，高质量波动需要高信息"，质量可视性最主要的作用在于风险管控，这对于产品质量不够稳定的企业更有意义。提升质量可视性有助于企业及时发现和追溯质量问题，不过相比之下，企业第一要务仍是提高产品质量性能和质量控制水平。

（3）质量可视性系统研发成本系数、质量可视性努力成本系数和质量可视性消耗成本系数的增大不利于供应商提升质量可视性和利润，而质量可视性系统租赁服务费的增大会促进供应商提升质量可视性却不利于供应商利润。质量可视性系统租赁服务费起到明显的门槛作用，系统服务提供商代行昂贵的数据处理等操作显著提升了受服务企业提高质量可视性的效率和意愿，而企业在选择服务提供商时应注意考察其分级定价服务的信息处理效果和服务增值性。

（4）成本因素主要决定了供应商的模式选择策略：当质量可视性系统研发成本系数足够低时，供应商的最佳选择是内部开发模式；当系统购买费用足够低时，供应商的最佳选择是外部购入模式；当质量可视性努力成本系数或质量可视性系统租赁服务费较低时，供应商的最佳选择是租赁服务模式。

（5）租赁服务模式的均衡质量可视性总是高于外部购入模式，而内部开发模式的均衡质量可视性主要取决于系统正外部性。质量可视性和供应商利润受参数影响变化的不同步和供应链分散决策的双重边际化可能导致供应商的模式选择对供应链是次优的，此时零售商可以通过单边支付的方法引导供应商改变选择以提升供应链质量可视性和整体利润。

3.7　本章小结

供应链质量可视性系统的引入或创建是移动互联时代大多数企业在数字化转

型中都要面临的问题。本章研究了不同质量可视性系统模式下企业的质量可视性和价格决策，明确了质量可视性在供应链层面的直接效应和溢出效应，以及不同系统成本结构对供应链决策和绩效的影响，提出了质量可视性系统模式的选择和协调方法。研究结论可为供应链企业进行质量可视性系统模式选择和质量信息投入提供决策依据与实践指导，并为供应链实现高质量可视性指出了政策方向。考虑到企业在供应链中必然面临各异的竞合态势，质量可视性决策将产生更复杂而深刻的影响，后续章节将在不同的供应链结构下继续探讨供应链企业的质量可视性决策及其作用机理。

第 4 章　供应商竞争下的质量可视性决策

4.1　概　　述

为了提升质量可视性并规避自身技术能力短板，参加由合作伙伴或第三方建设的通用质量可视性系统逐渐成为一般供应链企业的首选项。特别是随着区块链技术的蓬勃发展，部署质量区块链系统已在供应链产品或服务供应商及其下游零售商中掀起了一股热潮。浪潮科技开发的浪潮质量链截至 2019 年底已经吸引了2300 多家企业加盟；IBM 推出的食品信托系统自 2018 年正式商用以来也已有沃尔玛、家乐福、雀巢、联合利华、都乐等数十家知名食品企业和连锁商超及其供应商入驻。以质量区块链为代表的通用质量可视性系统大大优化了供应链上下游之间的质量信息共享渠道，不仅能帮助供应商实现和下游零售商的质量信息无缝对接，而且能及时地向消费者和其他利益相关方如监管部门等提供质量可视性。

第 3 章的研究结论证明在双边垄断供应链中，供应商通常有较强动力投入质量可视性努力并向供应链下游纵向共享质量信息。然而，当质量可视性系统内存在竞争对手，并且竞争对手有可能获取供应商的质量信息时，出于对信息泄露和丧失竞争优势的担忧，供应商向供应链下游提供质量可视性甚至参加通用质量可视性系统的动力都会有所下降。家乐福在对来自多个农场的水果和蔬菜实施产品可追溯系统时就发现，农民不愿分享太多信息；中国副食流通协会发布的一份校园食品安全的报告中也指出了类似的现象[82]。已有研究表明，竞争环境下企业披露质量信息的动机相较于垄断环境明显减弱，信息劣势方的披露动机则进一步减弱[60]。由此可见，竞争对手的存在和供应商之间的质量信息可得性差异可能改变供应商原有的质量可视性决策。

现今越来越多的软件即服务（software as a service，SaaS）服务商发布的质量可视性系统会给企业提供定向可控的授权机制和自愿进退机制，以保证质量信息的安全性和竞争的公平性。例如，浪潮质量链和食品信托等系统都为参与企业提供了针对不同对象的质量信息访问权限管理功能，而且参与企业可以自愿选择是否加入配套的采购和交易信息平台，加入者需要在平台内部公开自身产品质量信息以便更快捷地匹配到合作伙伴。通过这种正式的质量信息横向共享渠道，供应商自主决定是否向竞争对手共享自身产品质量信息。竞争供应商由此获得对各产品的质量可视性，这将对其价格决策和绩效产生重要影响。

　　竞争环境下企业的纵向质量信息共享决策已经受到了学者的较多关注,研究表明在不同因素影响下企业的信息共享动机存在较大差异。例如,在双边垄断竞争中的企业比在完全垄断中的企业更不愿共享质量信息[60],而在考虑顾客损失厌恶因素后,在双边垄断竞争中企业的共享意愿较完全垄断时更强[41];在存在供应商竞争的供应链环境下,具有成本优势或质量优势的供应商一般不会主动共享质量信息,处于劣势的供应商相对比较有共享动机[37, 98];在双渠道情境下,供应商的质量信息披露意愿会随着线上渠道质量优势的减小呈 U 形变化[107]。然而,关于供应链竞争环境中供应商的质量信息横向共享策略和灵活的而非二元的质量信息共享决策的研究还很缺乏。此外,市场竞争的相对强度对企业的价格决策、市场份额和利润起着关键作用[139],它会进一步影响供应商的质量信息投入和共享决策,消费者在购买产品时最关心的是产品质量和价格,目前尚未见有关于产品质量竞争强度或价格竞争强度影响企业质量可视性或其他信息相关决策的讨论。

　　因此,有必要在供应链竞争环境下系统性地研究供应商纵向的质量可视性决策和横向的质量信息共享决策及市场竞争因素的影响。不同于双边垄断供应链中供应商质量可视性仅影响自身产品渠道,当供应商之间存在产品质量和价格竞争时,任一方的质量可视性决策还会对竞争对手的产品渠道收益产生影响,而且供应商之间横向的质量信息共享行为会进一步影响各自的质量可视性决策,故本章将解决以下研究问题。

　　(1) 在竞争环境下供应商应该如何进行质量可视性决策?

　　(2) 质量可视性和质量信息会给供应链各方决策与绩效带来怎样的影响?

　　(3) 质量竞争强度和价格竞争强度如何影响供应链结果?

　　(4) 供应商是否应当向竞争对手横向共享质量信息?

　　针对以上问题,本章在正式的质量可视性系统特别是质量区块链环境下,考虑通过共同零售商进行产品竞争的两个供应商,即在上游竞争下游垄断的供应链结构下,研究供应商最优的质量可视性决策和横向质量信息共享决策。供应商在纵向上确定将要向下游零售商和消费者提供的质量可视性,在横向上决定是否也向竞争对手共享质量信息。这不同于现有相关文献的设定,即假设供应商拥有直接向全市场公开质量信息的能力,并不区分信息接收方是消费者、合作伙伴还是竞争对手。本章刻画的正式的横向信息共享方式实质上是在供应链环境下发展了 Guo 和 Zhao[60]、Zhang 和 Li[41]在企业直接面对消费者的双边垄断市场中采用的次序披露规则:供应商之间双向共享或均不共享质量信息可看作同时披露秩序,而供应商单边共享可看作次序披露秩序。

　　根据模型构建的上游竞争下游垄断的供应链结构,本章扩展了 Ha 等[95]提出的两种信息效应即直接效应和溢出效应,分别考虑供应商质量可视性给自身带来的直接效应、因竞争而给下游零售商带来的纵向直接溢出效应和纵向交叉溢出效应，以及给竞争对手带来的横向溢出效应（详见 4.3 节）。研究结果表明，任一供应商提供的质量可视性总能给信息获得者带来至少不为负的直接效应或溢出效应。细分了的信息效应反映了供应商质量信息共享对供应链各方不同经营活动的具体影响，动态地展现了质量信息在供应链上的价值流动，为质量信息的精细化管理提供了思路。

本章还在供应链背景下同时考虑了质量竞争和价格竞争对质量可视性的影响，研究发现质量竞争对质量可视性及其效应产生正面影响，而价格竞争对质量可视性及其效应产生负面影响，证明了供应商质量可视性决策对质量信息横向共享策略进而对市场竞争因素的依赖性。值得关注的是，当价格竞争不强但质量竞争相对较强时，例如，在高端产品市场中，供应商有互相共享质量信息的动机，这不同于以往认为相互竞争的企业会避免信息泄露以保持私有信息优势的观点[60, 117]，其原因是消费者高度的质量敏感性促使供应商相互交换质量信息来管控质量不确定性带来的需求风险，以减轻自身的质量可视性投入压力。此时供应商的信息共享行为会使零售商和供应链利润、供应链质量可视性均受损，这为供应链质量风险管理和信息管理理论提出了一个新视角。

此外，在第 3 章研究的基础上，本章在更复杂的供应链结构下继续完善正式的质量信息共享制度下的质量可视性决策研究，综合考虑供应商纵向上灵活的信息质量决策和横向上二元的信息可得性决策，并讨论了常用于协调信息共享二元决策的信息付费机制在竞争供应商横向共享质量信息这一新场景下的应用机会。

本章后续首先建立基于价格竞争和质量竞争的供应链需求模型和质量可视性决策模型；其次分别探讨供应商之间横向无共享、双向共享和单边共享三种情形下各供应商的最优质量可视性决策和供应链价格决策，并分析不同情形下质量可视性的直接效应和溢出效应，以及质量竞争强度和价格竞争强度对均衡结果的影响；再次提出供应商最优的横向信息共享策略和可能存在的均衡偏离情况；最后采用算例研究验证模型的正确性和有效性，并给出相应的管理启示。

4.2　模 型 描 述

4.2.1　信息结构

考虑一条两级供应链，该供应链包含两个产品供应商与下游共同的零售商，分别记为供应商 $i = A, B$ 和零售商 R。假设两个供应商是同质的，生产两种具有一定可替代性的产品。沿用第 3 章设定，每个供应商的产品质量为 $q_i(i = A, B)$，可以分为两部分，即质量先验期望和质量随机变量。假设两种产品质量先验期望均

为 q_0，质量随机变量 θ_i 服从均值为 0、方差为 σ^2 的独立同分布，其中，σ^2 为产品质量波动。不失一般性，将产品质量先验期望 q_0 设为 0，这样可以只考虑质量波动和质量信息的关系，更好地聚焦质量可视性对供应链的影响。实际上，在市场基础规模 Λ 和市场需求对产品质量的敏感程度 α 保持不变的情况下，将 Λ 视为 0，用 $\Lambda' = \alpha q_0$ 作为新的市场保留需求能够得到同样的形式。

1. 需求函数

产品 i 的零售价格为 q_i，市场需求与产品质量和零售价格有关，假设两种产品有相同的市场环境，市场基础需求一致。在 Banker 等[144]提出的质量和价格竞争下的需求模型基础上参考 Tsay 和 Agrawal[139]、Shang 等[116]的处理，将产品 i 的需求函数表述为

$$
\begin{aligned}
Q_i &= \Lambda + \theta_i - \lambda(\theta_j - \theta_i) - p_i + \phi(p_j - p_i) \\
&= \Lambda + (1+\lambda)\theta_i - \lambda\theta_j - (1+\phi)p_i + \phi p_j
\end{aligned}
\tag{4-1}
$$

其中，$i, j = A, B$ 且 $i \neq j$；$\Lambda > 0$；$\lambda, \phi \geq 0$。Λ 代表市场基础需求且足够大以保证市场需求总为正；λ 代表两种产品质量之间的需求替代系数，即质量竞争强度；ϕ 代表两种产品零售价格之间的需求替代系数，即价格竞争强度。式（4-1）中将消费者对质量和价格的敏感程度均一般化为 1。这样，θ_i 前的系数 $1+\lambda$ 意味着产品 i 的质量对该产品需求的提升作用，包括两个子作用：保持其他条件不变，每升高 1 单位将"拉入" 1 单位原本从未打算购买任何产品的消费者，还将"吸引" λ 单位 j 产品的消费者。p_i 前的系数 $1+\phi$ 也有类似的意义，即产品 i 的价格对该产品需求的削减作用，包括两个子作用，分别称为推出作用和对竞品需求的移送作用。

该需求模型改进了 Ha 等[95, 115]、唐润等[145]、申强等[146]、Zhang 等[147]采用的价格竞争替代形式 $Q_i = \Lambda - p_i + \phi p_j, \phi \in (0,1)$，避免了在合并市场中总需求量 $Q_i + Q_j$ 随价格竞争加剧（ϕ 增大）而增大[139]，而且当 ϕ 接近 1 时，均衡价格 p_i 可以趋近于无穷大从而允许企业攫取无穷大利润[148]的反常理谬误。另外，该需求模型扩展了 Li 和 Zhang[94]、Shang 等[116]采用的带有需求不确定性的价格竞争模型，在其基础上给出了一种需求不确定性的来源，即质量不确定性，而且在价格竞争之外考虑了不同产品之间的质量差异性竞争。特别地，当 $\lambda = \phi = 0$ 时，两种产品之间无影响，呈现出完全的差异性，该需求模型退化为第 3 章的单产品模型；当 $\lambda, \phi \to \infty$ 时，两种产品互为完全替代品。

2. 质量可视性

供应商通过质量可视性系统如联盟质量链向供应链中被授权用户及终端市场提供质量可视性 v_i，其中，$0 \leq v_i < 1 (i = A, B)$。假设消费者和被授权的供应链企

业观察到的是同一信息，沿用第 3 章关于质量信息和质量可视性的设定，当观测者观察到质量信息 Θ_i 时，它是 θ_i 的一个无偏估计量，考虑两个质量信息之间的相互独立性，于是有

$$E[\Theta_i|\theta_i] = \theta_i$$

$$E[\Theta_i] = E[\theta_i] = 0$$

$$E[\theta_i|\Theta_i, \Theta_j] = E[\theta_i|\Theta_i] = (1-v_i)E[\theta_i] + v_i\Theta_i = v_i\Theta_i$$

$$E[\Theta_i^2] = \mathrm{Var}(\Theta_i) = \frac{\sigma^2}{v_i}$$

质量可视性努力成本均设为 $\frac{1}{2}ev_i^2$，即两个供应商的质量可视性努力成本系数相同。产品的生产成本和渠道成本均一般化为 0，质量可视性系统租赁服务费等（如果有）也一般化为 0。质量可视性的日常消耗成本包括产品的质量可视性标签成本、分摊到单位产品的日常人工成本等，实际操作中主要是标签成本。从第 3 章的结论中可知，质量可视性消耗成本系数 b 一般较小，对模型的影响相对有限，而且当企业选定质量可视性系统模式后，b 可以近似地看作一个定值。为简明起见，本章将它作为产品生产成本或渠道成本的一个组成部分，并随之一般化为 0。

4.2.2 决策结构

零售商向两个均已建立质量可视性系统的供应商提出采购意向。质量信息的授权往往是费时的，需要各参与者进行相互配合才能实现[78]，而且信息共享决策是一种长期性的方案，所以供应商在生产前需要决定是否向供应链下游零售商和竞争对手共享质量信息。在这里假设供应商总将质量信息共享给零售商，然后通过信息质量来控制共享的程度，信息质量为 0 代表供应商不与零售商共享信息。

两个供应商分别决定付出一定的质量可视性努力，向供应链下游提供相应的质量可视性。在生产周期开始后，他们在生产产品的同时收集和处理生产全过程中与产品质量有关的信息，在生产周期结束时实现承诺的质量可视性，并在交付给零售商前决定产品的批发价格。零售商根据收到的批发价格和质量信息来更新对各供应商产品的质量期望，并选择相应的订货量。两个供应商分别向零售商交付产品并由零售商售出，供应链各参与者实现自身收益。

假设所有参与者都是风险中性的，且供应商都是诚实可信的。以上过程和信息都是共有知识。整个事件和决策涉及的发展过程如图 4-1 所示，简述如下。

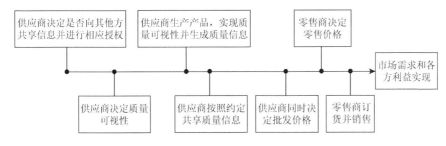

图 4-1　决策过程时间线

（1）两个供应商决定是否向供应链下游零售商和竞争对手共享质量信息并决定向供应链提供的质量可视性 $v_i (i = A, B)$。

（2）供应商生产产品，投入相应努力成本并实现已承诺的质量可视性，在生产完成后通过质量可视性系统观测到质量信息 Θ_i，据此决定产品批发价格 w_i。

（3）零售商根据质量信息和批发价格决定产品零售价格 p_i，生成市场需求 Q_i 后，供应商向零售商供货，最终供应链各方实现应得收益。

4.3　策 略 均 衡

在求解策略均衡之前，有必要明确供应商的质量可视性可能产生的效应。图 4-2 只展示了供应商 A 的情况。根据 Ha 等[95]、Shang 等[116]的研究，供应商 A 的质量可视性首先会给自身带来直接效应，然后会给零售商 R 带来纵向溢出效应。由于竞争的存在，纵向溢出效应分为纵向直接溢出效应和纵向交叉溢出效应，分别表

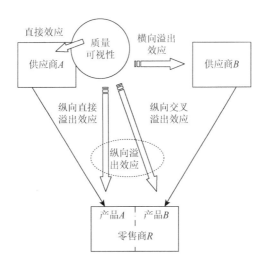

图 4-2　供应商竞争下质量可视性的直接效应和溢出效应

示供应商 A 的质量可视性对零售商 R 销售自身产品利润的影响、对零售商 R 销售竞品利润的影响。进而，当供应商之间存在质量信息的横向共享时，供应商 A 的质量可视性还会给供应商 B 带来横向溢出效应。质量可视性带来的各种效应显示了信息共享对供应链各方利润的影响，是信息价值的一种体现。这些效应可能是正的，也可能是负的。

对于供应链三个参与者的多阶段动态博弈问题，从最后阶段的零售商价格决策开始逆向推导。由于供应商的产品质量信息是相互独立的，当零售商观察到供应商质量可视性 v_i、质量信息 Θ_i 后，对供应商产品 i 的质量推断更新为 $E[\theta_i|\Theta_i] = v_i\Theta_i$，在两种产品的零售价格分别定为 p_i 和 p_j 时，可实现产品 i 期望需求量为 $Q_i = \Lambda + (1+\lambda)E[\theta_i|\Theta_i] - \lambda E[\theta_j|\Theta_j] - (1+\phi)p_i + \phi p_j$。

在供应商 i 给定批发价格 w_i 的情况下，零售商最大化其期望利润：

$$\begin{aligned}\pi_R = &(p_i - w_i)[\Lambda + (1+\lambda)E[\theta_i|\Theta_i] - \lambda E[\theta_j|\Theta_j] - (1+\phi)p_i + \phi p_j] \\ &+ (p_j - w_j)[\Lambda + (1+\lambda)E[\theta_j|\Theta_j] - \lambda E[\theta_i|\Theta_i] - (1+\phi)p_j + \phi p_i]\end{aligned} \quad (4\text{-}2)$$

式（4-2）关于 p_i 具备凹性，故求其一阶条件可得零售商的最佳反应零售价格为

$$\begin{aligned}&\widehat{p}_i(p_j, w_i, w_j, v_i, v_j) \\ &= \frac{1}{2+2\phi}[\Lambda + (1+\lambda)E[\theta_i|\Theta_i] - \lambda E[\theta_j|\Theta_j] + (1+\phi)w_i - \phi w_j + 2\phi p_j]\end{aligned} \quad (4\text{-}3)$$

联立 $\widehat{p}_i(p_j, w_i, w_j, v_i, v_j)$ 和 $\widehat{p}_j(p_i, w_i, w_j, v_i, v_j)$ 解得

$$\widehat{p}_i(w_i, w_j, v_i, v_j) = \frac{\Lambda}{2} + \frac{1}{2}w_i + \frac{(1+\lambda+\phi)E[\theta_i|\Theta_i] - (\lambda-\phi)E[\theta_j|\Theta_j]}{2+(1+2\phi)} \quad (4\text{-}4)$$

因此，订货量为

$$\widehat{Q}_i(w_i, w_j, v_i, v_j) = \frac{1}{2}[\Lambda + (1+\lambda)E[\theta_i|\Theta_i] - \lambda E[\theta_j|\Theta_j] - (1+\phi)w_i + \phi w_j] \quad (4\text{-}5)$$

回溯到博弈第二阶段，在推断出零售商期望订货量的情形下，两个供应商同时决定各自的批发价格。两个供应商之间质量信息的横向共享决策可能存在无共享、单边共享、双向共享三种情形，分别用上标(0)、(1)、(2)表示，为简明起见，本章后续提及的质量信息共享若无特别说明均指供应商之间的质量信息横向共享。在单边共享情形下，用上标(1)Y（$Y = 0,1$）表示供应商对竞争对手的产品质量信息的知情状态，$Y = 0$ 表示不知情，$Y = 1$ 表示知情。

（1）无共享。当两个供应商均不向竞争对手共享质量信息时，两者均只能观察到自己的质量可视性和质量信息，而不能观察到对方的质量可视性和质量信息。此情形下两个供应商的不完全信息的处境是对称的，那么在确定供应商 i 对批发价格 w_j 的最佳反应批发价格 $\widehat{w}_i(w_j, v_i)$ 时，根据供应商 i 自身的决策，可以推断 w_j

是依赖于单个质量信息 Θ_j 的函数。

（2）双向共享。当两个供应商均向竞争对手共享质量信息时，两者均能观察到自己和对方的质量可视性和质量信息，故两者处于完全信息博弈状态。那么在确定供应商 i 对批发价格 w_j 的最佳反应批发价格 $\hat{w}_i(w_j, v_i, v_j)$ 时，根据供应商 i 自身的决策，可以推断 w_j 是依赖于两个质量信息 Θ_i 和 Θ_j 的函数。

（3）单边共享。当仅有一个供应商向竞争对手共享质量信息时，两个供应商出现不对等的信息处境。假设共享方是供应商 j，那么在确定供应商 i 对批发价格 w_j 的最佳反应批发价格 $\hat{w}_i(w_j, v_i, v_j)$ 时，可以推断 w_j 是依赖于单个质量信息 Θ_j 的函数。在确定供应商 j 对批发价格 w_i 的最佳反应批发价格 $\hat{w}_j(w_i, v_j)$ 时，可以推断 w_i 是依赖于两个质量信息 Θ_i 和 Θ_j 的函数。

下面分别求解三种情形下的策略均衡。

4.3.1　无共享情形

当两个供应商都未向对方共享质量信息时，供应商 i 将零售商的期望订货量推测为

$$E[\hat{Q}_i | \Theta_i] = \frac{1}{2}\left(\Lambda + (1+\lambda)E[\theta_i | \Theta_i] - (1+\phi)w_i + \phi E[w_j]\right) \tag{4-6}$$

在此推断下，供应商 i 最大化其期望利润：

$$\pi_i = w_i \cdot E[\hat{Q}_i | \Theta_i] = \frac{1}{2}ev_i^2 \tag{4-7}$$

求其一阶条件可得供应商的最佳反应批发价格为

$$\hat{w}_i(w_j, v_i) = \frac{\Lambda + (1+\lambda)E[\theta_i | \Theta_i] + \phi E[w_j | \Theta_i]}{2(1+\phi)} \tag{4-8}$$

显然，$\hat{w}_i(w_j, v_i)$ 是关于 Θ_i 的线性函数，令 $w_i = M^{(0)}(v_i) + N^{(0)}(v_i)\Theta_i$，则供应商 i 可推断

$$w_j = M^{(0)}(v_j) + N^{(0)}(v_j)\Theta_j$$

故

$$E[w_j | \Theta_i] = M^{(0)}(v_j) = M^{(0)}(v_i)$$

于是有

$$\begin{aligned}E[w_i | \Theta_j] &= \frac{\Lambda + (1+\lambda)E[E[\theta_i | \Theta_i]] + \phi M^{(0)}(v_i)}{2(1+\phi)} \\ &= \frac{\Lambda + \phi M^{(0)}(v_i)}{2(1+\phi)} = M^{(0)}(v_i)\end{aligned} \tag{4-9}$$

解得 $M^{(0)}(v_i) = \dfrac{\Lambda}{2+\phi}$，进而得 $N^{(0)}(v_i) = \dfrac{1+\lambda}{2(1+\phi)}v_i$，因此

$$\hat{w}_i(v_i) = \frac{\Lambda}{2+\phi} + \frac{1+\lambda}{2(1+\phi)}v_i\Theta_i \tag{4-10}$$

回到博弈第一阶段，根据推断的批发价格分别为 $\hat{w}_i(v_i)$ 和 $\hat{w}_j(v_j)$，供应商 i 决定自身的质量可视性，他将最大化其期望利润：

$$\pi_i = E\left[w_i \cdot E[\hat{Q}_i|\Theta_i] - \frac{1}{2}ev_i^2\right] \tag{4-11}$$

假设存在均衡条件 $e > \dfrac{\sigma^2(1+\lambda)^2}{8(1+\phi)}$ 可使质量可视性有内部均衡解，则求利润函数的一阶条件可得

$$v_i^{(0)} > \frac{\sigma^2(1+\lambda)^2}{8(1+\phi)} \tag{4-12}$$

用 $X_{mn}(m,n \in \{i,j\})$ 代表受到产品 n 的质量信息影响的产品 m 的相关参数，可得该情况下的均衡价格和需求量（即订货量）分别为

$$w_i^{(0)} = \frac{\Lambda}{2+\phi} + W_{ii}^{(0)}\Theta_i \tag{4-13}$$

$$p_i^{(0)} = \frac{\Lambda(3+\phi)}{2(2+\phi)} + P_{ii}^{(0)}\Theta_i - P_{ij}^{(0)}\Theta_j \tag{4-14}$$

$$Q_i^{(0)} = \frac{1+\phi}{2}w_i^{(0)} - \Omega_{ij}^{(0)}\Theta_j = \frac{\Lambda(1+\phi)}{2+\phi} + \Omega_{ii}^{(0)}\Theta_i - \Omega_{ij}^{(0)}\Theta_j \tag{4-15}$$

其中，

$$W_{ii}^{(0)} = \frac{\sigma^2(1+\lambda)^3}{16e(1+\phi)^2}$$

$$P_{ii}^{(0)} = \frac{\sigma^2(1+\lambda)^2(4\lambda\phi + 2\phi^2 + 3\lambda + 6\phi + 3)}{32e(1+2\phi)(1+\phi)^2}$$

$$P_{ij}^{(0)} = \frac{\sigma^2(1+\lambda)^2(\lambda-\phi)}{16e(1+2\phi)(1+\phi)}$$

$$\Omega_{ii}^{(0)} = \frac{\sigma^2(1+\lambda)^3}{32e(1+\phi)}$$

$$\Omega_{ij}^{(0)} = \frac{\sigma^2(1+\lambda)^2(\lambda\phi + 2\lambda - \phi)}{32e(1+\phi)^2}$$

均衡价格和订货量均可分解为两部分：一部分不包含质量信息，是没有质量不确定性或者没有质量可视性时供应链上下游的基础决策值和产品订货量；另一部分是依赖自身产品质量信息 Θ_i 和竞品质量信息 Θ_j（如果 Θ_j 可见）所做出的决

策调整值或响应值。

【命题 4-1】 供应商之间无质量信息共享时，有如下结论：

（1）在 $e > \dfrac{\sigma^2(1+\lambda)^2}{8(1+\phi)}$ 条件下质量可视性决策存在内部均衡解 $v_i^{(0)}$，且 $v_i^{(0)}$ 随产品质量波动 σ^2 的增大、质量竞争强度 λ 的增大而升高，随质量可视性努力成本系数 e 的增大、价格竞争强度 ϕ 的增大而降低。

（2）对于任一产品，其供应商根据自身产品质量信息同向调整批发价格；零售商根据该产品质量信息同向调整零售价格，当 $\lambda < \phi$ 时，根据竞品质量信息同向调整零售价格，否则反向调整零售价格。

（3）该产品的需求会随自身产品质量信息同向变化，当 $\lambda < \dfrac{\phi}{\phi+2}$ 时，随竞品质量信息同向变化，否则反向变化。

证明：（1）参见前面推导过程并对均衡解 $v_i^{(0)}$ 分别求关于 σ^2、λ、e、ϕ 的导数易得对应结论。

（2）显然有 $W_{ii}^{(0)} > 0$，$P_{ii}^{(0)} > 0$，而且当 $\lambda < \phi$ 时，有 $-P_{ij}^{(0)} > 0$。

（3）易知 $\Omega_{ii}^{(0)} > 0$；当 $\lambda \geqslant \dfrac{\phi}{\phi+2}$ 时，$\Omega_{ij}^{(0)} \geqslant 0$。 □

根据第 3 章对供应商利润的分析结果，质量可视性的提升总是对供应商有利的。在竞争环境中，质量竞争的加剧会使得供应商提升质量可视性，价格竞争的加剧则会使得供应商降低质量可视性。这是因为由任一供应商的期望需求量关于质量信息的变化趋势 $\dfrac{\partial E[Q_i^{(0)}|\Theta_i]}{\partial \Theta_i} = \Omega_{ii}^{(0)}$ 可知，在其他条件不变时，质量竞争的加剧会放大质量不确定性引发的需求波动，而提升质量可视性能有效缓解这种放大效应。价格竞争则起到与质量竞争相反的作用。

和第 3 章的结论类似，良好的质量可视性能够让供应商和下游零售商更好地依据质量信息做决策，供应商首先将根据自身产品质量信息同向调整批发价格，零售商继而会根据产品质量信息同向调整零售价格。在竞争环境中，零售商能够同时参考两个供应商的质量信息，因此他在决定产品零售价格时还会受到竞品质量信息的影响。

当市场上的质量竞争相对价格竞争较弱（$\lambda < \phi$）时，不妨假设产品 A 的一系列参数和决策量暂时保持不变，如果产品 B 的质量信息增大（质量信息减小时下述过程将反向变化），产品 B 的质量很可能是升高的，这对自身产品需求将起着提升作用，因此供应商 B 和零售商就有动力去提高产品 B 的批发价格和零售价格以获取更多的利润。产品 B 的质量提高会对产品 A 的需求形成吸引作用，从而

对其造成降价压力，而产品 B 的提价能给产品 A 创造提价空间。参见式（4-3），当 $\lambda < \phi$ 时可推得 $2\phi p_B - \phi w_B - \lambda E[\theta_B | \Theta_B] > 0$，即当基于最终利润的提价动力强于降价压力时，零售商也会依据产品 B 的质量信息适当提升产品 A 的零售价格。当市场上的质量竞争占主导时，零售商的产品 A 的零售价格对产品 B 的质量信息的响应则是相反的。特别地，当质量竞争和价格竞争相当（$\lambda = \phi$）时，零售商无须对竞品质量信息做出反应。

进一步，零售商依据产品 B 的质量信息提升产品 A 的零售价格会造成对产品 A 需求的削减作用，它将会与产品 B 对产品 A 需求的吸引作用和移送作用一起，对产品 A 需求造成综合的影响。当质量竞争相对价格竞争更弱时（$\lambda < \dfrac{\phi}{\phi+2} < \phi$ 且 $\lambda < 1$），产品 B 的提价对产品 A 需求的移送作用大于产品 B 质量信息增大对产品 A 需求的吸引作用，以及产品 A 紧跟产品 B 提价对产品 A 需求的削减作用，使得产品 A 的性价比升高，其需求随产品 B 质量信息的增大而提升。

良好的质量可视性是质量信息可信度的保障，也将提升以上行为过程分析的可信度。由此可见，在更看重产品质量的竞争性市场中，供应商提升质量可视性是一种有效竞争策略。这补充解释了命题 3-1 中高质量阻碍高质量可视性的结论，质量竞争对质量可视性的促进作用能够缓解高质量先验期望和低质量波动对供应商提升质量可视性的阻碍作用。

基于以上均衡解，得到供应链各方的事前期望利润为

$$\pi_i^{(0)} = \frac{\Lambda^2(1+\phi)}{2(2+\phi)^2}\,\Pi_{ii}^{(0)} \tag{4-16}$$

$$\pi_R^{(0)} = 2\left[\frac{\Lambda^2(1+\phi)^2}{4(2+\phi)^2} + \Pi_{R,ii}^{(0)} + \Pi_{R,ij}^{(0)}\right] \tag{4-17}$$

其中，

$$\Pi_{ii}^{(0)} = \frac{\sigma^4(1+\lambda)^4}{128e(1+\phi)^2}$$

$$\Pi_{R,ii}^{(0)} = \frac{\sigma^4(1+\lambda)^3(2\phi^2+\lambda+2\phi+1)}{128e(1+2\phi)(1+\phi)^2}$$

$$\Pi_{R,ij}^{(0)} = \frac{\sigma^4(\lambda-\phi)(1+\lambda)^2(\lambda\phi+2\lambda-\phi)}{64e(1+2\phi)(1+\phi)^2}$$

基于两个供应商之间的对称性，两种产品给各自供应商带来的利润、给零售商带来的利润分别是相同的。供应商利润函数（式（4-16））第一项为无质量不确定性或者无质量可视性时供应链上下游企业的确定性利润，第二项为质量可视性带来的净利润，即直接效应。零售商利润函数（式（4-17））中括号内第一项为确定性利润，第二项为供应商 i 的质量可视性给零售商销售产品 i 带来的期望利润，

即纵向直接溢出效应,第三项为供应商 j 的质量可视性给零售商销售产品 i 带来的期望利润（可能为负）,即纵向交叉溢出效应。

【引理 4-1】　　供应商之间无质量信息共享时,质量可视性的直接效应和溢出效应均为正。

证明:　由 $\Pi_{ii}^{(0)} > 0$ 得质量可视性的直接效应为正；由 $\Pi_{R,ij}^{(0)} + \Pi_{R,ji}^{(0)} = \Pi_{R,ii}^{(0)} + \Pi_{R,ij}^{(0)} > 0$ 得质量可视性的溢出效应也为正。　　　　　　　　$\square$

由此可见,供应链各参与者均能从质量可视性中获益。进一步分析发现,只有当 $\lambda > \phi$ 或 $\lambda < \dfrac{\phi}{\phi+2}$,即质量竞争较强或较弱时, $\Pi_{R,ij}^{(0)} > 0$,供应商 j 的质量可视性才会给零售商销售产品 i 带来收益。延续前面假设的场景,由命题 4-1 可知,该条件下产品 A 的零售价格和需求量对产品 B 的质量信息的反应方向一致,说明此时供应商 B 的质量可视性有效地缓解了产品 B 质量不确定性对产品 A 的竞争性影响。当 $\dfrac{\phi}{\phi+2} < \lambda < \phi$ 即质量竞争为中等时,零售商为了保护产品 A 自身销售的主要利润,做出了与需求随产品 B 质量信息变化方向相反的价格调整,即产品 B 对产品 A 需求的影响为负,然而零售商仍然调高了产品 A 的零售价格。这意味着此时供应商 B 质量可视性放大了产品 B 质量不确定性对产品 A 的竞争性影响,从而给零售商销售产品 A 带来伤害。不过总体来看,供应商 B 的质量可视性给零售商在销售产品 B 上带来的利润完全压倒了可能出现的对销售产品 A 的竞争性伤害,因此上游供应商的质量可视性总是能给零售商带来正的利润。

4.3.2　双向共享情形

此情况下根据所获得的质量可视性和质量信息,供应商 i 获知了竞争对手的所有信息,因此考虑零售商的期望订货量为

$$E[\hat{Q}_i \mid \Theta_i, \Theta_j] = \frac{1}{2}[\Lambda + (1+\lambda)E[\theta_i \mid \Theta_i] - \lambda E[\theta_j \mid \Theta_j] - (1+\phi)w_i + \phi w_j] \quad (4\text{-}18)$$

供应商 i 最大化其期望利润:

$$\pi_i = w_i \cdot E[\hat{Q}_i \mid \Theta_i, \Theta_j] - \frac{1}{2}ev_i^2 \quad (4\text{-}19)$$

求其一阶条件可得供应商 i 的最佳反应批发价格为

$$\hat{w}_i(w_j, v_i, v_j) = \frac{1}{2(1+\phi)}[\Lambda + (1+\lambda)E[\theta_i \mid \Theta_i] - \lambda E[\theta_j \mid \Theta_j] + \phi w_j] \quad (4\text{-}20)$$

由于供应商 j 也处于完全信息状态,联立 $\hat{w}_i(w_j, v_i, v_j)$ 和 $\hat{w}_j(w_i, v_i, v_j)$,求解可得

$$\hat{w}_i(v_i, v_j) = \frac{\Lambda}{2+\phi}$$

$$+ \frac{(\lambda\phi + 2\lambda + 2\phi + 2)E[\theta_i|\Theta_i] - (\lambda\phi + 2\lambda - \phi)E[\theta_j|\Theta_j]}{(2+\phi)(2+3\phi)} \tag{4-21}$$

回到博弈第一阶段，当推断两个供应商的批发价格分别为 $\hat{w}_i(v_i, v_j)$ 和 $\hat{w}_j(v_i, v_j)$ 之后，供应商 i 据此决定自身的质量可视性，他将最大化其期望利润：

$$\pi_i = E\left[w_i \cdot E[\hat{Q}_i|\Theta_i, \Theta_j] - \frac{1}{2}ev_i^2\right] \tag{4-22}$$

假设存在均衡条件 $e > \frac{\sigma^2(1+\phi)(\lambda\phi + 2\lambda + 2\phi + 2)^2}{2(2+\phi)^2(2+3\phi)^2}$ 使质量可视性有内部均衡解，则求式（4-22）的一阶条件可得均衡质量可视性为

$$v_i^{(2)} = \frac{\sigma^2(1+\phi)(\lambda\phi + 2\lambda + 2\phi + 2)^2}{2e(2+\phi)^2(2+3\phi)^2} \tag{4-23}$$

将其代入式（4-21）后再代入式（4-4）和式（4-5），可得该情形下的均衡价格和需求量为

$$w_i^{(2)} = \frac{\Lambda}{2+\phi} + W_{ii}^{(2)}\Theta_i - W_{ij}^{(2)}\Theta_j \tag{4-24}$$

$$p_i^{(2)} = \frac{\Lambda(3+\phi)}{2(2+\phi)} + P_{ii}^{(2)}\Theta_i - P_{ij}^{(2)}\Theta_j \tag{4-25}$$

$$Q_i^{(2)} = \frac{1+\phi}{2}w_i^{(2)} \tag{4-26}$$

其中，

$$W_{ii}^{(2)} = \frac{\sigma^2 H_0^3(1+\phi)}{2e}$$

$$W_{ij}^{(2)} = \frac{\sigma^2 H_0^2(1+\phi)(\lambda\phi + 2\lambda - \phi)}{2e(2+\phi)(2+3\phi)}$$

$$P_{ii}^{(2)} = \frac{\sigma^2 H_0^2(1+\phi)(5\lambda\phi^2 + 3\phi^3 + 13\lambda\phi + 15\phi^2 + 6\lambda + 18\phi + 6)}{4e(1+2\phi)(2+\phi)(2+3\phi)}$$

$$P_{ij}^{(2)} = \frac{\sigma^2 H_0^2(1+\phi)(5\lambda\phi^2 - 3\phi^3 + 13\lambda\phi - 10\phi^2 + 6\lambda - 5\phi)}{4e(1+2\phi)(2+\phi)(2+3\phi)}$$

$$H_0 = \frac{\lambda\phi + 2\lambda + 2\phi + 2}{(2+\phi)(2+3\phi)}$$

【命题 4-2】　供应商互相共享质量信息时，对于任一产品，有如下结论：

（1）其供应商根据自身产品质量信息同向调整批发价格，当 $\lambda < \dfrac{\phi}{2+\phi}$ 时，根据竞品质量信息同向调整批发价格，否则反向调整批发价格。

（2）零售商根据自身产品质量信息同向调整零售价格，当 $\lambda < \dfrac{\phi(5+10\phi+3\phi^2)}{(2+\phi)(3+5\phi)}$ 时，根据竞品质量信息同向调整零售价格，否则反向调整零售价格。

（3）产品需求量随质量信息的变化性质与批发价格一致。

证明：（1）和（3）由于 $W_{ii}^{(2)} > 0$，当 $2\lambda + \lambda\phi - \phi < 0$ 即 $\lambda < \dfrac{\phi}{2+\phi}$ 时有 $-W_{ij}^{(2)} > 0$；

（2）同理可证。　　　　　　　　　　　　　　　　　　　　　　　□

在信息双向共享的竞争情形下，质量竞争的加剧会使得供应商提升质量可视性，而价格竞争的加剧则会使之降低质量可视性，与命题 4-1 中结论（1）一致，此处不再赘述。

不同的是，此情形下供应商在利用自身产品质量信息的同时，也能够利用竞品质量信息进行更灵活的价格决策，竞争对手也是如此。因此，当任一供应商观测到自身产品质量信息后，他能够同向调整批发价格，而他对竞品质量信息的反应则类似于命题 4-1 中结论（3）及命题 4-2 中结论（2）中零售商的行为。这是因为供应商能够预测零售商的调价行为，所以当质量竞争较弱时，他会选择在零售商决策之前先行提升批发价格来分享零售商的边际收益，只不过他的操作空间十分有限：由 $\lambda < \dfrac{\phi}{2+\phi} < \phi$ 可知，只有质量竞争非常弱时他才能这样行动。不过，通过批发价格和需求量对竞品质量信息反应的同步性可以发现，供应商总能通过最大化地利用质量可视性规避竞品质量不确定性带来的需求风险。对于零售商，由 $\lambda < \dfrac{\phi(5+10\phi+3\phi^2)}{(2+\phi)(3+5\phi)} < \phi$ 可知，正是由于供应商会采取具有前摄性的调价行动，零售商根据竞品质量信息而同向调整产品零售价格的行动空间遭到了压缩。

基于以上均衡解，可得供应商和零售商的事前期望利润为

$$\pi_i^{(2)} = \frac{\Lambda^2(1+\phi)}{2(2+\phi)^2} + \Pi_{ii}^{(2)} + \Pi_{ij}^{(2)} \tag{4-27}$$

$$\pi_R^{(2)} = 2\left[\frac{\Lambda^2(1+\phi)^2}{4(2+\phi)^2} + \Pi_{R,ii}^{(2)} + \Pi_{R,ij}^{(2)}\right] \tag{4-28}$$

其中，

$$\Pi_{ii}^{(2)} = \frac{\sigma^4 H_0^4(1+\phi)^2}{8e}$$

$$\varPi_{ij}^{(2)} = \frac{\sigma^4 H_0^2 (1+\phi)^2 (\lambda\phi + 2\lambda - \phi)^2}{4e(2+\phi)^2(2+3\phi)^2}$$

$$\varPi_{R,ii}^{(2)} = \frac{\sigma^4 H_0^3 (1+\phi)^3 (\lambda\phi + 3\phi^2 + 2\lambda + 4\phi + 2)}{8e(1+2\phi)(2+\phi)(2+3\phi)}$$

$$\varPi_{R,ij}^{(2)} = \frac{\sigma^4 H_0^2 (1+\phi)^3 (\lambda\phi + 2\lambda - \phi)(\lambda\phi - 3\phi^2 + 2\lambda - 3\phi)}{8e(1+2\phi)(2+\phi)^2(2+3\phi)^2}$$

$$H_0 = \frac{\lambda\phi + 2\lambda + 2\phi + 2}{(2+\phi)(2+3\phi)}$$

【引理 4-2】 供应商之间质量信息双向共享时，质量可视性的直接效应和对零售商的溢出效应为正，对竞争对手的溢出效应不为负。

证明： 由 $\varPi_{ii}^{(2)} > 0$ 得质量可视性的直接效应为正；由 $\varPi_{R,ij}^{(2)} + \varPi_{R,ji}^{(2)} = \varPi_{R,ii}^{(2)} + \varPi_{R,ij}^{(2)} > 0$ 得质量可视性对零售商的溢出效应也为正；由 $\varPi_{ij}^{(2)} \geqslant 0$ 得当 $\lambda \neq \dfrac{\phi}{2+\phi}$ 时质量可视性对竞争对手的溢出效应为正，否则为 0。　　　　□

由此可见，该情形下，供应链各参与者均能从任一供应商的质量可视性中获益（至少无损失）。进一步分析发现，只有当 $\lambda > \dfrac{3\phi(1+\phi)}{2+\phi}$ 或 $\lambda < \dfrac{\phi}{\phi+2}$ 时，即质量竞争较强或较弱时，$\varPi_{R,ij}^{(0)} > 0$，供应商 j 的质量可视性才会给零售商销售产品 i 带来正向的收益。由命题 4-2 可知，该条件下产品 i 的批发价格、零售价格和需求量与产品 j 的质量信息的反应方向均一致，说明此时竞争对手 j 的质量可视性有效地缓解了产品 j 质量不确定性对产品 i 渠道中供应商和零售商的竞争性影响。由 $\dfrac{\phi(5 + 10\phi + 3\phi^2)}{(2+\phi)(3+5\phi)} < \dfrac{3\phi(1+\phi)}{2+\phi}$ 可知，当质量竞争强度 λ 在大于 $\dfrac{\phi(5 + 10\phi + 3\phi^2)}{(2+\phi)(3+5\phi)}$ 的取值区间中逐渐增大时，尽管零售商的调价与需求量随竞品质量信息的变化已经保持一致，但由于供应商的前摄性调价行为的存在，直到 $\lambda > \dfrac{3\phi(1+\phi)}{2+\phi}$ 时零售商才能从行动中获利。当 $\dfrac{\phi}{\phi+2} < \lambda < \dfrac{3\phi(1+\phi)}{2+\phi}$ 时，供应商 j 的质量可视性将给零售商销售产品 i 带来伤害。

4.3.3　单边共享情形

在供应商之间单边共享质量信息的情形下，假设仅有供应商 j 向供应链全部成员共享自身产品质量信息，那么供应商 i 可以观察到双方的质量可视性和质量信息，而供应商 j 只能观察到自身的质量可视性和质量信息。类似双向共享情形，

供应商 i 对零售商的期望订货量推断为

$$E[\widehat{Q}_i|\Theta_i,\Theta_j]=\frac{1}{2}[\varLambda+(1+\lambda)E[\theta_i|\Theta_i]-\lambda E[\theta_j|\Theta_j]-(1+\phi)w_i+\phi w_j]$$

在此推断下最大化其自身期望利润:

$$\pi_i=w_i\cdot E[\widehat{Q}_i|\Theta_i,\Theta_j]-\frac{1}{2}ev_i^2$$

求其一阶条件得到最佳反应批发价格为

$$\widehat{w}_i(w_j,v_i,v_j)=\frac{1}{2(1+\phi)}[\varLambda+(1+\lambda)E[\theta_i|\Theta_i]-\lambda E[\theta_j|\Theta_j]+\phi w_j]$$

供应商 j 处于单方信息状态,类似无共享情形,他对零售商的期望订货量推测为

$$E[\widehat{Q}_j|\Theta_j]=\frac{1}{2}(\varLambda+(1+\lambda)E[\theta_j|\Theta_j]-(1+\phi)w_j+\phi E[w_i|\Theta_j])$$

在此推断下最大化自身期望利润:

$$\pi_j=w_j\cdot E[\widehat{Q}_j|\Theta_j]-\frac{1}{2}ev_j^2$$

求其一阶条件可得最佳反应批发价格为

$$\widehat{w}_j(w_i,v_j)=\frac{\varLambda+(1+\lambda)E[\theta_j|\Theta_j]+\phi E[w_i|\Theta_j]}{2(1+\phi)} \tag{4-29}$$

因此,供应商 i 能够知晓竞争对手的批发价格 $\widehat{w}_j(w_i,v_j)$ 是关于 Θ_j 的线性函数,令 $\widehat{w}_j(v_j)=M^{(1)0}(v_j)+N^{(1)0}(v_j)\Theta_j$,则有

$$\begin{aligned}\widehat{w}_i(v_i,v_j)=&\frac{\varLambda+(1+\lambda)E[\theta_i|\Theta_i]-\lambda E[w_j|\Theta_j]}{2(1+\phi)}\\&+\frac{\phi[M^{(1)0}(v_j)+N^{(1)0}(v_j)\Theta_j]}{2(1+\phi)}\end{aligned} \tag{4-30}$$

对于供应商 j,

$$E[w_i|\Theta_j]=\frac{\varLambda-\lambda E[\theta_j|\Theta_j]+\phi[M^{(1)0}(v_j)+N^{(1)0}(v_j)\Theta_j]}{2(1+\phi)}$$

将其代回式(4-29)并与 $\widehat{w}_j(v_j)=M^{(1)0}(v_j)+N^{(1)0}(v_j)\Theta_j$ 联立,解得

$$\begin{cases}M^{(1)0}(v_j)=\dfrac{\varLambda}{2+\phi}\\[2mm]N^{(1)0}(v_j)=\dfrac{(\lambda\phi+2\lambda+2\phi+2)v_j}{(2+\phi)(2+3\phi)}\end{cases} \tag{4-31}$$

于是有

$$
\begin{cases}
\widehat{w}_i(v_i,v_j) = \dfrac{\varLambda}{2+\phi} + \dfrac{(1+\lambda)v_i}{2(1+\phi)}\varTheta_i - \dfrac{(\lambda\phi+2\lambda-\phi)v_j}{(2+\phi)(2+3\phi)}\varTheta_j \\[3mm]
\widehat{w}_j(v_j) = \dfrac{\varLambda}{2+\phi} + \dfrac{(\lambda\phi+2\lambda+2\phi+2)v_j}{(2+\phi)(2+3\phi)}\varTheta_j
\end{cases}
\tag{4-32}
$$

回到博弈第一阶段，供应商 i 和 j 据此分别决定自身的质量可视性，最大化其事前期望利润 $\pi_i = E\left[w_i \cdot E[\widehat{Q}_i|\varTheta_i,\varTheta_j] - \dfrac{1}{2}ev_i^2\right]$ 和 $\pi_j = E\left[w_j \cdot E[\widehat{Q}_j|\varTheta_j] - \dfrac{1}{2}ev_j^2\right]$，假设存在均衡条件 $e > \dfrac{\sigma^2(1+\lambda)^2}{8+(1+\phi)}$ 且 $e > \dfrac{\sigma^2(1+\phi)^2(\lambda\phi+2\lambda+2\phi+2)^2}{2(2+\phi)^2(2+3\phi)^2}$ 使质量可视性有内部均衡解，则求其一阶条件可得

$$
v_i^{(1)1} = \frac{\sigma^2(1+\lambda)^2}{8e(1+\phi)}
\tag{4-33}
$$

和

$$
v_i^{(1)0} = \frac{\sigma^2(1+\phi)(\lambda\phi+2\lambda+2\phi+2)^2}{2e(2+\phi)^2(2+3\phi)^2}
\tag{4-34}
$$

进而可得各方的均衡价格、需求量为

$$
w_i^{(1)1} = \frac{\varLambda}{2+\phi} + W_{ii}^{(1)1}\varTheta_i - W_{ij}^{(1)1}\varTheta_j
\tag{4-35}
$$

$$
w_i^{(1)0} = \frac{\varLambda}{2+\phi} + W_{ii}^{(1)0}\varTheta_i
\tag{4-36}
$$

$$
p_i^{(1)Y} = \frac{\varLambda(3+\phi)}{2(2+\phi)} + P_{ii}^{(1)Y}\varTheta_i - P_{ij}^{(1)Y}\varTheta_j \quad (Y=0,1)
\tag{4-37}
$$

$$
Q_i^{(1)1} = \frac{1+\phi}{2}w_i^{(1)1}
\tag{4-38}
$$

$$
Q_i^{(1)0} = \frac{1+\phi}{2}w_i^{(1)0} - \varOmega_{ij}^{(1)0}\varTheta_i
\tag{4-39}
$$

其中，

$$
W_{ii}^{(1)1} = \frac{\sigma^2(1+\lambda)^3}{16e(1+\phi)^2}
$$

$$
W_{ij}^{(1)1} = \frac{\sigma^2 H_0^2(1+\phi)(\lambda\phi+2\lambda-\phi)}{2(2+\phi)(2+3\phi)}
$$

$$
W_{ii}^{(1)0} = \frac{\sigma^2 H_0^3(1+\phi)}{2e}
$$

$$
P_{ii}^{(1)1} = \frac{\sigma^2(1+\lambda)^2(4\lambda\phi+2\phi^2+3\lambda+6\phi+3)}{32e(1+2\phi)(1+\phi)^2}
$$

$$P_{ij}^{(1)1} = \frac{\sigma^2 H_0^2 (1+\phi)(5\lambda\phi^2 - 3\phi^3 + 13\lambda\phi - 10\phi^2 + 6\lambda - 5\phi)}{4e(1+2\phi)(2+\phi)(2+3\phi)}$$

$$P_{ii}^{(1)0} = \frac{\sigma^2 H_1^2 (1+\phi)(5\lambda\phi^2 + 3\phi^3 + 13\lambda\phi + 15\phi^2 + 6\lambda + 18\phi + 6)}{4e(1+2\phi)(2+\phi)(2+3\phi)}$$

$$P_{ij}^{(1)0} = \frac{\sigma^2 (1+\lambda)^2 (\lambda - \phi)}{16e(1+\phi)(1+2\phi)}$$

$$\Omega_{ij}^{(1)0} = \frac{\sigma^2 (1+\lambda)^2 (\lambda\phi + 2\lambda - \phi)}{32e(1+\phi)^2}$$

$$H_0 = \frac{\lambda\phi + 2\lambda + 2\phi + 2}{(2+\phi)(2+3\phi)}$$

与命题 4-2 的结论一致，在信息单边共享的竞争情形下，质量竞争的加剧同样会使得供应商提升质量可视性，而价格竞争的加剧则会使之降低质量可视性。对竞品质量信息知情的供应商能够同时利用两个质量信息调整自身批发价格，而不知情的供应商仅能利用自身产品质量信息调整批发价格。

【命题 4-3】　供应商单边共享质量信息时，有如下结论：

（1）知情供应商根据自身产品质量信息同向调整批发价格，当 $\lambda < \dfrac{\phi}{2+\phi}$ 时，根据竞品质量信息同向调整批发价格，否则反向调整批发价格。不知情供应商仅根据自身产品质量信息同向调整批发价格。

（2）零售商根据自身产品质量信息同向调整零售价格，当 $\lambda < \dfrac{\phi(5+10\phi+3\phi^2)}{(2+\phi)(3+5\phi)}$ 时，根据竞品质量信息同向调整知情供应商的产品零售价格，否则反向调整知情供应商的产品零售价格；当 $\lambda < \phi$ 时，根据竞品质量信息同向调整不知情供应商的产品零售价格，否则反向调整不知情供应商的产品零售价格。

（3）两个供应商的产品需求量均随自身产品质量信息同向变化，当 $\lambda < \dfrac{\phi}{2+\phi}$ 时，随竞品质量信息同向变化，否则反向变化。

证明：（1）由 $W_{ii}^{(1)1} > 0$，当 $2\lambda + \lambda\phi - \phi < 0$ 即 $\lambda < \dfrac{\phi}{2+\phi}$ 时，有 $-W_{ij}^{(1)1} > 0$。

（2）和（3）同理易证。　　　　　　　　　　　　　　　　　　　□

显然，不知情供应商无法对竞品质量信息做出反应，他的产品渠道中的批发价格和零售价格对两个产品质量信息的反应方式也完全和无共享情形中的一致。相反，知情供应商的产品渠道中的定价方式和双向共享情形中的一致。由于市场对供应商双方的质量信息总是全部知情的，任一产品需求随竞品质量信息的变化情况一致。

基于前述均衡解，可得各方事前期望利润：

$$\pi_i^{(1)1} = \frac{\Lambda^2(1+\phi)}{2(2+\phi)^2} + \Pi_{ii}^{(1)1} - \Pi_{ij}^{(1)1} \qquad (4\text{-}40)$$

$$\pi_i^{(1)0} = \frac{\Lambda^2(1+\phi)}{2(2+\phi)^2} + \Pi_{ii}^{(1)0} \qquad (4\text{-}41)$$

$$\pi_R^{(1)} = \frac{\Lambda^2(1+\phi)^2}{2(2+\phi)^2} + \Pi_{R,ii}^{(1)1} + \Pi_{R,ij}^{(1)1} + \Pi_{R,jj}^{(1)0} + \Pi_{R,ji}^{(1)0} \qquad (4\text{-}42)$$

其中，

$$\Pi_{ii}^{(1)1} = \frac{\sigma^4(1+\lambda)^4}{128e(1+\phi)^2}$$

$$\Pi_{ij}^{(1)1} = \frac{\sigma^4 H_0^2 (1+\phi)^2 (\lambda\phi + 2\lambda - \phi)^2}{4e(2+\phi)^2(2+3\phi)^2}$$

$$\Pi_{ii}^{(1)0} = \frac{\sigma^4 H_0^4 (1+\phi)^2}{8e}$$

$$\Pi_{R,ii}^{(1)1} = \frac{\sigma^4(1+\lambda)^3 (2\phi^2 + \lambda + 2\phi + 1)}{128e(1+\phi)^2(1+2\phi)}$$

$$\Pi_{R,ij}^{(1)1} = \frac{\sigma^4 H_0^2 (1+\phi)^3 (\lambda\phi + 2\lambda - \phi)(\lambda\phi - 3\phi^2 + 2\lambda - 3\phi)}{8e(1+2\phi)(2+\phi)^2(2+3\phi)^2}$$

$$\Pi_{R,jj}^{(1)0} = \frac{\sigma^4 H_0^3 (1+\phi)^3 (\lambda\phi + 2\lambda + 3\phi^2 + 4\phi + 2)}{8e(2+\phi)(2+3\phi)(1+2\phi)}$$

$$\Pi_{R,ji}^{(1)0} = \frac{\sigma^4(1+\lambda)^2 (\lambda - \phi)(\lambda\phi + 2\lambda - \phi)}{64e(1+\phi)^2(1+2\phi)}$$

$$H_0 = \frac{\lambda\phi + 2\lambda + 2\phi + 2}{(2+\phi)(2+3\phi)}$$

【引理4-3】 供应商之间质量信息单边共享时，质量可视性的直接效应均为正；不共享质量信息的（知情）供应商的质量可视性仅对零售商有溢出效应且为正；共享质量信息的（不知情）供应商的质量可视性对零售商的溢出效应为正，对竞争对手的溢出效应不为负。

证明： 由 $\Pi_{ii}^{(1)1}, \Pi_{ii}^{(1)0} > 0$ 得质量可视性的直接效应为正；计算得 $\Pi_{R,ii}^{(1)1} + \Pi_{R,ji}^{(1)0} > 0$，即知情供应商质量可视性对零售商溢出效应为正；由 $\Pi_{ij}^{(1)1} \geqslant 0$ 得不知情供应商质量可视性对竞争对手的溢出效应不为负；由 $\Pi_{R,jj}^{(1)0} + \Pi_{R,ij}^{(1)1} > 0$ 得不知情供应商质量可视性对零售商的溢出效应为正。　　　　□

由此可见，在供应商单边共享质量信息情形下，知情供应商和零售商均能从任一供应商的质量可视性中获益（至少无损失）；而不知情供应商仅能从自身质量可视性中获利。与前述分析同理,只有当 $\lambda > \phi$ 或 $\lambda < \dfrac{\phi}{\phi+2}$ 时, $\Pi_{R,ji}^{(1)0} > 0$,供应商 i 的质量可视性才会给零售商销售产品 j 带来正向的收益。只有当 $\lambda > \dfrac{3\phi(1+\phi)}{2+\phi}$ 或 $\lambda < \dfrac{\phi}{\phi+2}$ 时, $\Pi_{R,ij}^{(1)1} > 0$,供应商 j 的质量可视性才会给零售商销售产品 i 带来正向的收益。同样,由命题 4-3 可知,上述条件下对应产品的批发价格、零售价格和需求量与竞品质量信息的反应方向均一致,说明此时竞争对手的质量可视性有效地缓解了竞品质量不确定性对该产品渠道中供应商和零售商的竞争性影响,否则,它将给零售商销售该产品带来伤害。

4.4　对　比　分　析

4.4.1　横向共享均衡

基于 4.3 节供应商对各自质量信息的横向共享的三种情形的对比分析,假设均衡条件 $e > \dfrac{\sigma^2(1+\lambda)^2}{8(1+\phi)}$ 且 $e > \dfrac{\sigma^2(1+\phi)(\lambda\phi + 2\lambda + 2\phi + 2)^2}{2(2+\phi)^2(2+3\phi)^2}$ 成立使三种情形下质量可视性均有内部均衡解,记 $\lambda_0 = \dfrac{\phi}{\phi+2}$ 。

【命题 4-4】　单边共享情形下,不共享质量信息的(知情)供应商的质量可视性将保持与无共享情形下一致,而共享质量信息的(不知情)供应商的质量可视性将保持与双向共享情形下一致。当 $\lambda < \lambda_0$ 时,共享质量信息的供应商的质量可视性高于不共享质量信息的供应商的质量可视性,否则前者低于后者。

证明:由于 $v_i^{(1)1} = v_i^{(0)}$, $v_i^{(1)0} = v_i^{(2)}$,其大小作差比较即可得。　□

由此可见,在供应商的质量信息横向共享策略已经确定的情况下,他的质量可视性决策不受竞争对手的横向共享策略的影响,而仅取决于自身的横向共享策略。比较不共享信息和共享信息两种策略下供应商质量可视性给自身带来的利润 $\Pi_{ii}^{(0)} - \Pi_{ii}^{(2)} \propto (\lambda\phi + 2\lambda - \phi)$ 也可发现,当质量竞争相对较弱 $(\lambda < \lambda_0)$ 时,共享信息的供应商的最优质量可视性比不共享信息的供应商的高,因此前者带来的利润也较高。反之,当质量竞争相对较强时,前者的最优质量可视性及其对应利润则较低。假设供应商 A 选择了横向共享自身产品质量信息,由命题 4-2 中结论(1)和命题 4-3 中结论(1)可知,当 $\lambda < \lambda_0$ 时,供应商 A 和 B 的批发价格决策和产品需求量均会与产品 A 的质量信息做出同向反应。如式(4-20)和式(4-29)所示,供应商 B 的批发价格决策会正向影响供应商 A 的批发价格决策,所以在 $\lambda < \lambda_0$

条件下供应商 A 共享质量信息的行为一定程度上降低了市场上相对激烈的价格竞争，相比不共享信息，他有更多的动力去选择较高的质量可视性来增强供应商 B 对自身产品质量信息的反应。相反，当 $\lambda > \lambda_0$ 时，供应商 A 的批发价格决策和产品需求量均会与产品 A 的质量信息做出同向反应，而供应商 B 的批发价格决策和产品需求量均会与产品 A 的质量信息做出反向反应，此时供应商 A 共享质量信息的行为会增强价格竞争，相比不共享信息，他更愿采用较低的质量可视性来减弱供应商 B 对自身产品质量信息的反应。

对比各情形下的供应链各方的价格决策和利润可以发现，它们都受到供应商质量可视性和供应商信息共享策略的直接影响。单边共享情形下与知情供应商 i 质量信息相关的参数有 $W_{ii}^{(1)1} = W_{ii}^{(0)}$，$P_{ii}^{(1)1} = P_{ii}^{(0)}$，$P_{ji}^{(1)0} = P_{ji}^{(0)}$，$\Pi_{ii}^{(1)1} = \Pi_{ii}^{(0)}$，$\Pi_{R,ii}^{(1)1} = \Pi_{R,ii}^{(0)}$，$\Pi_{R,ji}^{(1)0} = \Pi_{R,ji}^{(0)}$；与不知情供应商 j 质量信息相关的参数有 $W_{jj}^{(1)0} = W_{jj}^{(2)}$，$W_{ij}^{(1)1} = W_{ij}^{(2)}$，$P_{jj}^{(1)0} = P_{jj}^{(2)}$，$P_{ij}^{(1)1} = P_{ij}^{(2)}$，$\Pi_{ij}^{(1)1} = \Pi_{ij}^{(2)}$，$\Pi_{jj}^{(1)0} = \Pi_{jj}^{(2)}$，$\Pi_{R,ij}^{(1)1} = \Pi_{R,ij}^{(2)}$，$\Pi_{R,jj}^{(1)0} = \Pi_{R,jj}^{(2)}$。这说明知情供应商 i 将对自身产品质量信息保持无共享情形下的批发价格反应，并收获无共享情形下自身质量可视性创造的利润；对竞品质量信息保持双向共享情形下的批发价格反应，并收获双向共享情形下竞品质量可视性创造的利润。不知情供应商 j 对自身产品质量信息保持双向共享情形下的批发价格反应，并收获双向共享情形下自身质量可视性创造的利润；但他无法获取竞品质量信息，因此没有交叉性的质量可视性收益。零售商对产品 i 保持无共享情形下的零售价格反应，对产品 j 保持双向共享情形下的零售价格反应，并收获无共享和双向共享情形下的利润平均值。

图 4-3 对比展示了供应链各方受竞品质量可视性影响而做出的决策反应和获得的利润情况，正号代表决策变化与竞品质量信息同向，负号代表决策变化与竞

		0	$\dfrac{\phi}{\phi+2}$	$\dfrac{\phi(5+10\phi+3\phi^2)}{(2+\phi)(3+5\phi)}$	ϕ	$\dfrac{3\phi(1+\phi)}{2+\phi}$ λ
$p_i^{(1)0}$	$p_i^{(0)}$	$+$	$+$	$+$	$-$	$-$
$Q_i^{(1)0}$	$Q_i^{(0)}$	$+$	$-$	$-$	$-$	$-$
$\Pi_{R,jj}^{(1)0}$	$\pi_R^{(0)}$	$(+)$	$(-)$	$(-)$	$(+)$	$(+)$
$w_i^{(1)1}$	$w_i^{(2)}$	$+$	$-$	$-$	$-$	$-$
$p_i^{(1)1}$	$p_i^{(2)}$	$+$	$+$	$+$	$-$	$-$
$Q_i^{(1)1}$	$Q_i^{(2)}$	$+$	$-$	$-$	$-$	$-$
$\pi_i^{(1)1}$	$\pi_i^{(2)}$	$(+)$	$(+)$	$(+)$	$(+)$	$(+)$
$\Pi_{R,jj}^{(1)1}$	$\pi_R^{(2)}$	$(+)$	$(-)$	$(-)$	$(-)$	$(+)$

图 4-3　不同情形下各决策量和各利润组成部分对竞品质量信息的反应

品质量信息反向，括号中的正负号则分别代表受竞品质量可视性影响的利润为正或为负。

图 4-3 中左侧两列横向的对应参数表明了前述的相等关系，坐标轴下的参数变化表明了质量竞争与价格竞争之间的相对强度产生的影响。知情供应商（包括双向共享和单边共享情形）总能根据竞品质量信息及其可能造成的自身需求变动，对批发价格决策做出及时调整，进而总能从竞品质量可视性中获得正的溢出效应。零售商在质量竞争相对价格竞争较弱时同样能实现类似的结果，不过当质量竞争相对价格竞争很强时，由于供应商前摄性的调价行为，直到最后一个列区间，零售商才能获得竞品质量可视性产生的正的交叉溢出效应。

【引理 4-4】　在所有情形下，随着质量竞争的增强，供应链各方的利润均升高；随着价格竞争的增强，任一供应商的利润降低，零售商的确定性利润升高而获得的总的纵向溢出效应降低。

证明：分别对各方利润求 λ 的导数均为正；对零售商确定性利润求 ϕ 的导数也为正，而对供应商利润（及其包含的确定性利润部分和直接溢出效应部分）、零售商利润中的纵向溢出效应分别求 ϕ 的导数均为负。　　　　　　　　　　□

由此可见，供应链各方受质量可视性影响的部分利润与质量可视性随竞争参数变化而产生的变化趋势一致。这说明在价格竞争一定时，质量竞争能够激励供应商提升质量可视性，从而为自身及供应链创造更多的利润。当质量竞争一定时，价格竞争的加剧会减弱供应商提供质量可视性的动机，进而导致质量可视性各种效应的下降，还会削减供应商的确定性利润而提升零售商的确定性利润。因此，保持足够的质量优势是供应商避免受到价格战损害的有效方法。相比之下，零售商面临的情况比较复杂，观察其利润函数构成可知，价格竞争的影响主要取决于市场规模和产品质量波动，在质量相对稳定市场中价格竞争的增强对零售商有利，在市场规模较小而质量波动很大的市场中零售商更不喜欢价格竞争。

【命题 4-5】　（1）对于供应商 i，当 $\lambda = \lambda_0$ 时，$\pi_i^{(0)} = \pi_i^{(2)} = \pi_i^{(1)0} = \pi_i^{(1)1}$。若 $\lambda \neq \lambda_0$，恒有 $\pi_i^{(1)1} = \pi_i^{(0)}$，$\pi_i^{(2)} > \pi_i^{(1)0}$。当 $\lambda < \lambda_0$ 时，$\pi_i^{(2)} > \pi_i^{(1)0} > \pi_i^{(1)1} > \pi_i^{(0)}$；当 $\lambda > \lambda_0$ 时，$\pi_i^{(1)1} > \pi_i^{(2)} > \pi_i^{(1)0}$ 且 $\pi_i^{(1)1} > \pi_i^{(0)} > \pi_i^{(1)0}$。另外，至少存在一个 $\tilde{\lambda}_1 \in (\lambda_0, \infty)$，使得当 $\lambda \in (\lambda_0, \tilde{\lambda}_1]$ 时，$\pi_i^{(1)1} > \pi_i^{(0)} > \pi_i^{(2)} > \pi_i^{(1)0}$。

（2）对于零售商，同样地，当 $\lambda = \lambda_0$ 时，$\pi_R^{(0)} = \pi_R^{(2)} = \pi_R^{(1)}$。当 $\lambda > \lambda_0$ 时，恒有 $\pi_R^{(0)} > \pi_R^{(1)} > \pi_R^{(2)}$；当 $\lambda < \lambda_0$ 时，至少存在一个 $\tilde{\lambda}_2 \in [0, \lambda_0)$，使得当 $\lambda \in [\tilde{\lambda}_2, \lambda_0)$ 时，$\pi_R^{(0)} < \pi_R^{(1)} < \pi_R^{(2)}$。

（3）对于包含两个供应商和一个零售商的供应链整体（用下标 SC 表示），当 $\lambda > \lambda_0$ 时，$\pi_{SC}^{(0)} > \pi_{SC}^{(1)} > \pi_{SC}^{(2)}$；当 $\lambda < \lambda_0$ 时，$\pi_{SC}^{(0)} < \pi_{SC}^{(1)} < \pi_{SC}^{(2)}$。

证明：（1）对比供应商各情形下的利润可知，当 $\lambda = \lambda_0$ 时，$\pi_i^{(0)} = \pi_i^{(2)} =$

$\pi_i^{(1)0} = \pi_i^{(1)1}$ 。若 $\lambda \neq \lambda_0$ ，作差有

$$\pi_i^{(1)1} - \pi_i^{(0)} = \Pi_{ii}^{(1)1} + \Pi_{ij}^{(1)1} - \Pi_{ii}^{(0)} = \Pi_{ij}^{(1)1} > 0$$

$$\pi_i^{(2)} - \pi_i^{(1)0} = \Pi_{ii}^{(2)} + \Pi_{ij}^{(2)} - \Pi_{ii}^{(1)0} = \Pi_{ij}^{(2)} > 0$$

$$\pi_i^{(1)1} - \pi_i^{(2)} = \Pi_{ii}^{(1)1} + \Pi_{ij}^{(1)1} - \Pi_{ii}^{(2)} - \Pi_{ij}^{(2)}$$
$$= \Pi_{ii}^{(1)1} - \Pi_{ij}^{(2)} \infty (\phi\lambda + 2\lambda - \phi)$$

当 $\lambda < \lambda_0$ 时，$\pi_i^{(1)1} < \pi_i^{(2)}$ ，否则，$\pi_i^{(1)1} > \pi_i^{(2)}$ ；同理，当 $\lambda < \lambda_0$ 时，$\pi_i^{(1)1} < \pi_i^{(1)0}$ ，否则，$\pi_i^{(1)1} > \pi_i^{(1)0}$ 。

因此，当 $\lambda < \lambda_0$ 时，显然有 $\pi_i^{(2)} > \pi_i^{(1)0} > \pi_i^{(1)1} > \pi_i^{(0)}$ 。

当 $\lambda > \lambda_0$ 时，令

$$g_1(\lambda) = \pi_i^{(0)} - \pi_i^{(2)} = \Pi_{ii}^{(0)} - (\Pi_{ii}^{(2)} + \Pi_{ij}^{(2)})$$

可知 $g_1(\lambda) = 0$ 是关于 λ 的 4 次方程，其中，λ_0 是方程的一个根。由方程性质可得，在 λ_0 外方程至多有 3 个实根，由 $g_1(\lambda_0) = 0$ 且 $\dfrac{\partial g_1(\lambda_0)}{\partial \lambda} = \dfrac{\sigma^4 \phi(1+\phi)}{4e(2+3\phi)(2+\phi)^3} > 0$ 得，至少存在一个 $\tilde{\lambda}_1 > \lambda_0$ ，使得当 $\lambda \in (\lambda_0, \tilde{\lambda}_1]$ 时，总有 $g_1(\lambda) > 0$ 。此时，有 $\pi_i^{(1)1} > \pi_i^{(0)} > \pi_i^{(2)} > \pi_i^{(1)0}$ 。

进一步由泰勒公式

$$g_1(\lambda) = g_1(\lambda_0) + g_1^{(1)}(\lambda_0) \cdot (\lambda - \lambda_0) + \frac{1}{2!} g_1^{(2)}(\lambda_0) \cdot (\lambda - \lambda_0)^2$$
$$+ \frac{1}{3!} g_1^{(3)}(\lambda_0) \cdot (\lambda - \lambda_0)^3 + \frac{1}{4!} g_1^{(4)}(\lambda_0) \cdot (\lambda - \lambda_0)^4$$
$$+ o[(\lambda - \lambda_0)^4]$$

可知，当 $33\phi^4 + 24\phi^3 - 72\phi^2 - 96\phi - 32 < 0$ （ϕ 小于一定值（约 1.72））时，方程 $g_1(\lambda) = 0$ 存在至少一个非重实根 $\lambda_1' \geq \tilde{\lambda}_1 > \lambda_0$ ，使得当 $\lambda \in (\lambda_0, \lambda_1')$ 时，总有 $g_1(\lambda) > 0$ ；当 $\lambda > \lambda_1'$ 时，存在使 $g_1(\lambda) < 0$ 的另一个取值区间，使得 $\pi_i^{(1)1} > \pi_i^{(2)} > \pi_i^{(0)} > \pi_i^{(1)0}$ 。

（2）对于零售商利润，将 $\lambda = \lambda_0$ 分别代入式（4-17）、式（4-28）和式（4-42），有 $\pi_R^{(0)} = \pi_R^{(2)} = \pi_R^{(1)}$ 。若 $\lambda \neq \lambda_0$ ，作差对比有

$$\pi_R^{(0)} - \pi_R^{(2)} = 2(\Pi_{R,ii}^{(0)} + \Pi_{R,ij}^{(1)1} - \Pi_{R,ii}^{(2)} - \Pi_{R,ij}^{(2)})$$
$$= 2(\pi_R^{(0)} - \pi_R^{(1)}) = 2(\pi_R^{(1)} - \pi_R^{(2)})$$

上式中的三个利润差式的正负号具有同步性，令 $\pi_R^{(0)} - \pi_R^{(2)} = g_2(\lambda)$ ，可知 $g_2(\lambda) = 0$ 是关于 λ 的 4 次方程，其中，λ_0 是方程的一个实根，分别求导数可得 $g_2^{(1)}(\lambda_0) > 0$ ，$g_2^{(2)}(\lambda_0) > 0$ ，$g_2^{(3)}(\lambda_0) > 0$ ，$g_2^{(4)}(\lambda_0) > 0$ ，$g_2^{(5)}(\lambda) = 0$ 。根据泰勒公

式可得，当 $\lambda > \lambda_0$ 时，恒有 $g_2(\lambda) > 0$，即 $\pi_R^{(0)} > \pi_R^{(1)} > \pi_R^{(2)}$。

当 $\lambda < \lambda_0$ 时，同理，由 $g_2(\lambda_0) = 0$，$g_2^{(1)}(\lambda_0) > 0$ 得，至少存在一个 $\tilde{\lambda}_2 \in [0, \lambda_0)$，使得当 $\lambda \in [\tilde{\lambda}_2, \lambda_0)$ 时，总有 $g_2(\lambda) < 0$。此时有 $\pi_R^{(0)} < \pi_R^{(1)} < \pi_R^{(2)}$。

（3）对不同情形下供应商和零售商的利润加总后作差对比易证。　　　□

由引理 4-4 与命题 4-5 可知，对于供应商，当自身质量信息共享策略已经确定时，对竞品质量信息知情时的利润总比对竞品质量信息不知情时的利润高，这说明了质量信息的价值。当质量竞争相对弱（$\lambda < \lambda_0$）时，双向共享质量信息能让供应商所得利润最大，对零售商却不一定最佳；当质量竞争相对强（$\lambda > \lambda_0$）时，竞争对手单边共享质量信息能让供应商所得利润最大，但会让竞争对手所得利润最小，零售商则更偏好无共享情形。

当满足临界条件 $\lambda = \lambda_0$ 时，质量信息横向共享的三种情形下供应链各方的利润没有差别，这是因为此时各供应商产品的需求量对竞品质量信息的响应为 0。这意味着即便此时存在横向的质量信息共享，但竞品通过质量竞争或价格竞争对本身产品需求形成的吸引作用和移送作用刚好抵消，因此供应链的两个产品渠道完全享受各自质量可视性带来的利润。不过，由命题 4-4 可知，存在质量信息横向共享的情形下的供应链质量可视性总是大于缺乏质量信息横向共享的情形，所以在临界条件下，双向共享情形加强了质量竞争，促进了供应商对产品质量信息的投入，对于供应链来说还是较优的。

【推论 4-1】　当 $\lambda < \lambda_0$ 时，任一供应商的均衡策略是横向共享质量信息；当 $\lambda > \lambda_0$ 时，任一供应商的均衡策略是不进行横向共享质量信息；两种情况下的均衡质量可视性均为可选策略中最高的。

证明：根据表 4-1 容易推知，当 $\lambda < \lambda_0$ 时，由引理 4-4 与命题 4-5 可知，$\pi_i^{(2)} > \pi_i^{(1)0} > \pi_i^{(1)1} > \pi_i^{(0)}$，因此双向共享质量信息是任一供应商的最优策略，由命题 4-4 可知，此时 $v_i^{(2)} > v_i^{(0)}$。当 $\lambda > \lambda_0$ 时，$\pi_i^{(1)0} < \pi_i^{(2)} < \pi_i^{(1)1}$ 且 $\pi_i^{(1)0} < \pi_i^{(0)} < \pi_i^{(1)1}$，因此不向竞争对手共享质量信息是两个供应商的最优策略，此时 $v_i^{(2)} < v_i^{(0)}$。　　□

表 4-1　供应商质量信息横向共享决策收益

供应商 A	供应商 B	
	共享	不共享
共享	$\pi_i^{(2)}, \pi_i^{(2)}$	$\pi_i^{(1)0}, \pi_i^{(1)1}$
不共享	$\pi_i^{(1)1}, \pi_i^{(1)0}$	$\pi_i^{(0)}, \pi_i^{(0)}$

推论 4-1 发展了命题 4-4 的结论，对于任一供应商，竞品质量信息共享策

略通过影响该供应商的信息共享策略，从而最终影响其质量可视性决策。比较引理 4-4、命题 4-5 和推论 4-1，供应商质量信息横向共享的稳定策略总能获得最大的供应链质量可视性，并使供应链整体的利润最大化，可见在供应商占有信息优势的供应商竞争供应链中，自动实现供应商之间的信息共享协调和高质量可视性结果存在较大的可能。

4.4.2　均衡偏离

如果供应商之间事先存在沟通或合谋机会，将有可能改变上述均衡状态。由引理 4-4 与命题 4-5 中结论（1）的证明可知，存在当 $\lambda > \lambda_0$ 时 $\pi_i^{(2)} > \pi_i^{(0)}$ 仍成立的可能性。对照命题 4-4，这是由于当 $\lambda > \lambda_0$ 且 ϕ 小于一定值（约 1.72）时，无共享情形下的供应商相比双向共享情形提供了更高的质量可视性，尽管他能从高质量可视性中获得更大的收益，但质量可视性的边际投入成本递增特性使得他付出的质量可视性成本相比双向共享情形更高，而且较弱的价格竞争使他无法通过较低质量时的价格优势获得更大收益，在此条件下，双向共享情形下的供应商利润大于无共享情形。此时也有 $(\pi_i^{(1)1} - \pi_i^{(0)}) - (\pi_i^{(0)} - \pi_i^{(1)0}) = \pi_i^{(2)} - \pi_i^{(0)} > 0$，供应商将有动力向竞争对手协议支付至少 $\pi_i^{(0)} - \pi_i^{(1)0}$、至多 $\pi_i^{(1)1} - \pi_i^{(0)}$ 的信息费 T_1 来换取竞争对手向自己提供质量信息，这样供应链可能出现质量信息单边共享或双向共享的情形。

进一步假设两个供应商均有权决定是否支付相同的信息费而且双方相互独立做决策，这将形成新的静态博弈。根据表 4-2 可推导得知，两个供应商的均衡策略均为支付信息费，从而形成双向共享质量信息的状态，这意味着在价格竞争不强但质量竞争相对较强时，供应商有互相共享质量信息以缓解市场竞争并降低质量可视性投入的动机。这一情形在消费者对价格不够敏感但非常在意质量的高端产品市场中较易出现，供应商为了争取消费者常常需要为产品的质量可视性付出高昂成本，而形成质量联盟后能够降低各自的质量信息投入。不过这会使零售商和供应链利润、供应链质量可视性均受损。因此，从零售商和供应链的立场或者提升供应链整体质量可视性的全局观点来看，此时需要防范供应商合作垄断市场供应行为的发生。

表 4-2　供应商合谋下的质量信息横向共享收益表

供应商 A	供应商 B	
	支付	不支付
支付	$\pi_i^{(2)}, \pi_i^{(2)}$	$\pi_i^{(1)1} - T_1, \pi_i^{(1)0} + T_1$
不支付	$\pi_i^{1(0)} + T_1, \pi_i^{(1)1} - T_1$	$\pi_i^{(0)}, \pi_i^{(0)}$

供应商与供应链的偏好一致将导致零售商即便存在对信息共享策略的不同偏好，在没有其他约束条件下，他也很难通过单边支付的方法在事前去影响供应商的横向共享策略。然而，如果零售商也拥有质量信息横向共享的决定权，那么对信息共享均衡可能产生较大影响。这种设定更多见于零售商具备初始信息优势的场景中，特别常见于需求信息共享研究中，零售商往往更靠近市场，故而更有信息优势。在本章的模型中，零售商能够免费从供应商处获得质量信息，并且他与各供应商保持着长期正式的质量信息沟通渠道，因此他也具备向第三方分享质量信息的能力和可能性。

假设零售商也能够决定是否向任一供应商透露其竞品质量信息。显然，当 $\lambda > \lambda_0$ 时供应商和零售商偏好的质量信息横向共享策略是一致的，零售商没有改变均衡的动机。当 $\lambda < \lambda_0$ 时，可能存在一个 $\tilde{\lambda}_3 \in (0, \tilde{\lambda}_2]$，使得当 $\lambda \in (0, \tilde{\lambda}_3)$ 时有 $\pi_R^{(0)} > \pi_R^{(1)} > \pi_R^{(2)}$，此时 ϕ 也较小。这是因为此条件下，在无共享和双向共享情形下，供应商 i 的质量可视性都较低，零售商收获的纵向直接溢出效应 $\Pi_{ii}^{(0)}$ 和 $\Pi_{ii}^{(2)}$ 均为正但差距不大；在双向共享情形下，质量可视性的横向溢出效应实际上是从纵向交叉溢出效应中分离出来的，由于横向溢出效应 $\Pi_{ij}^{(2)}$ 总为正，且由 $\Pi_{ij}^{(2)} \propto (\lambda\phi + 2\lambda - \phi)^2$ 可知它随 λ 的减小而增大，当零售商所得纵向交叉溢出效应大部分被供应商 j 分走而导致 $\Pi_{ij}^{(0)} - \Pi_{ij}^{(2)} > \Pi_{ii}^{(2)} - \Pi_{ii}^{(0)}$ 时，就会出现无共享情形下零售商利润大于双向共享情形的情况。

此时，如果供应商仍无法进行主动的横向信息共享，如不知晓竞争对手身份、欠缺信息交流通道，那么零售商倾向于不向任何供应商透露其竞品质量信息，从而独自占有两个产品渠道质量可视性的全部溢出效应。然而，两个供应商及供应链整体的偏好策略是双向共享（$\pi_i^{(2)} > \pi_i^{(0)}$ 且 $\pi_R^{(2)} + \pi_i^{(2)} > \pi_R^{(0)} + \pi_i^{(0)}$），因此他们可在事前与零售商签订合同，通过单边支付信息费 T_2 来换取零售商提供竞品质量信息，其中，$\pi_R^{(0)} - \pi_R^{(2)} \leqslant T_2 \leqslant \pi_i^{(2)} - \pi_i^{(0)}$，进而实现供应链质量信息的横向共享。这种做法能够扩大供应链上下游企业及供应链整体的利润，也能够保证更高的供应链质量可视性。

4.5　算　例　研　究

本节采用一组算例进一步说明供应商竞争环境中不同情形下质量可视性和价格决策变化及这些变化对供应链各方的影响。参考 3.5 节所采用的实际算例的有关数据，将市场基础规模 Λ 设为 20 单位产品，质量可视性努力成本系数 e 设为 100 元，为方便分析，将质量波动 σ^2 也设为 100。由于 Λ 只与各方价格、利润中的确定性部分相关，与质量信息影响下的不确定性部分无关，而且各方价格和利润的不确定性部分分别正比于 σ^2/e 和 σ^4/e，故在后续分析中，上述三个参数的不同取值只影响各结果变量的绝对值，而对各结果变量的相对性质不会造成影响。对于质量竞争强度 λ 和价格竞争强度 ϕ，参考 Tsay 和 Agrawal[139]、Shang 等[116]的研究，两者取值范围均为 $[0,\infty)$。在此设置下，根据均衡条件需满足 $v_i^{(2)}<1$ 对应的 $(1+\phi)(\lambda\phi+2\lambda+2\phi+2)^2<2(2+\phi)^2(2+3\phi)^2$ 和 $v_i^{(0)}<1$ 对应的 $(1+\lambda)^2<8(1+\phi)$，如图 4-4 中的虚线下方区域所示，可知前式的取值区域覆盖了后式，因此取交集 $v_i^{(0)}<1$ 的范围作为 λ 和 ϕ 的取值区域。

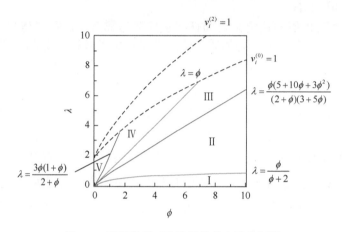

图 4-4　不同情形下的边界条件和取值区域

图 4-4 中还展示了几个重要的临界值和取值区域。以 $\lambda=\phi$ 为界，左上方区域表示质量竞争相对价格竞争较强，右下方区域表示价格竞争相对质量竞争较强。各情形下，产品需求均在区域Ⅰ内随竞品质量信息同向变化，在其余区域内随竞品质量信息反向变化。无共享情形下，零售商在区域Ⅰ、Ⅱ、Ⅲ根据竞品质量信息同向调整零售价格，在区域Ⅰ、Ⅳ、Ⅴ获得正的交叉溢出效应。双向共享情形下，供应商在区域Ⅰ，零售商在区域Ⅰ、Ⅱ根据竞品质量信息同向调整价格，零售商在区域Ⅰ、Ⅴ获得正的交叉溢出效应。单边共享情形下，知情供应商的产品渠道中，供应商和零售商的反应和双向共享情形一致，不知情供应商的产品渠道中，供应商和零售商的反应和无共享情形一致。

图 4-4 中最下方的 $\lambda=\dfrac{\phi}{\phi+2}$ 曲线是各情形下供应链各方利润共有且唯一的等值线。在等值线上方供应商选择互不共享质量信息，在等值线下方供应商选择双向共享质量信息。在此等值线上，供应商是否横向共享质量信息没有差别，三种情形下的供应链质量可视性和各方利润完全相同，此时供应商的质量可视性对相互的产品需求量没有影响，对竞争对手的溢出效应及对零售商的交叉溢出效应均为 0。

图 4-5 显示了不同情形下质量竞争强度和价格竞争强度对供应链质量可视性的影响，证明了命题 4-1 和命题 4-4 的结论。由此可见，无论供应商选择何种信息共享策略，随着质量竞争的加强，供应链质量可视性都将提升；随着价格竞争的增强，供应链质量可视性将下降。价格竞争对质量竞争有抵消性，这也反映了现实中价格竞争和质量竞争的可替代性，Zhang 等[147]也对这一现象进行了证明，指出高质量产品往往拥有高的价格，因此价格竞争往往能够掩盖质量竞争的效果。

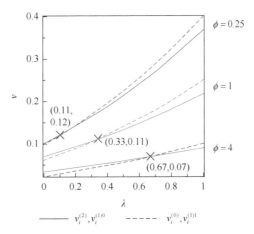

图 4-5 质量竞争强度和价格竞争强度对不同情形下质量可视性的影响

由引理 4-4 可知三种情形下供应链各方利润随竞争参数的变化趋势，而价格竞争强度和质量竞争强度同时变化对它们的影响则较为复杂。图 4-6 和图 4-7 选取不同的价格竞争强度（$\phi = 0.25, 1, 4$），分别对比了不同情形下供应商利润差和零售商利润差随质量竞争强度的变化趋势。以双向共享情形下的 $\pi_i^{(2)}$ 作为基准，用 $\Delta = \pi_k^l - \pi_k^{(2)}$ 表示其他情形下利润的相对值，其中，$k = A, B, R$，$l = (0), (1), (1)0, (1)1$，括号中是等值点处的 λ 临界值。

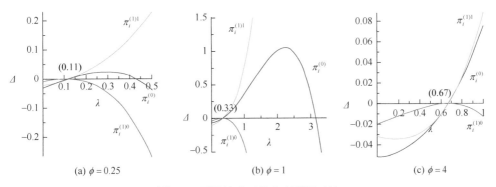

图 4-6 不同情形下供应商利润对比

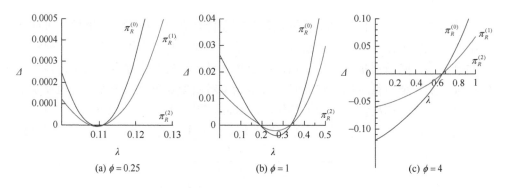

图 4-7　不同情形下零售商利润对比

　　由图 4-6 可见，正如引理 4-4 与命题 4-5 所述，无论价格竞争强度如何，当 $\lambda \neq \lambda_0$ 时，恒有 $\pi_i^{(1)1} > \pi_i^{(0)}$，$\pi_i^{(2)} > \pi_i^{(1)0}$，$i = A, B$，即获得质量信息时的利润总比不获得质量信息时的利润高。当 $\lambda < \lambda_0$ 时，总是有 $\pi_i^{(2)}$ 最大，即双向共享情形利润最高。然而，当价格竞争不强但质量竞争相对较强时（图 4-6（a）中当 $\lambda > 0.43$ 时，图 4-6（b）中当 $\lambda > 3.19$ 时），无共享情形下的供应商由于付出了过高的质量可视性成本，其利润反而不如具有较低质量可视性的双向共享情形，这就给了存在合谋条件的供应商通过支付信息费或者承诺的方式来建立新的双向共享策略均衡的机会。图 4-6（a）和（b）中 λ 临界值右侧 $\pi_i^{(0)}$ 和 $\pi_i^{(1)0}$ 曲线之间区域的纵向宽度就是信息费 T_1 的最小值，$\pi_i^{(1)1}$ 和 $\pi_i^{(0)}$ 曲线之间区域的纵向宽度则是信息费 T_1 的最大值。在图 4-6（c）中，价格竞争较强，在质量竞争相对较强（$\lambda > 0.67$）时，质量可视性成本相比高的质量可视性收益不再占据主导影响地位，因此供应商丧失了合谋达成双向共享策略的可能性。

　　由图 4-7 可见，当 $\lambda > \lambda_0$ 时，总是有 $\pi_R^{(0)}$ 最大，即供应商无共享情形下零售商的利润最高。当价格竞争和质量竞争都很弱时（图 4-7（a）和（b）），无共享情形下的零售商利润会大于双向共享情形下的零售商利润，此时零售商在两种情形下获得的纵向交叉溢出效应的差值大于纵向直接溢出效应的差值。如果零售商拥有信息披露权力，那么他会选择不向任何供应商披露竞品质量信息，从而保持无共享情形，供应商则可以通过支付信息费 T_2 来向零售商购买竞争对手的质量信息。类似地，图 4-7（a）和（b）中左侧 $\pi_R^{(0)}$ 曲线的高度就是 T_2 的最小值，而对应图 4-6（a）和（b）中左侧 $\pi_i^{(0)}$ 曲线的高度绝对值是 T_2 的最大值。在图 4-7（c）中，价格竞争较强，当质量竞争相对较弱（< 0.67）时，纵向直接溢出效应的差别占据主导影响地位，因此零售商对信息共享策略的偏好与供应商一致。

4.6　结论与管理启示

本章构建了双供应商通过共同零售商进行质量竞争和价格竞争的供应链决策模型，提出了供应商最优的质量可视性决策和质量信息横向共享策略，分析了质量可视性在竞争环境下的直接效应、横向溢出效应和纵向溢出效应，明确了质量竞争强度和价格竞争强度对供应链决策与绩效的影响规律。研究结论可为供应链企业对竞争性产品进行质量信息投入和价格决策，以及利用质量区块链进行信息管理和授权提供理论依据与实践指导。

（1）无论竞争供应商双方采取何种质量信息横向共享策略，任一供应商提供的质量可视性总能给信息获得者带来至少不为负的直接效应或溢出效应。

（2）任一产品渠道的供应商和零售商的最优价格决策是根据自身质量信息分别同向调整批发价格和零售价格，如果能够获得竞品质量信息，则在质量竞争较弱时根据竞品质量信息同向调整价格，在质量竞争较强时根据竞品质量信息反向调整价格。

（3）质量竞争的加剧会激励供应商提升质量可视性进而有利于供应链任何一方，而价格竞争的加剧会抑制供应商对质量可视性的投入进而损害任一供应商的利润和零售商所获得的溢出效应，却有利于零售商获得更高的确定性利润。因此，对于供应商，保持足够的质量优势是避免受到价格战伤害的有效方法；对于零售商，在质量相对稳定如一般的日常消费品市场中，价格竞争激烈时比较有利，而在市场规模较小但质量波动很大如高端生鲜食品市场中，价格竞争不强时则比较有利。

（4）对于任一供应商，其质量可视性决策取决于自身产品质量信息横向共享策略，又受到竞品质量信息横向共享策略的影响。当质量竞争较弱时，供应商的最优策略是横向共享，否则其最优策略是横向不共享，两种情形下，供应商均会选择提供相比另一策略更高的质量可视性，并使供应链整体实现利润最大化。

（5）当价格竞争不强但质量竞争相对较强时，如在高端产品市场中，供应商有互相共享质量信息以缓解质量竞争并降低质量可视性投入的动机，不过这会使零售商和供应链利润、供应链质量可视性均受损，从零售商和供应链的立场出发，此时需要防范供应商合谋垄断市场供应行为的发生。

4.7　本　章　小　结

本章针对经由共同零售商进行产品竞争的两个供应商，分别从供应商之间横向无共享、双向共享和单边共享三种情形，探讨了各供应商最优的质量可视性决策、供应链价格决策和各方收益，进而明确了供应商最优的横向质量信息共享决策及产品质量竞争强度和价格竞争强度对各均衡结果的影响。研究结果有助于供应商在竞争环境下更好地制定质量可视性投入和质量信息共享策略，可为参加质量区块链的供应链企业提供质量信息授权参考，对零售企业对竞争产品的销售管理也有一定启示。

第5章　基于多级质量可视性的供应链决策与协调

5.1　概　述

第 3 章和第 4 章已经讨论了供应链质量可视性完全由供应商提供的情况，本章将讨论供应链质量可视性由供应链上下游多级企业共同提供的情况，这能进一步反映现实中常见的多级供应链产品质量特征。例如，服装的质量信息一般由棉花产地、成衣、分销等相关企业提供，以上任一供应链层级上的企业都会对产品的最终质量造成影响[6]。这种被放大了的质量不确定性对消费者购买决策产生较大干扰，进而影响着供应链企业的质量策略和供需管理的效果。

为了缓解多级供应链给产品增加的质量风险压力，供应链管理者尝试建立上下游相互兼容的信息系统来提升全链条的质量可视性和可追溯性。近年来多家大型零售企业和分销平台开始推动上游供应商或/和分销商采用统一的质量区块链系统，例如，沃尔玛、家乐福已经要求部分供应商接入 IBM 的食品信托平台，京东国际和天猫国际等电商平台也搭建了各自的质量区块链系统，要求商家上传产品质量详情和物流链路细节。然而上游企业主动参与的意愿并不高，已参与企业能提供的质量信息也十分有限，远远达不到有效监控产品质量所需的高可视性要求[82]。

如果缺乏外部激励，供应链上下游决策的分散性将导致以自身利润最大化为目标的各参与者不愿在质量可视性上投入过多。Balocco 等[84]在调研快消品供应链 RFID 应用情况时发现，当只采用托盘 RFID 时上游制造商和下游零售商所获收益相差不大，而当制造商加设可视性更高的箱体 RFID 时，零售商和供应链整体的收益均可增加 5 倍以上，但制造商会难以承担增加的可视性成本从而放弃改进行动，导致供应链效率和质量可视性仅停留在低水平。他们指出，解决局部最优问题需要设计协调合同以实现上下游企业之间的收益共享或可视性成本分担，以往基于定价或订货量的简易合同无法激励企业增加信息投入，这种现象在上下游企业都需对产品质量负责的多级供应链中更为明显。直观上，供应链上下游分散决策产生的双重边际化效应会降低供应链整体的最优边际利润，使得企业愿意花费在质量可视性上的总投入降低，从而导致依赖于质量可视性的供应链边际利润进一步下降。因此，对于需要共享质量信息的供应链，供应链协调方法需要同时考虑消除价格决策的双重边际化效应并对齐各成员的信息共享动机。

在信息共享对供应链整体有利的情况下，学者已经对如何协调供应链企业的信息共享动机进行了深入研究。单边支付是协调信息二元决策（共享/不共享、获取/不获取）的最简便、最常见的合同机制，可以理解为向信息提供者支付信息费[92, 116]，也有研究提出了采用保密性条款[94]、回购合同[127]和提前采购折扣合同[128]的协调方式。当信息质量作为可灵活决策的内生变量时，基于信息结果收付费[96]或投入补偿[58, 97]的合同组合能够起到协调效果。不过，以上研究均针对供应链内部的质量信息共享协调，尚未考虑与外部消费者密切相关的质量信息共享协调，并且已有研究都假设信息来源是单一企业，并不适用于协调多级质量信息来源的共享决策。

对于包含多级努力决策的供应链协调问题，已有研究尝试采用收益共享、投入分担等机制实现了在特定条件下供应链整体利润的帕累托改进[134, 135]，然而能够实现完美供应链协调的成果并不多见，仅有 Lambertini[136]设计的线性控制/状态控制的两部收费合同及周茂森和张庆宇[97]提出的基于投资利润和固定支付的投资补偿合同达到了预期效果，不过他们都未考虑上下游企业努力成本的效率差异，而是假设成本结构相同，并且两者分别是在质量研发和需求预测背景下展开的。

综上可见，在质量信息来源于供应链多个层级的情形下，研究相关企业的质量可视性决策和价格决策及供应链协调机制具有重要的理论与现实意义，本章将解决以下研究问题。

（1）当上下游企业均对产品质量有所贡献时，消费者将同时对来自各层级企业的质量信息做出反应，那么供应链上下游企业该如何进行质量可视性决策？

（2）企业分散决策会同时扭曲供应链的最优价格和质量可视性决策机制，那么怎样的合同机制能够保证供应链实现基于上下游质量可视性的协调？

（3）产品的市场成熟度影响着消费者根据企业质量可视性和质量信息做出的质量判断，那么产品的不同市场成熟度对质量可视性决策和供应链合同的协调效果又有何影响？

针对上述问题，本章构建由上游供应商和下游分销商组成的两级供应链，两者均对供应链产品质量和质量可视性负责，根据因市场成熟度不同而存在不同质量先验期望的两种产品类型，分别提出可完美协调的供应链合同组合。相比以往文献，本章的主要贡献在于：首先，关注产品质量具有多级信息来源的供应链质量可视性决策协调问题，弥补现有供应链协调理论在协调质量信息决策特别是多方信息决策方面的研究不足[96]；其次，从企业和消费者质量期望的不对称性出发，阐释不同市场成熟度产品的演化过程，建立不同市场成熟阶段的产品质量感知模型，将需求对质量可视性的敏感性与管理学和经济学研究中常见的需求的质量敏感性关联起来；再次，在现有研究中协调上下游企业昂贵努力的供应链合同[97, 136]

基础上，提出三种可完美协调供应链双边质量可视性决策的组合合同，通过引入对质量可视性努力的线性收费机制设计一种新的可保护劣势博弈方的收益共享合同；最后，考察上下游质量可视性在不同供应链合同中的效应差异，并明确上下游企业质量和成本差异性对供应链决策结果的影响和对协调合同实施难度的影响，可为考虑多主体努力决策的供应链协调合同提供参数设计依据。

本章后续部分首先按照产品不同的市场成熟度建立供应链质量可视性决策模型；然后在对比集中决策和分散决策情形下供应链最优策略和利润的基础上，分别提出能够完美协调包含上下游质量可视性努力的供应链的三种组合合同，进而分析比较各合同的优劣势和适用性；最后通过算例研究验证所提出的协调机制的可行性和稳定性，并给出相应的管理启示。

5.2　模　型　描　述

5.2.1　质量和信息结构

考虑一条两级供应链，该供应链包含一个上游的供应商和一个下游的分销商，分别以下标 S 和 D 表示，共同面对一个对产品质量 q 和零售价格 p 敏感的消费市场。沿用第 3 章的需求函数，$Q = \Lambda + \alpha q - p$，其中，$\Lambda$ 为市场基础规模且足够大以保证市场需求总为正，$\alpha > 0$ 为市场需求对产品质量的敏感程度，反映了消费者对产品质量的偏好。

假设供应链产品的质量是外生的，供应商和分销商对最终产品质量均有贡献且相互独立，记为 $q = q_S + q_D$，即最终产品质量为供应商质量贡献和分销商质量贡献（分别简称为供应商质量和分销商质量）的加总[149]。这种产品质量的构成形式在多级供应链及模块化产品供应链中十分常见。例如，电脑或服装品牌商购入代工厂的半成品后组装或贴牌销售，代工厂贡献半成品的质量，品牌商贡献附加部件的质量或定制化处理的质量（附加部件可能来源于外部采购，不过可认为品牌商对其质量完全负责);再如，社区团购商从生产商处直采产品后进行社区分销，生产商贡献产品成品的质量，社区团购商负责物流和销售过程中的保证性质量。这里将供应商质量和分销商质量统一作为纵向质量来处理，这是因为即使两者是从属于产品不同属性的横向质量[71]，参考 Lauga 和 Ofek[150]对不同属性的产品质量效用的描述，具有特定质量偏好的消费者或消费者群体对消费者效用或需求的影响在数值形式上也并无区别。

供应商和分销商在供应链中的活动分别对产品质量产生不确定性影响，如生产、运输、储存等过程中存在的随机质量波动，导致其产品质量 q_i $(i = S, D)$ 为随机变量。基于市场需求对产品质量的敏感程度，供应商和分销商向供应链下游提

供质量可视性 v_i 以减轻质量不确定性的影响。沿用前面关于质量信息和质量可视性的设定，消费者在购买产品时观察到的质量信息分别来自供应商质量和分销商质量，例如，同一份产品可视性详单里的致敏源信息和冷链保存信息分别由供应商和分销商独立提供。为了叙述方便，此处认为消费者同时观察到两个相互独立的质量信息，而且与供应链企业的观察结果一致。

接下来分析市场对产品的两种质量预期情形，代表着产品的两种市场成熟度。基于信息共享的不完美性，供应链企业和消费者对产品质量先验期望可能存在不一致的现象，根据两种先验期望之间有无落差，将产品分为无落差产品和有落差产品。

1. 无落差产品

无落差产品和前面的设定相同，供应链企业提供的是较为成熟的产品，质量先验期望和质量波动均已知且是共有知识，供应链企业需要利用质量可视性系统应对每次生产销售周期中的质量波动。按照 3.2.1 节设置，记 $q_i = q_{i0} + \theta_i$，其中，q_{i0} 为企业 i 的质量先验期望；θ_i 为均值为 0、方差为 σ_i^2 的相互独立的随机变量，σ_i^2 代表企业 i 的产品质量波动。那么，当观测者观察到质量信息 Θ_i 时，它是 θ_i 的一个无偏估计量，于是和前面类似，有以下统计学结论：$E[\Theta_i | \theta_i] = \theta_i$，$E[\Theta_i] = E[\theta_i] = 0$，$E[\theta_i | \Theta_i, \Theta_j] = E[\theta_i | \Theta_i] = (1 - v_i)E[\theta_i] + v_i\Theta_i = v_i\Theta_i$，$E[\Theta_i^2] = \mathrm{Var}(\Theta_i) = \dfrac{\sigma^2}{v_i}$。

进一步参照 4.2.1 节模型，令 $q_{i0} = 0$，重点关注质量的不确定性部分，于是产品质量 $q = \theta_S + \theta_D$。因此，需求函数为

$$Q = \Lambda + \alpha(\theta_S + \theta_D) - p \tag{5-1}$$

对于处于供应链下游的分销商和消费者，Θ_S 和 Θ_D 都是已知的。因此，市场需求期望为

$$E[Q | \Theta_S, \Theta_D] = \Lambda + \alpha(v_S\Theta_S + v_D\Theta_D) - p \tag{5-2}$$

对于处于上游的供应商，他做决策时只知晓自身产品质量信息 Θ_S。因此，他对市场需求的期望为

$$E[Q | \Theta_S] = \Lambda + \alpha v_S\Theta_S - E[p | \Theta_S] \tag{5-3}$$

2. 有落差产品

有落差产品多发生在新产品上市或产品更新的一段时间后，此时产品属于市场不成熟或需求不稳定产品，企业对自身的产品质量水平具有较准确的认识，而消费者对产品的质量认知存在偏差。随着生产销售的持续，企业不断向市场投送

质量信息，会逐渐纠正消费者的质量认知，使其最终形成和企业一致的产品质量期望。质量期望的重要性一般大于质量波动的重要性，因此，对于有落差产品，供应链企业更加重视如何将准确的质量期望通过质量信息传达给消费者。例如，一部手机的硬件配置参数决定着其性能水平，是最能吸引消费者购买的因素，而手机的品控优劣往往只作为消费者购买手机时的一种参考依据。

以一家企业向市场投放一种新产品为例，将新产品从刚投放到成熟前的这段时间分割为连续的 n 个相同时间段，分别用下标 $k=1,2,\cdots,n$ 表示。假设消费者对产品质量先验期望在每个时间段内保持不变，只在每个时间段结束时更新一次，分别用上标 S 和 C 临时表示企业和消费者。产品质量 q 为随机变量，在第 1 个时间段内消费者保持质量先验期望为 $E_1^C[q]=q_0$，企业则清楚新产品质量的实际均值，因此企业在全部时间段内始终有准确的质量期望 $E^S[q]=E_1^C[q]+u=q_0+u$，其中，$u\neq 0$ 为常数，代表企业和消费者质量期望之间的差距。企业通过质量可视性系统向消费者共享可视性为 v 的质量信息 Y_k，Y_k 可能是一个或一组多个信息，其中的每个子信息均是对产品质量 q 的无偏估计量，故有 $E[Y_k]=E^S[q]=q_0+u$。假设质量可视性 v 在 n 个时间段内均保持不变，产品零售价格 p_k 在任一时间段内保持不变，以引导消费者尽快正确认识产品质量。以上信息除 u 一开始不为消费者所知外，其他均为共有知识。

现在考虑第 1 个时间段，当企业和消费者观测到质量信息 Y_1 时，会形成不同的质量判断。对于企业，有 $E^S[q]=E[Y_1]=q_0+u$，$E^S[q|Y_1]=(1-v)(q_0+u)+vY_1$。对于消费者，则有 $E_1^C[q]=q_0$，$E_1^C[q|Y_1]=(1-v)E_1^C[q]+vY_1=(1-v)q_0+vY_1$。由此可见，针对短时间内的每个生产销售周期或单次质量信息观测，消费者对有落差产品的反应和无落差产品的反应没有差别，这反映了消费者对有落差产品质量存在误判。当第 1 个时间段结束时，消费者会更新质量先验期望 $E_2^C[q]=E[E_1^C[q|Y_1]]=(1-v)q_0+vE[Y_1]=q_0+vu$。

在第 2 个时间段内对于观测到的质量信息 Y_2，消费者将形成新的质量判断 $E_2^C[q|Y_2]=(1-v)E_2^C[q]+vY_2=(1-v)(q_0+vu)+vY_2$。在第 2 个时间段结束时再次更新质量先验期望，$E_3^C[q]=E[E_2^C[q|Y_2]]=(1-v)(q_0+vu)+vE[Y_2]=q_0+[(1-v)v+v]u$。依次类推，构造数列 $x_1=v$，$x_n=(1-v)x_{n-1}+v$（$n\geq 2$），于是在第 n 个时间段结束时消费者更新质量先验期望，$E_{n+1}^C[q]=E[E_n^C[q|Y_n]]=q_0+x_n u$。根据数列性质可求得数列通项公式为 $x_n=v\sum_{k=0}^{n-1}(1-v)^k=1-(1-v)^n$，因此，在第 k 个时间段内消费者对产品质量的先验期望为 $E_k^C[q]=q_0+[1-(1-v)^{k-1}]u$。

定义 $P(k,v)=\left|E^S[q]-E_k^C[q]\right|=\left|(1-v)^{k-1}u\right|$ 为第 k 个时间段内 $E_k^C[q]$ 对 $E^S[q]$ 的

迫近度。一方面，由 $\frac{\partial P(k,v)}{\partial v}<0$ 可知，在第 k 个时间段内企业的质量可视性越高，消费者的质量先验期望越接近企业的质量先验期望，这意味着提升质量可视性能够帮助消费者加快认识新产品的准确质量。另一方面，由 $\frac{\partial P(k,v)}{\partial k}<0$ 可知，在质量可视性保持不变的情况下，随着新产品投放时间的推移，消费者也能逐渐减小与企业的质量预期差距，进而由 $\lim_{k\to\infty}E_k^C[q]=q_0+u=E[\varUpsilon_1]=E^S[q]$ 可知，当时间段数量 n 足够大即新产品投放时间足够长时，消费者对产品质量的先验期望将最终与企业达成一致，此时产品由新产品变为市场成熟产品，即从有落差产品变为无落差产品。很明显，提升质量可视性能够加快达成一致期望的进程。

为简明分析，本章以下内容只考虑第 1 个时间段，将其作为全部 n 个时间段的代表。实际上对于第 k 个时间段，记 $u'=E^S[q]-E_k^C[q]$，均可将第 k 个时间段内的相关变量转换为与第 1 个时间段相似的形式，例如，$E[E_k^C[q|\varUpsilon_k]]=(1-v)E_k^C[q]+vE[\varUpsilon_k]=E_k^C[q]+vu'$。后续除非必要将不再标注表示时间段的下标 k。于是，企业对有落差产品的市场需求的期望为 $E[Q]=\varLambda+\alpha E[E^C[q|\varUpsilon]]-p=\varLambda+\alpha(q_0+vu)-p$。显然，当 $u<0$ 即产品实际质量均值低于消费者预期时，进行质量可视性投入会暴露质量短板，减弱产品质量对潜在需求的拉入作用，故此时企业不会投入质量可视性努力，甚至会降低质量可视性努力以攫取信息不对称带来的更大需求和利润。只有当 $u>0$ 时，企业才有动力投入质量可视性努力。此结论符合以往质量披露文献的研究发现：当（准确的）产品质量信息一开始是企业的私有信息时，只有产品质量大于一定阈值，企业才会向市场披露质量信息[60]。对比命题 3-1，此结论也再次说明了不同产品情形下高质量（或低质量）的信息对产品质量水平的不同预示关系。

以下只考虑 $u>0$ 即企业投入市场的产品质量存在较明显改进或提升的情况，此时 u 可理解为企业产品质量提升幅度。对于包含供应商和分销商的供应链，链内企业一般会进行新产品质量合作和沟通，比消费者提前获知产品的准确质量期望，假设在新产品投放前供应商和分销商已经了解并相信彼此的质量均值，令 $q_{i0}=0\ (i=S,D)$ 可得他们的共同市场需求期望为

$$Q=\varLambda+\alpha(v_Su_S+v_Du_D)-p \tag{5-4}$$

由此可见，有落差产品的市场需求与供应链上每层级企业的产品质量提升幅度和质量可视性有关，质量提升幅度越大、质量可视性越高，市场需求就越大。此外，$\alpha u_i>0$ 为消费者需求对企业 i 提供的质量可视性的敏感程度，它暗示了以下变化规律：在企业质量可视性维持不变的一段时期内，消费者对产品质量越敏感、企业产品质量提升的幅度越大，消费者对产品的质量可视性越敏感。

回顾需求函数（式（5-2）~式（5-4）），三者均为关于质量可视性的函数，

与供应链企业的质量可视性努力密切相关，这和 Lambertini[136]对研发努力下质量改进的效用分析一致，也与 Ma 等[151]、Chen 等[152]、Gupta 等[153]设定的基于努力的需求函数形式一致。此外，如果在令 $q_{i0} = 0$ 之前将需求函数中两个质量可视性 v_i 的系数之和记为 β $(\beta > 0)$，用它代表市场需求对产品质量可视性的敏感程度，就把质量对需求的影响转化成了一定质量水平下质量可视性对需求的影响，这与 Choi 等[63]的模型一致。需求函数中 v_i 的系数与 β 的比值 ω_i 为企业 i 对产品质量的贡献，也代表着企业 i 的质量可视性在供应链总的质量可视性中所占的权重。以式（5-4）为例，记 $\beta = \alpha(q_{S0} + u_S + q_{D0} + u_D)$，则 $\omega_i = \dfrac{\alpha(q_{i0} + u_i)}{\beta}$，从而供应链整体的质量可视性表示为 $v_{\mathrm{SC}} = \sum \omega_i v_i$ $(i = S, D)$，符合 Caridi 等[21]提出的多级供应链可视性评价方法，由此说明本章对两级供应链质量可视性的处理具备合理性。

随着新产品在市场的铺开和成熟，消费者将充分认识产品质量的更新和准确均值，有落差产品变为无落差产品，需求函数也稳定为式（5-1）。当然，静态地看新产品投放过程中的每一次质量信息观测，仍旧可以用式（5-1）来描述当次需求，只需令观测时消费者的质量先验期望为 0 即可。不过对于有落差产品，企业更关注质量可视性对产品质量先验期望差距的缩小作用，而非对质量波动的呈现作用。企业会倾向于采用依赖于真实质量均值的固定价格，而非采用依赖于质量波动的浮动价格，这是因为后者会让具有低质量先验期望的消费者误认为高价格只是来源于偶然的高质量信息，从而不会更新质量先验期望。另外，式（5-4）中的市场基础规模 Λ 比式（5-1）中的增加了 $\alpha(u_S + u_D)$，本章分开讨论无落差产品和有落差产品，因此将不加区分地采用同一个参数 Λ 表示市场基础规模。

质量可视性努力成本仍设为 $\dfrac{1}{2} e_i v_i^2$，呈现明显的努力回报递减趋势，两个供应商拥有各自的质量可视性努力成本系数以表示质量信息相关成本的差异性。产品的生产成本和其他成本均一般化为 0。此外，假设所有参与者都是风险中性的和诚实可信的。

5.2.2　决策结构

供应链上的供应商和分销商合作向市场出售一种产品，两者对最终的产品质量均有影响。他们在对产品处理（如生产、加工、运输）前决定各自的质量可视性，在处理产品时投入相应努力以实现承诺的质量可视性，并在交付产品前通过质量可视性系统向下游分享质量信息。供应商决定批发价格，分销商决定零售价格，终端消费市场根据产品最终质量和零售价格生成产品需求。

对于无落差产品供应链，探讨一个生产销售周期内的同一批次产品，假设该周期内供应商和分销商对产品质量的影响保持稳定。整个事件和决策的发展过程如图 5-1 所示。

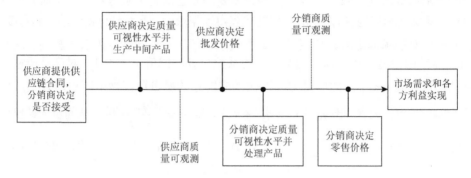

图 5-1 无落差产品的决策过程时间线

将供应链合同签订后的过程简述如下。

（1）在生产销售周期开始时，供应商决定质量可视性 v_S，随后生产中间产品并付出相应的质量可视性努力。

（2）供应商观测到自身产品质量信息 Θ_S 并决定批发价格 w，分销商据此购入可售完的一定量中间产品并决定自身质量可视性 v_R，随后通过加工或运输等既定方式处理产品并付出相应的质量可视性努力。

（3）分销商生成质量信息 Θ_D 并决定零售价格 p，生成市场需求 Q 后，若有短缺，分销商则立即进行补充采购并处理，补充产品与前续产品完全一致（即不考虑缺货情况）。市场出清后，供应链各方实现各自收益。

对于有落差产品供应链，供应链决策依赖于一段时间内企业（供应商和分销商）与消费者的质量期望落差 u_i $(i = S, D)$，仅考虑产品存在质量提升即 $u_i > 0$ 的情况，将该时间段看作一个生产销售周期，那么企业和消费者在该周期中均保持质量期望不变。整个事件和决策的发展过程如图 5-2 所示。

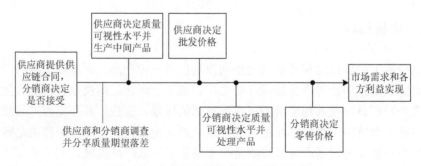

图 5-2 有落差产品的决策过程时间线

将供应链合同签订后的过程简述如下。

（1）在生产销售周期开始时，供应链企业进行市场调查获知质量期望落差 u_i，供应商决定质量可视性 v_S，随后生产中间产品并实现承诺的质量可视性，同时供应商决定批发价格 w。

（2）分销商在获得上游供应商质量和价格信息后购入可售完的一定量中间产品，并决定质量可视性 v_D，随后通过加工或运输等既定方式处理产品并付出相应质量可视性努力，同时分销商决定零售价格 p。

（3）市场需求 Q 生成后，若有短缺，分销商则立即进行补充采购并处理，补充产品与前续产品完全一致（即不考虑缺货情况）。市场出清后，供应链各方实现各自收益。

5.3　无落差产品

为区分不同情形下的均衡解，分别记无落差产品和有落差产品为上标 (N) 和 (Y)，记集中决策、分散决策（单纯批发价格合同）、带努力控制的两部收费合同、考虑成本分担的收益共享合同分别为上标 C、D、T、K。为保证内部均衡解的存在，假设 $e_i > \dfrac{1}{4}\alpha^2\sigma_i^2 \ (i = S, D)$。

5.3.1　集中决策情形

在集中决策情形下供应商和分销商作为一个整体决策者。逆向推导三阶段动态博弈可知，在观测到质量可视性 v_S 下的质量信息 Θ_S 和质量可视性 v_D 下的质量信息 Θ_D 后，决策者设定零售价格为 p 时可实现的期望需求函数如式（5-2）所示，为 $E[Q|\Theta_S, \Theta_D] = \varLambda + \alpha(v_S\Theta_S + v_D\Theta_D) - p$。整体决策者最大化其期望利润：

$$\pi_{\mathrm{SC}}(p, v_S, v_D) = p[\varLambda + \alpha(v_S\Theta_S + v_D\Theta_D) - p] - \frac{1}{2}(e_S v_S^2 + e_D v_D^2) \qquad (5\text{-}5)$$

求其一阶条件可得最佳反应零售价格为

$$\hat{p}(v_S, v_D) = \frac{1}{2}\big[\varLambda + \alpha(v_S\Theta_S + v_D\Theta_D)\big] \qquad (5\text{-}6)$$

于是有订货量 $\hat{Q}(v_S, v_D) = \hat{p}(v_S, v_D) = \dfrac{1}{2}\big[\varLambda + \alpha(v_S\Theta_S + v_D\Theta_D)\big]$。因此，整体决策者在确定 v_D 时需考虑 $\hat{Q}(v_S, v_D)$，在质量可视性为 v_S 的质量信息 Θ_S 下最大化其期望利润：

$$E[\pi_{SC}(v_S, v_D) | \Theta_S] = E\left[\frac{1}{4}[\Lambda + \alpha(v_S\Theta_S + v_D\Theta_D)]^2 | \Theta_S\right] - \frac{1}{2}(e_S v_S^2 + e_D v_D^2) \quad (5\text{-}7)$$

求其一阶条件可得 v_D 的均衡解为 $v_D^{(N)C} = \dfrac{\alpha^2\sigma_D^2}{4e_D}$，进而整体决策者最大化其事前期

望利润 $E[\pi_{SC}(v_S)]$ 可确定 v_S 的均衡解为 $v_S^{(N)C} = \dfrac{\alpha^2\sigma_S^2}{4e_S}$。

【引理 5-1】 在无落差产品的集中决策情形下，供应链产品的均衡零售价格

为 $p^{(N)C} = \dfrac{\Lambda}{2} + \dfrac{\alpha^3\sigma_S^2}{8e_S}\Theta_S + \dfrac{\alpha^3\sigma_D^2}{8e_D}\Theta_D$，供应链提供的质量可视性为 $v_S^{(N)C} = \dfrac{\alpha^2\sigma_S^2}{4e_S}$ 和

$v_D^{(N)C} = \dfrac{\alpha^2\sigma_D^2}{4e_D}$，此时供应链整体的事前期望利润为 $\pi_{SC}^{(N)C} = \dfrac{1}{4}\Lambda^2 + \dfrac{\alpha^4\sigma_S^4}{32e_S} + \dfrac{\alpha^4\sigma_D^4}{32e_D}$。

证明： 参见前面推导过程并将 $v_D^{(N)C}$ 和 $v_S^{(N)C}$ 分别代入式（5-6）和式（5-5）
即可。 □

由此可见，整体决策者可以根据供应链上下游的质量信息更准确地把握产品
的最终质量变化，从而及时调整零售价格以减小质量不确定性引发的需求风险。
供应链上下游均衡状态下的质量可视性 $v_i(\sigma_i^2, e_i)$ 共享同一通项公式，它们对零
售价格和供应链利润的影响也具有对称性，对供应链利润分别产生直接效应且
均为正。

【推论 5-1】 对于无落差产品，零售价格随供应商和分销商的质量信息同向
调整，零售价格对质量信息 Θ_i 的响应性、任一企业 i 的均衡质量可视性均随市场
需求对产品质量的敏感程度 α 的增大、质量波动 σ_i^2 的增大、质量可视性努力成本
系数 e_i 的减小而升高 $(i = S, D)$；供应链整体利润则随前述参数的任一变化而升高
$(i = S$ 和 / 或 $D)$。

证明： 分别对相应参数求导易得。 □

推论 5-1 中价格、质量可视性和利润对相关参数的敏感性结论与命题 3-1 和
引理 3-1 中一致，不过对于产品质量和质量可视性依赖于多层级企业的供应链，
任一层级的质量可视性变化均会对最终的价格决策和期望利润产生显著影响，
质量可视性将产品质量变化（表现为质量信息）从供应链每一层级中表达出来，
促使供应链价格和需求做出相应改变，最终反映在供应链利润上。这类似一种
反牛鞭效应，即从产品的质量源头探明需求风险的起因，通过上游质量可视性
缓解下游需求信息扭曲，为终端消费者提供更准确的质量并为供应链企业实现
更大的利润。观察引理 5-1 中质量可视性、零售价格和供应链利润的表达式中
市场需求对产品质量的敏感程度 α 的幂次（分别为 2、3、4）能很清晰地发现，
通过质量信息可视，消费者质量偏好的影响随着供应链过程的展开被逐渐放大
地呈现出来。

5.3.2　分散决策情形

在分散决策情形下供应商和分销商分别决定自身的质量可视性与价格。与 5.3.1 节推导过程类似，在获得所有质量信息和上游价格信息后，分销商设定零售价格为 p 可实现需求 $E[Q|\Theta_S,\Theta_D]=\Lambda+\alpha(v_S\Theta_S+v_D\Theta_D)-p$，继而最大化其期望利润：

$$\pi_D(p,w,v_S,v_D)=(p-w)[\Lambda+\alpha(v_S\Theta_S+v_D\Theta_D)-p]-\frac{1}{2}e_Dv_D^2 \tag{5-8}$$

求其一阶条件可得最佳反应零售价格为

$$\widehat{p}(w,v_S,v_D)=\frac{1}{2}[\Lambda+w+\alpha(v_S\Theta_S+v_D\Theta_D)] \tag{5-9}$$

于是有订货量 $\widehat{Q}(w,v_S,v_D)=\frac{1}{2}[\Lambda-w+\alpha(v_S\Theta_S+v_D\Theta_D)]$。因此，分销商在确定 v_D 时最大化其期望利润：

$$E[\pi_D(w,v_S,v_D)|\Theta_S]=E\left[\frac{1}{4}[\Lambda-w+\alpha(v_S\Theta_S+v_D\Theta_D)]^2|\Theta_S-\frac{1}{2}e_Dv_D^2\right] \tag{5-10}$$

求其一阶条件可得均衡解 $v_D^{(N)D}=\dfrac{\alpha^2\sigma_D^2}{4e_D}$。

供应商的期望利润为 $\pi_S(p,w,v_S,v_D)=wE[Q|\Theta_S]-\frac{1}{2}e_Sv_S^2$，仅有自身产品质量信息的他对分销商订货量期望为 $E[\widehat{Q}(w,v_S,v_D)|\Theta_S]=\frac{1}{2}(\Lambda-w+\alpha v_S\Theta_S)$，与式（5-3）一致。基于此，他在决定批发价格 w 时最大化自身期望利润：

$$\pi_S(w,v_S)=\frac{1}{2}w(\Lambda-w+\alpha v_S\Theta_S)-\frac{1}{2}e_Sv_S^2 \tag{5-11}$$

求其一阶条件可得最佳反应批发价格 $\widehat{w}(v_S)=\dfrac{\Lambda}{2}+\dfrac{\alpha v_S}{2}\Theta_S$，进而供应商在确定 v_S 时最大化其期望利润：

$$E[\pi_S(v_S)]=E\left[\frac{1}{8}(\Lambda+\alpha v_S\Theta_S)^2-\frac{1}{2}e_Sv_S^2\right] \tag{5-12}$$

求其一阶条件可得均衡解 $v_S^{(N)D}=\dfrac{\alpha^2\sigma_S^2}{8e_S}$。

【引理 5-2】　在无落差产品的分散决策情形下，供应链产品的均衡批发价格

为 $w^{(N)D} = \dfrac{1}{2}\varLambda + \dfrac{\alpha^3\sigma_S^2}{16e_S}\varTheta_S$ ，均衡零售价格为 $p^{(N)D} = \dfrac{3}{4}\varLambda + \dfrac{3\alpha^3\sigma_S^2}{32e_S}\varTheta_S + \dfrac{\alpha^3\sigma_D^2}{8e_D}\varTheta_D$ ，供

应链提供的质量可视性为 $v_S^{(N)D} = \dfrac{\alpha^2\sigma_S^2}{8e_S}$ 和 $v_D^{(N)D} = \dfrac{\alpha^2\sigma_D^2}{4e_D}$ ，此时供应商和分销商的事

前期望利润分别为 $\pi_S^{(N)D} = \dfrac{1}{8}\varLambda^2 + \dfrac{\alpha^4\sigma_S^4}{128e_S}$ 和 $\pi_D^{(N)D} = \dfrac{1}{16}\varLambda^2 + \dfrac{\alpha^4\sigma_S^4}{128e_S} + \dfrac{\alpha^4\sigma_D^4}{32e_D}$ ，供应链整

体的事前期望利润为 $\pi_{SC}^{(N)D} = \dfrac{3}{16}\varLambda^2 + \dfrac{\alpha^4\sigma_S^4}{64e_S} + \dfrac{\alpha^4\sigma_D^4}{32e_D}$ 。

证明： 参见前面推导过程并将 $v_D^{(N)D}$ 和 $v_S^{(N)D}$ 分别代入各价格和利润函数公式即可。 □

在分散决策情形下，基于质量信息的独立性和博弈进行的先后顺序，供应商只能根据自身产品质量信息同向调整批发价格，也只能收获自身质量可视性的直接效应，而分销商在收获自身质量可视性直接效应的同时，还能享受上游供应商质量可视性的溢出效应，因此分销商期望利润受到上下游质量可视性系统参数的双重影响。也正因为如此，尽管在供应商主导的供应链中，分销商的确定性利润不如具有先动优势的供应商（比较 $\pi_D^{(N)D}$ 和 $\pi_S^{(N)D}$ 的第一项），但信息的不对称性会让处于信息优势的分销商获得更多的信息收益（比较 $\pi_D^{(N)D}$ 和 $\pi_S^{(N)D}$ 的其余项）。此外，各均衡解和均衡利润随市场需求对产品质量的敏感程度、质量波动和质量可视性努力成本系数的变化与集中决策情形下基本一致，此处不再赘述。

【命题 5-1】 对比集中决策情形，分散决策情形下无落差产品供应链总利润变小，下游分销商的均衡质量可视性不变且产生的效应不变，上游供应商的均衡质量可视性降低且产生的总效应变小，产品零售价格对上游质量信息的响应程度变低。

证明： 分别对比两种情形下供应链的期望利润及上下游质量可视性的效应变化，由 $\pi_{SC}^{(N)C} - \pi_{SC}^{(N)D} = \dfrac{1}{16}\varLambda^2 + \dfrac{\alpha^4\sigma_S^4}{64e_S} > 0$ 知，式中前一项是分散决策中定价双重边际化导致的确定性利润损失，后一项是上游供应商质量可视性降低引起的利润损失。此外，有 $v_S^{(N)C} - v_S^{(N)D} > 0$ ，比较 $\dfrac{\partial p^{(N)C}}{\partial\varTheta_S} > \dfrac{\partial p^{(N)D}}{\partial\varTheta_S}$ 知，零售价格对供应商信息的响应性下降。 □

由命题 5-1 可知，相比集中决策，分散决策的无落差产品供应链不仅存在价格决策的双重边际化，而且存在信息共享决策的边际化，即上游供应商降低质量可视性。这不仅导致供应链确定性利润的流失，还导致供应链质量可视性效应的

流失。上游供应商无法获得下游质量可视性带来的好处，意味着其质量可视性边际收益下降，出于自身利润最大化考虑，他会主动降低质量可视性边际成本到和边际收益相等，这就使得供应商愿意提供的质量可视性明显下降，变为集中决策下的一半，进而引发连锁反应：分销商对供应商提供的信息质量的信心下降，使得零售价格对供应商质量信息的响应性下降，源自上游质量不确定性的需求风险增大，供应商质量可视性的总效应和供应链总利润产生损失。

分散决策供应链对终端消费者及消费者群体也是不利的。供应链整体质量可视性的下降会削弱消费者做购买决策时对产品质量的感知，而在产品质量期望不变的情况下，升高的产品零售价格期望（ $E[p^{(N)D}] - E[p^{(N)C}] = \frac{1}{4}\Lambda$ ）会侵蚀产品购买者的消费者剩余和总的消费者福利，进而导致社会福利的流失。因此，有必要探讨适当的合同形式以实现供应链协调。

5.3.3　带努力控制的两部收费合同

分散决策情形中采用的单参数批发价格合同 (w) 是供应链中使用最广泛的合同形式，但它无法协调即便只包含价格决策或数量决策的供应链[121, 123, 130]——除非上游供应商甘愿不获得任何利润，把批发价格设置为不高于边际成本。考虑到供应链协调可能存在的协调成本和企业参与供应链协调期待获利的意愿，在缺乏整合机制等外部作用时，这种上游或下游企业不获任何利润的协调情形不太可能实现，因此本书在讨论供应链协调时排除了任一企业不获利润的极端情况。

不妨设协调后供应商获取的供应链利润比例为 μ （ $0 < \mu < 1$ ），分销商获取的供应链利润比例为 $1 - \mu$ ，鉴于供应商和分销商可获利的产品数量是一样的，他们的边际利润所占供应链边际利润的比例也分别为 μ 和 $1 - \mu$ 。在分销商定价模型中，如果供应链上下游任一企业成本中包含边际回报递减的昂贵努力，那么仅依赖单一参数的纯价格合同很难对齐上下游企业边际利润，也就无法完全纠正双重边际化（最多可纠正双重定价导致的双重边际化），此时必须引入更多的参数或决策结构来分别对齐上下游企业的边际收益和边际成本。

对于无落差产品供应链，供应链上下游企业均付出了昂贵的质量可视性努力，不过由于分销商能够独享自身质量可视性的好处，他会自动采取最优的质量可视性 $v_D^{(N)C}$ ，因此首先只引入对上游努力参数 v_S 的限制，考虑规定了 $v_S = v_S^{(N)C}$ 的批发价格合同 (w, v_S) 。于是，供应链协调时集中决策情形下的均衡解 $(p^{(N)C}, v_S^{(N)C}, v_D^{(N)C})$ 也应是分销商利润函数 $\pi_D(p, w, v_S, v_D)$ 的最优解，故只需令分散决策情形和集中决策情形下分销商边际收益相等即对于式（5-9）有 $\hat{p}(w, v_S^{(N)C}, v_D^{(N)C}) = p^{(N)C}$ ，解得 $w = 0$ 。这意味着从中间产品的交付中供应商将不获得任何利润，且需承担自身质量可视性成本。显然，这种合同机制下昂贵的努力成本使得供应商的边际成本总是大于其边际收益，完全失去了协调供应链的可能性。

同样，基于批发价格合同拓展而来的两部收费合同 (w,T)（其中，w 通常是一个较低的批发价格，T 为定值，是供应商向分销商收取的一次性转移支付费用）尽管可以协调仅含下游努力的供应链（当 $w=0$，$T \in (0, \pi_{SC}^C)$ 时），但仍无法协调含上游努力的供应链[136]。这是由于定值 T 对供应商的最优化决策并无影响，当无法从批发价格中获取收益时，供应商最优策略是不投入任何质量可视性努力。由此可见，需要向可协调下游努力的两部收费合同中引入对参数 v_S 的限制，由于质量可视性是可观测的，当把上游供应商的质量可视性努力限定为 $v_S = v_S^{(N)C}$ 并保证供应商能回收努力成本且分销商无须出让全部利润，即 $T \in \left(\dfrac{\alpha^4 \sigma_S^4}{32 e_S}, \pi_{SC}^{(N)C} + \dfrac{\alpha^4 \sigma_S^4}{32 e_S} \right)$ 时，两部收费合同能够实现供应链协调。此时相当于在前述批发价格合同 (w, v_S) 中引入了转移支付费用 T，合同更新为带努力控制的两部收费合同 (w, v_S, T)。

进一步放松对努力的严格限制，向 T 中引入线性努力控制的两部收费合同 $(w, T(v_S))$，设 $T = F + \gamma v_S$。该合同下分销商和供应商的期望利润分别为

$$\pi_D(p, w, v_S, v_D) = (p - w)E[Q \mid \Theta_S, \Theta_D] - \frac{1}{2} e_D v_D^2 - F - \gamma v_S \qquad (5\text{-}13)$$

$$\pi_S(w, v_S) = w \cdot E[Q \mid \Theta_S] - \frac{1}{2} e_S v_S^2 + F + \gamma v_S \qquad (5\text{-}14)$$

重新逆向推导多阶段动态博弈过程，可得 $\hat{p}(w, v_S, v_D) = \dfrac{1}{2}[\Lambda + w + \alpha(v_S \Theta_S + v_D \Theta_D)]$，基于质量信息的随机性和相互独立性，对比集中决策情形下的最佳反应零售价格 $\hat{p}(v_S, v_D) = \dfrac{1}{2}[\Lambda + \alpha(v_S \Theta_S + v_D \Theta_D)]$ 可知，当且仅当 $w^{(N)T} = 0$ 时两者才能相等。进一步易得 $v_D^{(N)T} = \dfrac{\alpha^2 \sigma_D^2}{4 e_D}$，$v_S^{(N)T} = \dfrac{\gamma}{e_S}$。令 $v_S^{(N)T} = v_S^{(N)C}$，解得 $\gamma = \dfrac{\alpha^2 \sigma_S^2}{4}$，由此供应链达成协调状态。计算此时供应商和分销商的事前期望利润，分别有 $\pi_S^{(N)T} = \dfrac{\alpha^4 \sigma_S^4}{32 e_S} + F > 0$，

$\pi_D^{(N)T} = \dfrac{1}{4} \Lambda^2 + \dfrac{\alpha^4 \sigma_D^4}{32 e_D} - F > 0$，故得 $F \in \left(-\dfrac{\alpha^4 \sigma_S^4}{32 e_S}, \dfrac{1}{4} \Lambda^2 + \dfrac{\alpha^4 \sigma_D^4}{32 e_D} \right)$。供应链利润分配的比例取决于 F 的大小和符号，这进一步取决于供应商和分销商双方的相对谈判能力。F 的取值允许为负，这意味着分销商向供应商收费。

对比固定努力控制合同 (w, v_S, T) 和线性努力控制合同 $(w, T(v_S))$ 可发现，两者均在 $w = 0$ 即供应商批发价格为边际成本时实现供应链协调，前者可看作后者在 $v_S^{(N)T} = v_S^{(N)C}$ 时的特别情形，相比之下后者更为灵活，也更利于供应链双方达成协

议，因此下面只讨论后者。

【**定理 5-1**】　以下带线性努力控制的两部收费合同 $(w, T(v_S))$ 可以协调无落差产品

供应链： $w = 0$ ， $T = F + \gamma v_S$ ，其中， $F \in \left(-\dfrac{\alpha^4 \sigma_S^4}{32 e_S}, \dfrac{1}{4} \Lambda^2 + \dfrac{\alpha^4 \sigma_D^4}{32 e_D} \right)$ ， $\gamma = \dfrac{\alpha^2 \sigma_S^2}{4}$ 。此时

供应商和分销商事前期望利润分别为 $\pi_S^{(N)T} = \dfrac{\alpha^4 \sigma_S^4}{32 e_S} + F$ 和 $\pi_D^{(N)T} = \dfrac{1}{4} \Lambda^2 + \dfrac{\alpha^4 \sigma_D^4}{32 e_D} - F$ 。

证明：参见前面推导过程。　　　　　　　　　　　　　　　　　　　　　□

【**推论 5-2**】　当纯批发价格合同是供应链基本选项时，带线性努力控制的两

部收费合同 $(w, T(v_S))$ 满足激励相容条件 $F \in \left(\dfrac{1}{8} \Lambda^2 - \dfrac{3\alpha^4 \sigma_S^4}{128 e_S}, \dfrac{3}{16} \Lambda^2 - \dfrac{\alpha^4 \sigma_S^4}{128 e_S} \right)$ 时可实

现供应链完美协调。

证明：令 $\pi_S^{(N)T} > \pi_S^{(N)D}$ ， $\pi_D^{(N)T} > \pi_D^{(N)D}$ 得 F 取值上下界且作差易证取值

不为空。　　　　　　　　　　　　　　　　　　　　　　　　　　　　　　□

由以上结论可知，采用两部收费合同 $(w, T(v_S))$ 协调含昂贵努力的供应链时，
上游供应商不能收取超出边际成本的批发价格，而且在两部收费合同的固定费用
中加入对努力的收费，实质上变为一种三部收费合同 (w, γ, F) 。该合同可以任意
分配供应链利润，供应商和分销商所获得的利润取决于供应商对收费项目的谈判
能力。这种合同形式常见于创新或服务供应链中，上游企业的努力对产品质量或
销量的影响可能无法准确衡量，但是下游企业可从公开的信息（如财务报表或广
告力度，在本书中可通过质量可视性系统）中来评估上游努力，从而对其努力进
行付费[136]。当满足激励相容条件时，供应商和分销商均有动力达成改进后的两部
收费合同，从而实现完美协调。

5.3.4　考虑成本分担的收益共享合同

收益共享合同是供应链协调研究中最常采用的协调合同形式之一，其基本形
式如下：供应商以一个较低的批发价格 w 向分销商提供产品，并获得分销商比
例为 φ （ $0 < \varphi < 1$ ）的销售收益。首先考察收益共享合同 (w, φ) 对无落差产品供应
链的协调能力，生产成本和渠道成本已经一般化为 0，因此有 $w = \varphi p$ 。根据本
节博弈过程可知，供应商利润原本与分销商质量信息无关，而当设定 $w = \varphi p$ 时，
由于 p 是 Θ_D 的函数，供应商利润与分销商的质量信息建立了联系。由分销商的

利润函数 $\pi_D(p, w, v_S, v_D) = [(1 - \varphi)p - w][\Lambda + \alpha(v_S \Theta_S + v_D \Theta_D) - p] - \dfrac{1}{2} e_D v_D^2$ 可得分销

商 的 最 佳 反 应 零 售 价 格 为 $\hat{p}(w, v_S, v_D) = \dfrac{1}{2}[\Lambda + \alpha(v_S \Theta_S + v_D \Theta_D)] + \dfrac{w}{2(1 - \varphi)}$ 且

$v_D^* = v_D^{(N)C}$，基于质量信息的独立性和随机性，若实现供应链协调，必定有 $\hat{p}(w, v_S^{(N)C}, v_D^{(N)C}) = p^{(N)C}$，因此解得 $w = 0$，供应商仅向分销商收取等于边际成本的批发价格。再由供应商利润函数 $\pi_S(v_S) = \varphi p^{(N)C}[\Lambda + \alpha(v_S \Theta_S + v_D^{(N)C} \Theta_D) - p^{(N)C}] - \frac{1}{2} e_S v_S^2$ 求

解并令 $v_S = \varphi \frac{\alpha^2 \sigma_S^2}{4 e_S} = v_S^{(N)C}$，可得 $\varphi = 1$，这意味着供应商完全夺取了定价权和产品销售收入。因此，简单的收益共享合同不能协调含昂贵努力的供应链，需引入对努力成本的控制结构[130]。

【定理 5-2】 以下对努力成本进行分担的收益共享合同 $(w(p), K, \varphi)$ 可以协调无落差产品供应链。

（1）所有质量信息揭晓后，供应商向分销商收取批发价格 $w(p) = \varphi p$ 以及质量可视性努力成本分担费用 $K_1 = \eta v_S - \xi v_D$，其中，$\eta = \frac{(1-\varphi)\alpha^2 \sigma_S^2}{4}$，$\xi = \frac{\varphi \alpha^2 \sigma_D^2}{4}$，

$\varphi \in (0,1)$；供应商和分销商事前期望利润分别为 $\pi_S^{(N)K_1} = \frac{\varphi \Lambda^2}{4} + \frac{\alpha^4 \sigma_S^4}{32 e_S}$ 和 $\pi_D^{(N)K_1} = \frac{(1-\varphi)\Lambda^2}{4} + \frac{\alpha^4 \sigma_D^4}{32 e_D}$。

（2）所有质量信息揭晓后，供应商向分销商收取批发价格 $w(p) = \varphi p$，并收取质量可视性努力成本分担费用 $K_2 = (1-\varphi)\left(\frac{1}{2} e_S v_S^2\right) - \varphi\left(\frac{1}{2} e_D v_D^2\right)$，其中，$\varphi \in (0,1)$；此时供应商和分销商的事前期望利润分别为 $\pi_S^{(N)K} = \varphi \pi_{SC}^{(N)C}$ 和 $\pi_D^{(N)K} = (1-\varphi)\pi_{SC}^{(N)C}$。

证明： 将 $w(p)$ 代入式（5-8）得

$$\pi_D = (1-\varphi)p[\Lambda + \alpha(v_S \Theta_S + v_D \Theta_D) - p] - \frac{1}{2} e_D v_D^2 - K_i, \quad i = 1, 2$$

对其求 p 的一阶条件可得分销商最佳反应零售价格 $\hat{p}(v_S, v_D)$ 与集中决策情形下的式（5-6）相同。

（1）在 K_1 合同下分销商确定 v_D 时将最大化其期望利润函数：

$$E[\pi_D | \Theta_S] = -\frac{1}{2} e_D v_D^2 + \frac{\alpha^2 \sigma_D^2}{4} v_D + \frac{1}{4}(1-\varphi)(\Lambda + \alpha v_S \Theta_S)^2 - \eta v_S$$

易得 $v_D^{(N)K_1} = v_D^{(N)C}$。

供应商无须再决定批发价格，于是他将最大化其期望利润：

$$E[\pi_S] = -\frac{1}{2} e_S v_S^2 + \frac{\alpha^2 \sigma_S^2}{4} v_S + \frac{\varphi}{4} \Lambda^2$$

同样易得 $v_S^{(N)K_1} = v_S^{(N)C}$，将其代回 $\hat{p}(v_S, v_D)$，有 $p^{(N)K_1} = p^{(N)C}$。由此可知，三个外

显决策变量最优解均与集中决策情形下一致，继续求解可得企业各自利润。

（2）在 K_2 合同下，分销商最大化期望利润函数 $E[\pi_D | \Theta_S] = (1-\varphi)E[\pi_{SC} | \Theta_S]$，供应商则最大化期望利润 $E[\pi_S] = \varphi E[\pi_{SC}]$，可知供应商和分销商均将如同整体决策者一样决定各自的质量可视性，两者分别以 φ 和 $1-\varphi$ 的比例分割集中供应链利润。

在以上两种收益共享合同下，供应商无须再做批发价格决策，而分销商的零售价格决策是在质量可视性决策全部完成并生成质量信息后才做出的，因此供应商的批发价格进款需要延时支付，即在分销商确定了零售价格之后才能支付，质量可视性成本分担条款也必须等到质量信息全部揭晓后才能触发。　　□

K_1 和 K_2 两种合同分别代表了对努力收费和对努力成本收费的成本分担思路（K_1、K_2 允许为负，这意味着分销商向供应商收费），尽管它们均能够协调无落差产品供应链，但只有 K_2 合同才能以供应商获取供应链利润的比例 $\mu = \varphi^{(N)K_2}$ 任意分配供应链整体利润，K_1 合同只能以 $\varphi^{(N)K_1}$ 任意分配供应链利润中的确定性部分。相比分散决策情形，在 K_1 合同下，供应商通过向分销商收取努力费用，收回了因分散决策而流失的质量可视性溢出效应，并且能实现并全部保留最大的质量可视性效应；分销商则失去了供应商质量可视性的溢出效应，却获得了分割更多确定性利润的机会。在 K_2 合同下，收益共享合同的付款机制打破了分散决策情形下供应商只能获得自身质量可视性的直接效应的限制，允许供应商和分销商相互分享对方质量可视性的溢出效应，分销商对自身利益（自身质量可视性的直接效应）做出让步以换得供应商提升质量可视性努力，从而获得更多供应商的溢出效应。此外，通过共担努力成本，供应链上下游相互分摊了对方的质量可视性成本，使得他们基于共同的收益和成本进行决策。这类似利润共享合同，其关键在于双方对质量可视性总成本的沟通。

通过对 $w(p)$ 和 K_i 求 φ 的导数可知，供应商获得分销商的收益共享比例 φ 越大，供应商通过交付中间产品获得的收益越大，通过成本分担收取的费用越小（可能为负），供应商最终获得的利润越大。由此可见，产品销售收益是供应商的主要利润来源，而成本分担是其在利润分配中的一项制衡工具，对分销商来说亦如是。这说明相比前述的带努力控制的两部收费合同，以上两种收益共享合同能让供应商参与供应链主营业务，提升了供应商的生产积极性。

【推论 5-3】　考虑成本分担的收益共享合同 $(w(p), K, \varphi)$ 满足以下激励相容条件可实现供应链完美协调。

（1）在 K_1 合同下 $\varphi \in (\max\{\underline{\varphi}, 0\}, \max\{\overline{\varphi}, 0\})$，其中，$\underline{\varphi} = \dfrac{1}{2} - \dfrac{3\alpha^4 \sigma_S^4}{32 \Lambda^2 e_S}$，$\overline{\varphi} = \dfrac{3}{4} - \dfrac{\alpha^4 \sigma_S^4}{32 \Lambda^2 e_S}$。

（2）在 K_2 合同下 $\varphi \in (\underline{\varphi}, \overline{\varphi})$，其中，$\underline{\varphi} = \dfrac{\alpha^4 \sigma_S^4 e_D + 16 \Lambda^2 e_S e_D}{4(\alpha^4 \sigma_S^4 e_S + \alpha^4 \sigma_S^4 e_D + 8 \Lambda^2 e_S e_D)}$，

$$\bar{\varphi} = \frac{3(\alpha^4 \sigma_S^4 e_D + 8\Lambda^2 e_s e_D)}{4(\alpha^4 \sigma_D^4 e_s + \alpha^4 \sigma_S^4 e_D + 8\Lambda^2 e_s e_D)}。$$

证明：令 $\pi_S^{(N)K} > \pi_S^{(N)D}$，$\pi_D^{(N)K} > \pi_D^{(N)D}$ 后上下界相减得 φ 的取值范围，比较上下界。

（1）在 K_1 合同下令 $(\underline{\varphi}, \bar{\varphi}) \bigcap (0,1) \neq \varnothing$，可得当且仅当 $\bar{\varphi} = \frac{3}{4} - \frac{\alpha^4 \sigma_S^4}{32 \Lambda^2 e_s} > 0$ 时，φ 的取值非空。

（2）在 K_2 合同下 φ 的取值始终非空。　　　　　　　　□

由推论 5-3 可知，K_1 合同可完美协调的区间大小只与供应商的参数相关，而 K_2 合同可完美协调的区间大小与供应商和分销商均相关；在 K_1 合同下必须满足 $\bar{\varphi} > 0$ 才有可能实现完美协调，在 K_2 合同下 φ 始终存在取值区间能够实现供应链完美协调。这是因为当质量可视性努力成本系数很小或产品质量波动很大时，分销商通过供应商的质量可视性获得的信息收益会大大超过自身收获的确定性利润，此时即便将供应链所有确定性利润都分配给分销商也不能抵消分销商失去供应商质量可视性溢出效应的损失。不过现实中这种情况很少见，当确定性利润过小时，产品就失去了市场价值，因此 K_1 合同也可被近似认为总能完美协调无落差产品供应链。

5.4　有落差产品

在有落差产品供应链中，由于上下游质量信息均值对供应商和分销商均是事先已知或可预计的，而且任一企业的质量可视性决策和价格决策之间并无其他过程或变量干扰，可将任一企业的质量可视性决策和价格决策看作同时决策。

5.4.1　集中决策情形

在集中决策情形下，供应商和分销商作为一个整体决策者。逆向推导三阶段动态博弈可知，基于供应链上下游的质量可视性，整体决策者设定零售价格为 p 时可实现的期望需求如式（5-4）所示，为 $Q = \Lambda + \alpha(v_s u_s + v_D u_D) - p$，他最大化其利润函数：

$$\pi_{\text{SC}} = p[\Lambda + \alpha(v_s u_s + v_D u_D) - p] - \frac{1}{2}(e_s v_s^2 + e_D v_D^2) \tag{5-15}$$

利润函数对决策变量 p、v_s 和 v_D 始终有二阶连续偏导，为使讨论有意义，假设黑塞（Hessian）矩阵 $\boldsymbol{H} = \begin{bmatrix} -2 & \alpha u_S & \alpha u_D \\ \alpha u_S & -e_S & 0 \\ \alpha u_D & 0 & -e_D \end{bmatrix}$ 负定以保证函数凹性，则有

$2e_i - \alpha^2 u_i^2 > 0$，$\varDelta_1 = 2e_S e_D - \alpha^2 u_D^2 e_S - \alpha^2 u_S^2 e_D > 0$；函数在定义域 $0 < p < \varLambda$，$0 < v_i < 1$ 上存在内部均衡解，则需保证条件 $e_S e_D - \alpha^2 u_D^2 e_S - \alpha^2 u_S^2 e_D > 0$，$\varDelta_1 > \varLambda \alpha u_i e_j$ $(i, j \in \{S, D\}$ 且 $i \neq j)$ 成立。综合以上，有内部均衡条件 $\varDelta_1 > e_S e_D$ 且 $\varDelta_1 > \varLambda \alpha u_i e_j$。

【引理 5-3】　在有落差产品的集中决策供应链中，产品均衡零售价格为 $p^{(Y)C} = \dfrac{\varLambda e_S e_D}{\varDelta_1}$，此时供应链提供的质量可视性为 $v_S^{(Y)C} = \dfrac{\varLambda \alpha u_S e_D}{\varDelta_1}$，$v_D^{(Y)C} = \dfrac{\varLambda \alpha u_D e_S}{\varDelta_1}$，供应链整体的期望利润为 $\pi_{SC}^{(Y)C} = \dfrac{\varLambda^2 e_S e_D}{2\varDelta_1}$，其中，$\varDelta_1 = 2e_S e_D - \alpha^2 u_D^2 e_S - \alpha^2 u_S^2 e_D$。

证明：在内部均衡条件下，对式（5-15）分别求 p、v_S 和 v_D 的一阶条件并联立求解可得各均衡解，再代回即得供应链利润。　　　　　　　　　　□

【推论 5-4】　对于有落差产品，均衡零售价格、上下游质量可视性及供应链利润均随市场需求对产品质量的敏感程度 α 的增大、质量提升幅度 u_i 的增大、质量可视性努力成本系数 e_i 的减小而升高。

证明：分别对相应参数求导，对于 $x \in \{p^{(Y)C}, v_S^{(Y)C}, v_D^{(Y)C}, \pi_{SC}^{(Y)C}\}$，均有 $\partial x / \partial \alpha > 0$，$\partial x / \partial u_i > 0$，$\partial x / \partial e_i < 0$ $(i = S, D)$。　　　　　　　　□

由引理 5-3 和推论 5-4 可知，在集中决策情形下，任一供应链企业的产品质量改进水平越高或质量可视性努力成本系数越低、消费者对质量越敏感，所有供应链企业均越有动力去提升质量可视性，进而供应链可对产品制定更高的零售价格，获得更大的整体利润。上下游企业的质量可视性对合作伙伴参数的交叉敏感性一致，说明集中决策情形下，供应链具有明确的共同目标，即提升所有企业的质量可视性使产品的最终质量更可视。

不同于无落差产品质量信息是两个独立的随机变量，有落差产品采用一个为正的质量信息均值，因此上下游企业的质量可视性对供应链利润产生的直接效应中不仅包含独立效应，而且包含联合效应（区别于溢出效应）。对式（5-15）求 p 的一阶条件可得供应链整体决策者对自身质量可视性决策的最佳反应零售价格为 $\hat{p}(v_S, v_D) = \dfrac{1}{2}[\varLambda + \alpha(u_S v_S + u_D v_D)]$，再代回式（5-15）可得供应链利润为

$\pi_{SC}(v_i, v_j) = \dfrac{1}{4}\varLambda^2 + \dfrac{1}{4}\sum(2\varLambda \alpha u_i + \alpha^2 u_i^2 v_i - 2e_i v_i)v_i + \dfrac{1}{2}\alpha^2 u_i u_j v_i v_j$ $(i = S, D)$。观察该函

数形式可知，第一项为无质量可视性时的基本利润，第二项为企业 i 的质量可视性的独立效应，第三项则为上下游企业质量可视性的联合效应。这导致不同于无落差产品供应链中质量可视性和利润只对自身参数敏感，有落差产品供应链中任一企业的质量可视性和利润存在对合作伙伴参数的交叉敏感性，反映出产品质量级联性的作用。

5.4.2 分散决策情形

在分散决策情形下，供应商和分销商分别决定自身的质量可视性和价格。依照常见的批发价格合同，供应商先决定自身的质量可视性 v_S，并以批发价格 w 向分销商提供中间产品，分销商再决定自身的质量可视性 v_D，并以零售价格 p 将产品售出。与 5.4.1 节推导过程类似，在获得上游质量和价格有关信息后，分销商设定零售价格为 p 可实现需求 $Q = \Lambda + \alpha(v_S u_S + v_D u_D) - p$，因此分销商和供应商的利润函数分别为

$$\pi_D = (p - w)[\Lambda + \alpha(v_S u_S + v_D u_D) - p] - \frac{1}{2} e_D v_D^2 \tag{5-16}$$

$$\pi_S = w[\Lambda + \alpha(v_S u_S + v_D u_D) - p] - \frac{1}{2} e_S v_S^2 \tag{5-17}$$

令 $\Delta_2 = 4 e_S e_D - 2\alpha^2 u_D^2 e_S - \alpha^2 u_S^2 e_D$，由集中决策情形下的内部均衡条件 $\Delta_1 > e_S e_D$ 和 $\Delta_1 > \Lambda \alpha u_i e_j$ 可得 $\Delta_2 = 2\Delta_1 + \alpha^2 u_S^2 e_D > 0$，$\Delta_2 > \Lambda \alpha u_i e_j$。另外，由于 $2 e_i - \alpha^2 u_i^2 > 0$，式（5-16）和式（5-17）的黑塞矩阵负定，且可保证取得内部均衡解。因此，只需维持集中决策均衡条件成立，分散决策均衡无须新增条件。

逆向推导多阶段博弈，分销商首先最大化其利润，对式（5-16）分别求 p 和 v_D 的一阶偏导并联立，可得分销商的最佳反应决策为

$$\begin{cases} \hat{p}(w, v_S) = \dfrac{(\Lambda + w + \alpha u_S v_S) e_D - \alpha^2 u_D^2 w}{2 e_D - \alpha^2 u_D^2} \\[3mm] \hat{v}_D(w, v_S) = \dfrac{(\Lambda + w + \alpha u_S v_S) \alpha u_D}{2 e_D - \alpha^2 u_D^2} \end{cases} \tag{5-18}$$

基于此推断，供应商最大化其利润函数（式（5-17）），分别求 w 和 v_S 的一阶偏导并联立，即可解得供应商的均衡决策，进而获得所有均衡解和均衡利润。

【引理 5-4】　在分散决策的有落差产品供应链中，供应商的均衡批发价格为 $w^{(Y)D} = \dfrac{\Lambda e_S (2 e_D - \alpha^2 u_D^2)}{\Delta_2}$，提供的质量可视性为 $v_S^{(Y)D} = \dfrac{\Lambda \alpha u_S e_D}{\Delta_2}$，分销商的均衡零售

价格为 $p^{(Y)D} = \dfrac{\varLambda e_s(3e_D - \alpha^2 u_D^2)}{\varDelta_2}$，提供的质量可视性为 $v_D^{(Y)D} = \dfrac{\varLambda \alpha u_D e_s}{\varDelta_2}$。此时供应商

的期望利润为 $\pi_S^{(Y)D} = \dfrac{\varLambda^2 e_s e_D}{2\varDelta_2}$，分销商的期望利润为 $\pi_D^{(Y)D} = \dfrac{\varLambda^2 e_s^2 e_D(2e_D - \alpha^2 u_D^2)}{2\varDelta_2^2}$，

供应链整体的期望利润为 $\pi_{SC}^{(Y)D} = \dfrac{\varLambda^2 e_s e_D(6e_s e_D - 3\alpha^2 u_D^2 e_s - \alpha^2 u_s^2 e_D)}{2\varDelta_2^2}$，其中，

$\varDelta_2 = 4e_s e_D - 2\alpha^2 u_D^2 e_s - \alpha^2 u_s^2 e_D$。

　　证明：参见前面推导过程。　　　　　　　　　　　　　　　　　　　　□

　　在分散决策情形下，有落差产品供应链中的任一均衡决策和利润均对自身参数和合作伙伴参数有所反应，可知任一企业均能既获得自身质量可视性的直接效应，又可获得合作伙伴质量可视性的溢出效应。比较可知 $\pi_S^{(Y)D} > \pi_D^{(Y)D}$，在信息对称的供应商主导的供应链中，质量信息的效应收益也会被供应商利用先动优势获取较大份额。此外，各均衡解和利润随市场需求对产品质量的敏感程度、质量波动和质量可视性努力成本系数的变化与集中决策情形下基本一致，此处不再赘述。

【**命题 5-2**】　对比集中决策情形，分散决策情形下有落差产品供应链总利润变小，上下游企业的质量可视性均变低，产品零售价格变高。

　　证明：分别对两种情形下对应变量作差比较，有

$$\pi_{SC}^{(Y)D} - \pi_{SC}^{(Y)C} = -\frac{\varLambda^2 e_s^3 e_D(2e_D - \alpha^2 u_D^2)^2}{2\varDelta_1 \varDelta_2^2} < 0$$

$$v_s^{(Y)D} - v_s^{(Y)C} = -\frac{\varLambda \alpha u_s e_s e_D(2e_D - \alpha^2 u_D^2)}{\varDelta_1 \varDelta_2} < 0$$

$$v_D^{(Y)D} - v_D^{(Y)C} = -\frac{\varLambda \alpha u_D e_s^2(2e_D - \alpha^2 u_D^2)}{\varDelta_1 \varDelta_2} < 0$$

$$p^{(Y)D} - p^{(Y)C} = \frac{\varLambda e_s(2e_D - \alpha^2 u_D^2)(\varDelta_1 - e_s e_D)}{\varDelta_1 \varDelta_2} > 0$$

　　　　　　　　　　　　　　　　　　　　　　　　　　　　　　　　□

　　在有落差产品供应链的分散决策情形下，不仅存在价格决策的双重边际化，而且存在质量可视性决策的双重边际化，导致供应链基本利润和质量可视性效应的双重流失，这一点与无落差产品一致。价格决策的双重边际化会导致供应链收益比集中决策情形下降低，边际收益的下降压缩了质量可视性投入的空间，进而引发质量可视性效应的下降，直到更低的质量可视性边际成本等于边际收益时才实现均衡。分散决策对消费者也是不利的，供应链整体可视性的下降减缓了消费

者对产品真实质量期望的认知，导致需求量下降，而且升高的产品零售价格进一步侵蚀了消费者剩余和总的消费者福利。因此，同样有必要探讨供应链协调策略来规避分散决策的不利影响，实现供应链和消费者双赢。

5.4.3　带努力控制的两部收费合同

参考 5.3.3 节，只含固定费用的两部收费合同同样无法协调含昂贵努力的有落差产品供应链，考虑引入线性努力控制的收费 $T(v_S)$。

【定理 5-3】　以下带线性努力控制的两部收费合同 $(w, T(v_S))$ 可以协调有落差产品供应链：$w = 0$，$T = F + \gamma v_S$，其中，$F \in \left(-\dfrac{\Lambda^2 \alpha^2 u_S^2 e_S e_D^2}{2\Delta_1^2}, \dfrac{\Lambda^2 e_S e_D (\Delta_1 - \alpha^2 u_S^2 e_D)}{2\Delta_1^2} \right)$，

$\gamma = \dfrac{\Lambda \alpha u_S e_S e_D}{\Delta_1}$；当 $F \in \left(\dfrac{1}{2} \Lambda^2 e_S e_D \left(\dfrac{1}{\Delta_2} - \dfrac{\alpha^2 u_S^2 e_D}{\Delta_1^2} \right), \dfrac{1}{2} \Lambda^2 e_S e_D \left(\dfrac{\Delta_1 - \alpha^2 u_S^2 e_D}{\Delta_1^2} - \dfrac{\Delta_1 + \alpha^2 u_S^2 e_D}{\Delta_2^2} \right) \right)$

时可实现完美协调。

证明：该合同下分销商利润为 $\pi_D = p[\Lambda + \alpha(v_S u_S + v_D u_D) - p] - \dfrac{1}{2} e_D v_D^2 - F - \gamma v_S$，

供应商利润为 $\pi_S = -\dfrac{1}{2} e_S v_S^2 + F + \gamma v_S$，求 π_S 关于 v_S 的一阶条件得 $v_S^{(Y)T} = v_S^{(Y)C}$，进而对比 π_D 和集中决策情形下供应链利润函数（式（5-15））可知，当 $v_S = v_S^{(Y)C}$ 时，$p^{(Y)C}$ 和 $v_D^{(Y)C}$ 是 π_D 的最优解；分别令 $\pi_i^{(Y)T} > 0$ 和 $\pi_i^{(Y)T} > \pi_i^{(Y)D}$ $(i = S, D)$，即得 F 的取值范围，比较取值上下界易知 F 取值不为空。　　　　　□

和无落差产品供应链类似，在带线性努力控制的两部收费合同中，供应商向下游分销商以等于边际成本的批发价格提供中间产品，他的利润全部来自对所提供的质量可视性的收费和一笔固定费用 F。该合同只包含对供应商决策的规定，与分销商的价格和质量可视性无关，因此在不改变收益实现时机的前提下，同时适用于无落差和有落差产品供应链。

5.4.4　考虑成本分担的收益共享合同

参考 5.3.4 节，在采用收益共享合同协调含昂贵努力的有落差产品供应链时，也需考虑引入努力成本补偿或分担机制。

【定理 5-4】　以下考虑成本分担的收益共享合同 $(w(p), K, \varphi)$ 可以协调有落差产品供应链。

（1）供应商向分销商收取批发价格 $w(p) = \varphi p$，以及质量可视性努力成本分

担费用 $K_1 = \eta v_S - \xi v_D$，其中，$\eta = (1-\varphi)e_S v_S^{(Y)C}$，$\xi = \varphi e_D v_D^{(Y)C}$，$\varphi \in (0,1)$。此时供应商和分销商的期望利润分别为 $\pi_S^{(Y)K_1} = \dfrac{\pi_{SC}^{(Y)C}}{\varDelta_1}[\alpha^2 u_S^2 e_D + \varphi(\varDelta_1 - \alpha^2 u_D^2 e_S - \alpha^2 u_S^2 e_D)]$

和 $\pi_D^{(Y)K_1} = \dfrac{\pi_{SC}^{(Y)C}}{\varDelta_1}[(\varDelta_1 - \alpha^2 u_S^2 e_D) - \varphi(\varDelta_1 - \alpha^2 u_D^2 e_S - \alpha^2 u_S^2 e_D)]$。当 $\varDelta_1(2e_S e_D - 3\alpha^2 u_D^2 e_S) -$

$\alpha^4 u_S^2 u_D^2 e_S e_D > 0$ 和 $\varDelta_1^2(3\varDelta_1 - \alpha^2 u_S^2 e_D) - \alpha^4 u_S^4 e_D^2(\varDelta_1 + \varDelta_2) > 0$ 条件成立且满足

$\varphi \in (\max\{\underline{\varphi},0\}, \min\{\overline{\varphi},1\})$ 时可实现供应链完美协调，其中，$\underline{\varphi} = \dfrac{\varDelta_1^2 - \varDelta_2 \alpha^2 u_S^2 e_D}{\varDelta_2(\varDelta_1 - \alpha^2 u_D^2 e_S - \alpha^2 u_S^2 e_D)}$，

$\overline{\varphi} = \dfrac{\varDelta_1^2(3\varDelta_1 - \alpha^2 u_S^2 e_D) - \alpha^4 u_S^4 e_D^2(\varDelta_1 + \varDelta_2)}{\varDelta_1^2(\varDelta_1 - \alpha^2 u_D^2 e_S - \alpha^2 u_S^2 e_D)}$。

（2）供应商向分销商收取批发价格 $w(p) = \varphi p$ 和质量可视性努力成本分担费

用 $K_2 = (1-\varphi)\left(\dfrac{1}{2}e_S v_S^2\right) - \varphi\left(\dfrac{1}{2}e_D v_D^2\right)$，其中，$\varphi \in (0,1)$。此时供应商和分销商期望

利润分别为 $\pi_S^{(N)K} = \varphi \pi_{SC}^{(N)C}$ 和 $\pi_D^{(N)K} = (1-\varphi)\pi_{SC}^{(N)C}$。当 $\varphi \in \left(\dfrac{\varDelta_1}{\varDelta_2}, \dfrac{\varDelta_1^2 - \varDelta_1\varDelta_2 + \varDelta_2^2}{\varDelta_2^2}\right)$ 时可

实现完美协调。

证明：（1）K_1 合同下供应商和分销商的利润分别为 $\pi_S = wQ - \dfrac{1}{2}e_S v_S^2 +$

$\eta v_S - \xi v_D$ 和 $\pi_D = \varphi Q - \dfrac{1}{2}e_D v_D^2 - \eta v_S + \xi v_D$，逆向推导对 π_D 求两个一阶条件并联立

可获得反应函数

$$\hat{p}(v_S) = \frac{\varLambda e_D + \xi \alpha u_D + \alpha u_S e_D v_S}{2e_D - (1-\varphi)\alpha^2 u_D^2}$$

和

$$\hat{v}_D(v_S) = \frac{(1-\varphi)\varLambda \alpha u_D + 2\xi + (1-\varphi)\alpha^2 u_S u_D v_S}{2e_D - (1-\varphi)\alpha^2 u_D^2}$$

求 π_S 关于 v_S 的一阶条件即可得 $v_S^{(Y)K_1} = v_S^{(Y)C}$，进而由上述反应函数可知，$\{p^{(Y)C}, v_D^{(Y)C}\}$ 是分销商的最优解，继续求解可得企业各自利润。令 $\pi_i^{(Y)K_1} > \pi_i^{(Y)D}$ $(i = S, D)$，可得 φ 的取值范围，需保证其下界 $\underline{\varphi} < 1$ 且上界 $\overline{\varphi} > 0$ 时 φ 的取值不为空。由此解得定理 5-4 中的条件，此时 K_1 合同可完美协调供应链。

（2）在 K_2 合同下，供应商和分销商的利润分别为 $\varphi \pi_{SC}$ 和 $(1-\varphi)\pi_{SC}$，他们对外显决策变量的决策均与整体决策者一致，两者分别以 φ 和 $1-\varphi$ 的比例分割集中供应链利润。令 $\pi_i^{(Y)K} > \pi_i^{(Y)D}$ $(i = S, D)$，可得完美协调时 φ 的取值范围且取值不为空。　　　　□

与无落差产品供应链中的情况类似，此两种收益共享合同均能协调有落差产品供应链，而且 K_2 合同能以任意供应商获取供应链利润的比例 $\mu = \varphi^{(Y)K_2}$ 分配供应链整体利润。产品销售收益是供应商和分销商的主要利润来源，成本分担是利润分配中的一项制衡工具。供应商的收益同样需要延时支付，相比批发价格合同和两部收费合同，此两种收益共享合同的达成也需要更多的信息。不尽相同的是，K_1 合同只能以 $\varphi^{(Y)K_1}$ 的比例任意分配总量为 $\dfrac{\varDelta - \alpha^2 u_D^2 e_S - \alpha^2 u_S^2 e_D}{\varDelta} \pi_{\mathrm{SC}}^{(Y)C}$ 的一部分供应链利润，而且只有满足 $\varphi < 1$ 且 $\overline{\varphi} > 0$ 时，供应链才有机会实现完美协调。这是因为供应商总有最小保留利润 $\underline{\pi}_S = \dfrac{\alpha^2 u_S^2 e_D}{\varDelta} \pi_{\mathrm{SC}}^{(Y)C}$（$\varphi$ 取 0 时），分销商总有最小保留利润 $\underline{\pi}_D = \dfrac{\alpha^2 u_D^2 e_S}{\varDelta} \pi_{\mathrm{SC}}^{(Y)C}$（$\varphi$ 取 1 时），它们完全来自对质量可视性努力的线性收费，阈值条件 $\varphi < 1$ 且 $\overline{\varphi} > 0$ 保证了两个最小保留利润均小于最大可分配利润。此外，基于供应链上下游企业的质量可视性之间的联合效应，两种收益共享合同的完美协调条件与供应商和分销商的参数均相关。

5.5　对比分析

基于 5.3 节和 5.4 节的决策分析和合同设计，表 5-1 分别给出了不同合同之间的性能对比，依次包括是否能协调（或完美协调）供应链、合同运行时可自由决定的决策变量的个数、是否能任意分配供应链利润、供应商收益的实现时机、合同需要供应商额外获取的信息，以及质量可视性对供应链企业利润的影响情况（分号前后分别是供应商和分销商所得效应，DE 代表直接效应，SE 代表溢出效应，DS 代表两者均存在）。

表 5-1　各决策情形与合同效果对比

合同情形		可协调性（完美协调）	决策自由度	利润分配	供应商收益实现时机	供应商需新增信息	质量可视性效应
(N)	C	—	3	—	—	—	DE
	D	×	4	×	即时	无	DE; DS
	T	√（√）	3	任意	即时	无	DE; DE
	K_1	√（$\overline{\varphi} > 0$）	3	有限	延时	p, v_D, Θ_D	DE; DE
	K_2	√（√）	3	任意	延时	p, v_D, Θ_D	DS; DS

续表

合同情形		可协调性（完美协调）	决策自由度	利润分配	供应商收益实现时机	供应商需新增信息	质量可视性效应
(Y)	C	—	3	—	—	—	DE
	D	×	4	×	即时	无	DS; DS
	T	√（√）	3	任意	即时	无	DE; DS
	K_1	√（$\varphi<1$ 且 $\bar\varphi>0$）	3	有限	延时	p，v_D	DS; DS
	K_2	√（√）	3	任意	延时	p，v_D	DS; DS

从表 5-1 中可知，本章提出的三种合同形式均能协调基于多级质量可视性的供应链，而且只要 K_1 合同满足一定阈值条件，三种合同均能完美协调任一产品类型的供应链，从而消除供应链分散决策带来的双重边际化并对齐供应链上下游的质量可视性决策。集中决策情形和各种协调合同下，整个供应链的决策变量自由度均为 3，相比分散决策情形增加控制了供应商的批发价格，从而通过协调机制使供应商和分销商自主选择最佳质量可视性及最佳零售价格。不同的是，T 合同采取了以供应商边际成本定批发价格的方式，K_1 和 K_2 合同引入了将批发价格向零售价格线性对齐的方式。在对质量可视性努力的协调机制上，T 和 K_1 合同均采取了对努力线性收付费的方式，而 K_2 合同采取了将供应链整体努力成本按比例分担的方式，前者不涉及双方努力成本的构成细节，实施起来更简便、易行。

在任一产品类型的供应链中，T 和 K_2 合同可以任意分配供应链利润，K_1 合同则不能，它让供应链上下游企业均保留一部分固定利润，只能在剩余供应链利润中任意分配。具体而言，T 和 K_2 合同分别将供应链利润以 $\mu=\dfrac{F-\underline{F}}{\pi_{SC}^{C}}\in(0,1)$（$\underline{F}$ 为 F 的取值下界）和 $\mu=\varphi^{K_2}\in(0,1)$ 的比例分给供应商，分销商分得 $1-\mu$ 的比例。在 K_1 合同中，对于无落差产品，供应商获取供应链利润的比例为 $\mu=\dfrac{\pi_S^{(N)K_1}}{\pi_{SC}^{(N)C}}\in\left(\dfrac{\alpha^4\sigma_S^4}{32e_S\pi_{SC}^{(N)C}},\dfrac{8\Lambda^2e_S+\alpha^4\sigma_S^4}{32e_S\pi_{SC}^{(N)C}}\right)$，对于有落差产品，供应商获取供应链利润的比例为 $\mu=\dfrac{\pi_S^{(Y)K_1}}{\pi_{SC}^{(Y)C}}\in\left(\dfrac{\alpha^2u_S^2e_D}{\Delta_1},\dfrac{\Delta_1-\alpha^2u_D^2e_S}{\Delta_1}\right)$，分销商分得 $1-\mu$ 的比例。也正因为如此，K_1 合同具备较为独特的性质，它凭借保留利润的机制降低了具有先动优势或谈判能力较强的一方过度挤占弱势方利润的可能性。

合同的效果还需考虑其实施条件和难度。D 和 T 合同均允许供应商在交付中间产品后立即实现收益，前者只要求供应商收取批发价格，后者要求供应商收取批发价格、质量可视性费用和固定费用，这意味着在共有知识之外，供应商无需任何额外信息。不过，D 合同尽管最简单但无法协调供应链；T 合同下供应商的利润完全来自非营业性收费，这会削弱供应商的渠道话语权从而降低其签约主动性，还可能增加分销商付费时的道德风险。相比之下，K_1 和 K_2 合同要求供应商额外收集零售商的价格和质量信息，并且只能在零售价格确定后才能兑现收益和利润，这意味着在非合作状态下供应链签订 K_1 和 K_2 合同的操作难度和时间风险都较大。不过，在 K_1 和 K_2 合同中供应商能够与分销商分享产品营业收入，增强渠道话语权和签约主动性，并且价格和质量信息在最终产品销售时会被公开而易被验证。因此，着力加强外部环境保障，如完善法规、增进企业间信任和合作等，对提升各种合同的适用性都具有重要意义。

此外，通过各合同下供应链企业利润构成对 v_i 的敏感性分析其利润来源，可以发现质量可视性对各方绩效的复杂影响。在无落差产品供应链中，供应商在分散决策情形下的质量可视性会对下游产生正的溢出效应，他却由于先动优势无法分享下游的质量可视性效应；在 T 和 K_1 合同下通过对质量可视性收费，他收回了自身的溢出效应，而且在 K_1 合同下供应链上下游分别保留了自身最大化的质量可视性效应；在 K_2 合同下供应商和分销商通过类似整体决策的方式共同分享供应链收益和成本，因此可分享对方的质量可视性溢出效应。在有落差产品供应链中，除了 T 合同下供应商无法通过产品销售渠道获利，只能通过对质量可视性收费从而保留直接效应外，其余情形下供应商和分销商均能通过产品销售体系和成本分担机制分享对方的溢出效应。这表明在产品欠成熟的有落差产品供应链中，上下游企业的质量可视性合作对于尽快纠正消费者对产品的质量判断、实现供应链最佳利润具有更重要的意义。

5.6　算例研究

本节采用算例探讨不同产品类型下的供应链决策差异和不同合同机制的效果，为供应商和分销商设置对称性参数 $\Lambda = 20$ 单位产品，$\alpha = 4$，$e_i = 100$ 元，$\sigma_i^2 = 20$，$u_i = 1.5$ $(i = S, D)$，本节余下的分析过程中一律省去各参数的单位。表 5-2 列出了在此参数组合下不同合同和决策情形下无落差产品与有落差产品供应链的均衡结果。

表 5-2　不同情形下的供应链均衡结果

合同情形		v_S^*	v_D^*	w^*	p^*	π_S^*	π_D^*	π_{SC}^*	φ	μ
(N)	C	0.8	0.8	—	$10 + 1.6\,\Theta_S + 1.6\,\Theta_D$	—	—	164	—	—
	D	0.4	0.8	$10 + 0.8\,\Theta_S$	$15 + 1.2\,\Theta_S + 1.6\,\Theta_D$	58	65	123	—	0.35
	T	0.8	0.8	0	$10 + 1.6\,\Theta_S + 1.6\,\Theta_D$	$32 + F$	$132 - F$	164	—	(0,1)

续表

合同情形		v_S^*	v_D^*	w^*	p^*	π_S^*	π_D^*	π_{SC}^*	φ	μ
(N)	K_1	0.8	0.8	φp^*	$10+1.6\,\Theta_S+1.6\,\Theta_D$	$32+100\,\varphi$	$132-100\,\varphi$	164	(0,1)	(0.20,0.80)
	K_2	0.8	0.8	φp^*	$10+1.6\,\Theta_S+1.6\,\Theta_D$	$164\,\varphi$	$164-164\,\varphi$	164	(0,1)	(0,1)
(Y)	C	0.94	0.94	—	15.63	—	—	156.25	—	—
	D	0.41	0.41	11.23	18.08	68.49	38.47	106.96	—	0.44
	T	0.94	0.94	0	15.63	$43.95+F$	$112.30-F$	156.25	—	(0,1)
	K_1	0.94	0.94	$15.63\,\varphi$	15.63	$43.95+$ $68.35\,\varphi$	$112.30-$ $68.35\,\varphi$	156.25	(0,1)	(0.28,0.72)
	K_2	0.94	0.94	$15.63\,\varphi$	15.63	$156.25\,\varphi$	$156.25-$ $156.25\,\varphi$	156.25	(0,1)	(0,1)

正如前面分析，在两种产品类型环境中，分散决策情形下的供应链总体质量可视性和总体利润均明显低于集中决策情形。本章提出的三种合同均能有效协调两种供应链，在分散决策情形下达成集中决策情形下较低的产品零售价格（或无落差产品的价格期望）、较高的供应链质量可视性和供应链整体利润，消除了价格决策和质量可视性决策的双重边际化现象。T 和 K_2 合同均能任意分配供应链利润，供应商所获取供应链利润的比例为 $\mu \in (0,1)$；K_1 合同在无落差产品供应链中可任意分配的供应链利润为 100，在有落差产品供应链中可任意分配的供应链利润为 68.35，相应的供应商所获取供应链利润的比例分别为 0.20～0.80 和 0.28～0.72。

在无落差产品供应链的分散决策情形下，供应商由于先动优势反而处于信息劣势，无法享有分销商质量可视性的溢出效应。此算例中供应商获得的确定性利润为 50，分销商获得的确定性利润为 25，分销商依靠独享自身质量可视性直接效应（32），以及分享供应商的溢出效应（8），最终获得了大于供应商（仅收获直接效应（8））的事前期望利润，这说明私有的质量信息给企业提供的价值可以弥补博弈中的后动劣势。在 K_1 合同下，供应商和分销商均能保留最小利润为 32，来源于各自的质量可视性直接效应，因此相比分散决策情形下的 D 合同，K_1 合同有利于供应商扩大并保留自身信息收益。相比之下，在有落差产品供应链中，供应商和分销商可分别获得的无质量可视性时的基本利润为 50 和 25，两者获得的质量可视性效应分别为 18.49 和 13.47，均表现出供应商先动优势。在 K_1 合同下，供应商和分销商均能保留最小利润为 43.95，显然有利于分销商抵御供应商明显的先动优势，而且在此算例中无论供应链利润分配比例如何，分销商总有动力签订 K_1 合同（$112.30-68.35\varphi > 38.47$ 恒成立）。

表 5-3 列出了三种合同可完美协调供应链时需满足的参数条件。考虑表 5-3 中参数取下界值（上界值）甚至略低（略高）时的情况，此时供应商（分销商）参加协调合同的利润略低于维持批发价格合同的利润。尽管单纯从利润角度来看，供应商（分销商）没有任何理由从批发价格合同转向任一协调合同，但参加协调合同能降低产品的零售价格（或价格期望），大大提升自身或/和供应链伙伴的质量可视性，供应链整体的质量可视性也随之提升，由此而来的产品销量和消费者福利的提升，以及可预期的企业管理能力和商誉的提升仍能在很大程度上激励供应商（分销商）参加协调合同。由此可见，基于质量可视性的供应链协调合同具备较强的适用性和稳定性。

表 5-3   完美协调供应链的合同条件

供应链	$T(F)$	$K_1(\varphi)$	$K_2(\varphi = \mu)$
(N)	(26, 67)	(0.26, 0.67)	(0.35, 0.60)
(Y)	(24.55, 73.84)	(0.36, 1.00)	(0.44, 0.75)

从以上讨论中可知，三种协调合同的实现均依赖于特定合同参数的设置，受限于供应链企业的相对地位、市场结构或质量信息私密性等因素，供应商和分销商对 T 合同中的固定费用 F 和 K 合同中的供应商获得分销商的收益共享比例 φ 的谈判能力也不尽相同，这也决定了供应商获取供应链利润的比例 μ。

图 5-3 展示了不同参数下三种合同基于利润的优劣比较。图 5-3（a）和（b）中均有三条实直线将二维坐标系分为 I ～ VI 六个区域，其中，$\varphi = 0.5$ 的竖线将坐标系分为左、右两个区域。站在供应商的立场，在左半区中，K_1 合同 ≻ K_2 合同（≻ 表示占优），在右半区中，K_2 合同 ≻ K_1 合同。因此，在区域 I 中，T 合同 ≻ K_1 合同 ≻ K_2 合同，在区域 II 中，T 合同 ≻ K_2 合同 ≻ K_1 合同，在区域 III 中，K_2 合同 ≻ T 合同 ≻ K_1 合同，在区域 IV 中，K_2 合同 ≻ K_1 合同 ≻ T 合同，在区域 V 中，K_1 合同 ≻ K_2 合同 ≻ T 合同，在区域 VI 中，K_1 合同 ≻ T 合同 ≻ K_2 合同。综合可得，区域 I 和 II 中 T 合同最优，区域 III 和 IV 中 K_2 合同最优，区域 V 和 VI 中 K_1 合同最优，当且仅当 $\varphi = 0.5$ 且 $F^{(N)} = 50$（$F^{(Y)} = 78.13$）时，三种合同实现的利润相同。假设供应商的谈判能力服从均匀分布，比较各区域的位置和面积可知，固定费用谈判能力较强而供应商获得分销商的收益共享比例谈判能力较弱的供应商更偏好 T 合同，固定费用谈判能力和供应商获得分销商的收益共享比例谈判能力均较弱的供应商更偏好 K_1 合同，而供应商获得分销商的收益共享比例谈判能力较强的供应商更偏好 K_2 合同。由于供应链利润只在供应商和分销商之间分配，在相同参数条件下分销商的合同偏好与供应商相反。图 5-3 中长虚线围成的矩形区域中三种合

同均能完美协调供应链，该矩形内供应商和分销商的合同偏好与上述结论一致，此处不再展开。

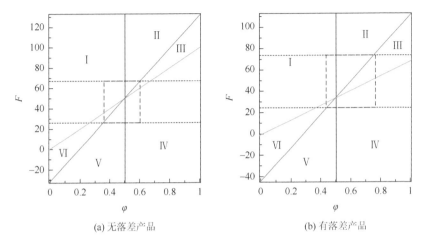

(a) 无落差产品　　　　　　　　　　　(b) 有落差产品

图 5-3　不同参数下的合同对比

　　接下来考察不对称参数设置即质量可视性努力成本系数、质量波动和质量提升幅度对不同供应链合同下决策与结果的影响，分别如表 5-4 和表 5-5 所示。考虑到推论 5-1 和推论 5-4 已证明的参数变化对均衡结果的单调性影响，以前述算例作为基准，在无落差产品供应链中成本和质量参数的一组变化为 ±10% ，在有落差产品供应链中成本和质量参数的一组变化为 ±4% 。表 5-4 和表 5-5 中质量可视性、价格和利润显示的是以基准算例为参照的变化值，上标 "~" 号代表供应链实现完美协调的情形，"=" 号代表数值与基准情形相同。

表 5-4　成本和质量参数对无落差产品供应链决策和结果的影响

决策和结果	基准	$e_S=90$	$e_S=110$	$e_D=90$	$e_D=110$	$\sigma_S^2=18$	$\sigma_S^2=22$	$\sigma_D^2=18$	$\sigma_D^2=22$
v_S^D	0.4	+0.04	−0.04	=	=	−0.04	+0.04	=	=
v_D^D	0.8	=	=	+0.09	−0.07	=	=	−0.08	+0.08
v_S^C	0.8	+0.09	−0.07	=	=	−0.08	+0.08	=	=
v_D^C	0.8	=	=	+0.09	−0.07	=	=	−0.08	+0.08
w^D	$10+0.8\,\Theta_S$	$+0.09\,\Theta_S$	$-0.07\,\Theta_S$	=	=	$-0.08\,\Theta_S$	$+0.08\,\Theta_S$	=	=
p^D	$15+1.2\,\Theta_S$ $+1.6\,\Theta_D$	$+0.13\,\Theta_S$	$-0.11\,\Theta_S$	$+0.18\,\Theta_D$	$-0.15\,\Theta_D$	$-0.12\,\Theta_S$	$+0.12\,\Theta_S$	$-0.16\,\Theta_D$	$+0.16\,\Theta_D$

续表

决策和结果	基准	$e_S=90$	$e_S=110$	$e_D=90$	$e_D=110$	$\sigma_S^2=18$	$\sigma_S^2=22$	$\sigma_D^2=18$	$\sigma_D^2=22$
p^C	$10+1.6\Theta_S$ $+1.6\Theta_D$	$+0.18\Theta_S$	$-0.15\Theta_S$	$+0.18\Theta_D$	$-0.15\Theta_D$	$-0.16\Theta_S$	$+0.16\Theta_S$	$-0.16\Theta_D$	$+0.16\Theta_D$
π_S^D	58	+0.89	-0.73	=	=	-1.52	+1.68	=	=
π_D^D	65	+0.89	-0.73	+3.56	-2.91	-1.52	+1.68	-6.08	+6.72
π_{SC}^D	123	+1.78	-1.46	+3.56	-2.91	-3.04	+3.36	-6.08	+6.72
π_{SC}^C	164	+3.56	-2.91	+3.56	-2.91	-6.08	+6.72	-6.08	+6.72
$\Delta\pi_{SC}$	41	+1.78	-1.45	=	=	-3.04	+3.36	=	=
$\tilde{F}$	(26, 67)	(23.33, 66.11)	(28.18, 67.73)	=	=	(30.56, 68.52)	(20.96, 65.32)	=	=
$\tilde{\varphi}^{K_1}$	(0.26, 0.67)	(0.23, 0.66)	(0.28, 0.68)	=	=	(0.31, 0.69)	(0.21, 0.65)	=	=
$\tilde{\varphi}^{K_2}$	(0.354, 0.604)	(0.351, 0.607)	(0.356, 0.601)	(0.346, 0.591)	(0.360, 0.615)	(0.358, 0.598)	(0.350, 0.609)	(0.367, 0.627)	(0.340, 0.580)

表 5-5　成本和质量参数对有落差产品供应链决策和结果的影响

决策和结果	基准	$e_S=96$	$e_S=104$	$e_D=96$	$e_D=104$	$u_S=1.44$	$u_S=1.56$	$u_D=1.44$	$u_D=1.56$
v_S^D	0.411	+0.019	-0.018	+0.004	-0.004	-0.020	+0.021	-0.008	+0.008
v_D^D	0.411	+0.002	-0.002	+0.022	-0.020	-0.004	+0.004	-0.024	+0.025
v_S^C	0.94	+0.05	-0.05	+0.01	-0.01	-0.06	+0.06	-0.02	+0.02
v_D^C	0.94	+0.01	-0.01	+0.05	-0.05	-0.02	+0.02	-0.06	+0.06
w^D	11.23	+0.06	-0.05	+0.02	-0.01	-0.10	+0.12	-0.02	+0.03
p^D	18.08	+0.10	-0.08	+0.09	-0.07	-0.17	+0.19	-0.15	+0.17
p^C	15.63	+0.18	-0.17	+0.18	-0.17	-0.34	+0.36	-0.34	+0.36
π_S^D	68.49	+0.36	-0.32	+0.71	-0.64	-0.65	+0.70	-1.30	+1.41
π_D^D	38.47	+0.40	-0.36	+0.44	-0.40	-0.74	+0.78	-0.81	+0.88
π_{SC}^D	106.96	+0.76	-0.68	+1.16	-1.04	-1.39	+1.48	-2.11	+2.29
π_{SC}^C	156.25	+1.85	-1.67	+1.85	-1.67	-3.37	+3.67	-3.37	+3.67

续表

决策和结果	基准	e_S =96	e_S =104	e_D =96	e_D =104	u_S =1.44	u_S =1.56	u_D =1.44	u_D =1.56
$\Delta \pi_{SC}$	49.29	+1.09	−0.99	+0.69	−0.63	−1.98	+2.19	−1.26	+1.38
$\tilde{F}$	(24.55, 73.84)	(21.98, 72.37)	(26.81, 75.12)	(24.21, 74.20)	(24.84, 73.50)	(29.07, 76.37)	(19.40, 70.88)	(25.12, 73.15)	(23.87, 74.54)
$\tilde{\varphi}^{K_1}$	(0.36, 1.00)	(0.33, 1.00)	(0.38, 1.00)	(0.37, 1.00)	(0.35, 1.00)	(0.40, 1.00)	(0.30, 1.00)	(0.35, 1.00)	(0.37, 1.00)
$\tilde{\varphi}^{K_2}$	(0.4383, 0.7538)	(0.4355, 0.7542)	(0.4410, 0.7535)	(0.4377, 0.7539)	(0.4389, 0.7537)	(0.4437, 0.7532)	(0.4326, 0.7545)	(0.4395, 0.7537)	(0.4371, 0.7540)

由表 5-4 可知，在无落差产品供应链中，基于质量信息的独立性和博弈中先后次序产生的信息不对称性，供应商的最优质量可视性、批发价格和利润，以及零售价格对供应商质量信息的响应性仅与供应商的质量和成本参数相关，且均随质量可视性努力成本系数的增大而降低，随质量波动的增大而升高，与分销商参数无关；分销商的最优质量可视性和零售价格仅与其自身参数相关，且同样随质量可视性努力成本系数的减小、质量波动的增大而升高；分销商、供应链利润则与供应商和分销商的参数均相关，随任一质量可视性努力成本系数的减小、任一质量波动的增大而升高。另外，集中决策情形下供应链利润相比于分散决策情形下供应链利润的提升（$\Delta \pi_{SC}$）远高于任一参数变化对供应链利润的提升，这说明在具备谈判条件时，实现供应链完美协调始终是供应链企业的首选；在无法达成协调合同或已经实现协调的供应链中，供应链决策者在降低质量波动以提高质量的同时，可寻求降低上下游的质量可视性努力成本系数，如采用或租赁更成熟的质量可视性系统，以维持乃至提升质量可视性及期望利润。

T 和 K_1 合同完美协调时的谈判项固定费用 $\tilde{F}$ 和供应商获得分销商的收益共享比例 $\tilde{\varphi}^{K_1}$ 仅与供应商自身的成本和质量参数相关，K_2 合同的供应商获得分销商的收益共享比例 $\tilde{\varphi}^{K_2}$ 则与供应商和分销商的参数均相关。随供应商质量可视性努力成本系数的减小、质量波动的增大，$\tilde{F}$ 和 $\tilde{\varphi}^{K_1}$ 的取值范围均扩大；随任一质量可视性努力成本系数的减小、质量波动的增大，$\tilde{\varphi}^{K_2}$ 的取值范围均扩大。这意味着在此种参数变化趋势下，供应商和分销商更容易达成供应链完美协调的条件，从而降低供应链完美协调的谈判难度，反之则会提高供应链完美协调的谈判难度。

由表 5-5 可知，在有落差产品供应链中，基于产品质量级联性和企业持有信息的对称性，任一质量可视性、价格和利润与任一质量可视性努力成本系数和质量提升幅度均相关，且随任一质量可视性努力成本系数的减小、质量提升幅度的增加而升高。因此，提高任一企业的质量提升幅度或降低任一质量可视性努力成本系数对供应商和分销商均是有利的。不过类似无落差产品供应链，实现供应链完美协调可大幅提升供应链总体利润，在供应链上下游企业具备适当的谈判能力情况下，完美协调供应链仍是其首选。

提高任一企业的质量提升幅度或降低任一质量可视性努力成本系数均会降低 T 和 K_2 合同完美协调的门槛。对于 K_1 合同，降低其完美协调门槛的条件是供应商的质量提升幅度增加、质量可视性努力成本系数减小，或者分销商的质量提升幅度降低、质量可视性努力成本系数增加，这是因为在分散决策情形下，分销商的质量提升幅度单方面增加或质量可视性努力成本系数单方面减小时，供应商将会通过博弈领导地位侵占更多的额外利润，而他在 K_1 合同中的最小保留利润不变，因此需要给他分配更大的收益共享比例才能够满足使其脱离批发价格合同的激励相容条件，这样就增加了供应链实现完美协调的难度。

5.7 结论与管理启示

本章针对两级供应链中均对产品质量负责的供应商和分销商，先后构建了不同市场成熟度产品类型下的供应链模型，在指出供应链分散决策相比集中决策存在改进空间的基础上，提出了能够完美协调基于上下游质量可视性的供应链的三种组合合同，其中包括一种新的依据质量可视性努力进行线性收费的收益共享合同，进而对比了各合同的优劣势和适用性，最后通过算例研究验证了所提出的协调机制的可行性和稳定性。研究结论可为企业在产品不同市场成熟阶段进行质量可视性决策和提升供应链质量可视性提供理论参考与方法指导。

（1）对于企业和消费者的质量期望之间有落差和无落差（即市场不成熟和市场成熟）两种产品类型，分散决策情形下的供应链整体的质量可视性和整体利润均低于集中决策情形，其中，有落差产品供应链的上下游质量可视性及其效应均较低，无落差产品供应链的上游质量可视性及其效应较低而下游质量可视性及其效应相同。实现供应链协调对提升供应链质量可视性和利润具有重要价值，特别是对有落差产品（如进行质量升级的产品）更为显著。

（2）在不同的参数条件下，带质量可视性努力控制的两部收费合同（T 合同）、考虑对努力线性收费的收益共享合同（K_1 合同）或考虑整体努力成本分担的收益共享合同（K_2 合同）均能完美协调包含上下游昂贵的质量可视性努力的供应链，消除分散决策带来的双重边际化并对齐上下游的质量可视性决策。合同中的关键协调参数即固定费用、供应商获得分销商的收益共享比例均取决于上下游企业双方的相对谈判能力，企业应根据自身能力及在供应链中的地位谋求更有利于自身的合同款式和利润分配比例。

（3）带质量可视性努力控制的两部收费合同（T 合同）和考虑整体努力成本

分担的收益共享合同（K_2 合同）允许任意分配供应链利润，而考虑对努力线性收费的收益共享合同（K_1 合同）只能在有限区间内分配供应链利润，不过它能够让企业保留自身最大化的质量可视性直接效应，有利于保护处于后动劣势或谈判能力不强的一方不受过度的利润侵害。

（4）供应链企业的质量波动或质量提升幅度增大、质量可视性努力成本系数减小时，相应企业及供应链整体的质量可视性和期望利润均会升高，进而会扩大供应链完美协调时协调参数的取值范围，降低供应链实现完美协调的难度。不过，下游分销商单方面的质量或成本参数变化可能对供应链完美协调无影响（无落差产品供应链的 T 和 K_1 合同）或存在负面影响（有落差产品供应链的 K_1 合同）。

5.8　本 章 小 结

本章研究了质量信息同时来源于供应链上游供应商和下游分销商的供应链结构，分析了对于不同市场成熟度的产品在集中决策和分散决策时的最优质量可视性决策，分别提出了完美协调价格决策和质量可视性决策的供应链合同组合及其适用条件，并验证了决策和协调方法的可行性与稳定性。研究结果可为企业在产品的不同市场成熟阶段进行质量可视性决策和价格决策提供参考，并且提出的多种具有可操作性的供应链协调方法有助于供应链管理者实现供应链质量可视性和利润的最优化。

第6章　多级供应网络的质量可视性优化策略

6.1　概　　述

食品行业是供应链质量可视性应用的重点行业。近年我国发生的多起大范围食品质量安全事件（如三聚氰胺事件、塑化剂事件、地沟油事件）给人民群众的生命健康和经济社会的稳定发展造成了极大危害，事件中食品制造商对供应链上游的风险管控不力，凸显了多级食品供应链的质量安全控制难题。

食品供应链一般涉及种植/养殖、加工、配送、销售等多个环节，任一环节发生食品变质或污染均会导致食品供应中断，并可能引发恶劣的质量安全事故。现今透明厨房、实时物流查询、食品可追溯二维码等服务的流行反映了人们期望通过食品信息的"可视"来即时获知食品质量安全状况，进而规范相关食品企业的行为。然而由于成本、可追溯标准混乱及投机行为等因素制约，食品供应商并不都能提供足够的可视性和质量保证。例如，2021年我国外卖行业市场规模突破1万亿元，而在这个看似已经全面信息化的热门行业中，商家卫生不达标、食品包装有害物质超标等负面新闻仍屡见报端。因此，担负食品安全主体责任的食品企业或平台在控制质量风险时需要全面考虑供应链上游的质量与可视性状况。

食品产品的生化特性使得食品供应链和其他供应链之间存在明显差异，主要表现为：从供应链上游到下游，即使不存在意外干扰，食品产品质量也随时间推移一直存在连续的变动[154, 155]。这种变动一方面来自生产制造企业对食品进行的"内部"加工，另一方面来自连接各成员间的"外部"运输。食品产业的全球化促进了跨地域的食品运输，食品质量变动受物流的影响也越来越大，特别是对于生鲜、易腐食品，物流环境如温度、湿度、清洁程度不达标极易引发食品变质或污染[156, 157]，因此，安全可靠的生产和物流网络配置是降低食品质量风险的前提。Reiner和Trcka[158]利用仿真技术讨论了考虑生产周期和配送提前期的食品供应链设计问题；刘凯飞等[157]考虑变质和运输风险建立成本最小化模型，解决了易腐食品供应链的计划问题；赵霞和窦建平[159]针对农产品的生产和配送建立了以成本最小化为目标的混合整数规划模型；Ting等[160]开发了一个供应链质量可持续性支持系统，以帮助管理者制订有效的物流计划；Wilhelm等[161]、Song和Zhuang[162]采用食品企业的案例通过实证或建模讨论了供应商在多级食品供应链中的作用。然而除部分文献关注了食品变质和库存管理的关系外[157, 163]，这类研究均未考虑供应链从上游到下游给食品质量带来的瀑布效应[50, 154]。

供应链的延展还带来了更多的不透明性和中断风险[2, 3]，而较高的风险可视性能将质量威胁降至最低进而提升消费者信心[13, 50]。在食品行业中难以获得供应商对食品原料的操作信息（如即时温度）[51]，此时可视性带来的风险透明就更为重要，因此供应链可视性管理被视作食品供应链质量风险控制和安全管理的原则之一[33, 56, 164]。在发达国家，食品制造商提供足够的食品可视性早已成为法律义务[13]。我国近年来也开始构建食品行业生产企业的信息可视化和质量追溯系统，例如，要求婴幼儿配方奶粉的生产加工必须收集牧场和奶站、冷链运输的相关核心信息，对移动互联网进行战略性布局以实现食品信息和风险的实时可见可追溯。供应链领域的学者重点评估了提升供应链可视性对风险管理的益处[23, 24, 165]，并提出进一步的风险管控方案。例如，Tse 和 Tan[30, 50]采用边际增长分析的方法提出了多级供应链产品质量风险的可追溯的供应商选择路径；Yu 和 Goh[28]、Nooraie 和 Mellat Parast[33]均借助多目标规划构建了整合风险与可视性的供应商选择和订单分配模型。在食品方面，Brusset[57]采用来自食品、零售领域的数据进行实证研究，发现供应链可视性能增强供应链敏捷性；Wang 和 Yue[166]构建一种食品安全预警系统，采用 RFID 等物联网技术和关联规则挖掘方法来实现风险可视；其他相关研究也多聚焦于如何利用 RFID 等技术实现供应链的可视性[13, 49, 155]，缺乏基于供应链可视性进行食品质量风险控制的研究。

因此，本章同时关注食品原料供应商和物流商给供应链质量与可视性带来的连续影响，以保证食品连续的质量水平和供应链可视性来实现食品质量风险控制。此外，现实中决策制定者对决策准则和目标约束的认知往往是不精确的或模糊的[85]，故应建立供应链成本最小化、供应链产品质量最大化和供应链可视性最大化的模糊多目标规划模型。针对不同的食品原料种类，采用改进的模拟退火算法配合加权上下界法得出供应商和物流商最优组合策略与订货分配方案，并通过算例说明模型的现实有效性和管理意义。

6.2　模型描述

食品供应链从"农田到餐桌"的链条通常包含大量的种植者或养殖者、初级加工企业、主要制造商、物流商、零售商及消费者等。简明起见，本章考虑一条面向市场销售某种食品的三级食品供应链，该供应链包括一个作为核心制造商的食品制造商及其上游的原料供应商、负责运输原料的物流商，假设供应商和物流商均存在多个同质的竞争者（图 6-1）。制造商从供应商处采购同一种食品原料，并为选定的每个供应商指派唯一的物流商，由此建立的多目标规划模型如下。

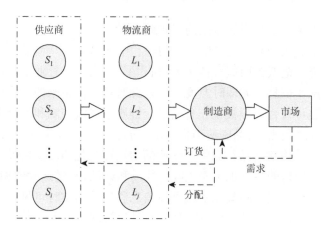

图 6-1　三级食品供应链示意图

参考 Caridi 等[21]提出的方法，供应链可视性 $v = \sum_{k \in K}(v_k \cdot w_k)$，其中，供应链中节点企业的可视性 $v_k = \sqrt{\underset{n \in N}{G}(J_{k,\text{qat},n}) \cdot \underset{n \in N}{G}(J_{k,\text{qal},n})}$，$K, N$ 分别为供应链节点企业集合和制造商获得的信息类型集合，$J_{k,\text{qat},n}$ 为制造商获得节点 k 的第 n 类信息的信息数量评价值（qal 代表信息质量），G 为几何均值运算，w_k 为各节点可视性的权重，本章中供应链可视性由供应商和物流商的可视性组成，两者对制造商同等重要，故取相同权重，均为1/2。

本章符号的含义如下：i 为供应商的编号；j 为物流商的编号。本章参数的含义如下：D 为原料总需求量；B_i 为供应商 i 的最大供应能力；A_i 为供应商 i 的最小生产量；U_j 为物流商 j 的最大运输能力；c_i 为从供应商 i 购买单位原料的价格；p_j 为物流商 j 单位路程时间内运输单位原料的费用；t_i 为供应商 i 到制造商的路程时间；v_i^S 为供应商 i 的可视性；v_j^L 为物流商 j 的可视性；v_0 为单位原料的最低可视性限值；q_i 为供应商 i 提供的原料质量水平；θ_j 为物流商 j 运输过程中的质量衰减率；q_0 为原料送至制造商的最低质量水平限值。本章决策变量的含义如下：X_i 代表是否向供应商 i 订货；Q_i 代表供应商 i 得到的订货量；Y_j 代表是否选择物流商 j 提供运输服务；Z_{ij} 代表是否选择物流商 j 为供应商 i 提供运输服务。

目标函数如下：

$$\text{Min Cost}: F_1 = \sum_i c_i Q_i + \sum_i \sum_j p_j t_i Q_i Z_{ij} \tag{6-1}$$

$$\text{Max Quality}: F_2 = \sum_i \sum_j q_i \mathrm{e}^{-\theta_j t_i} Q_i Z_{ij} \tag{6-2}$$

$$\text{Max Visibility}: F_3 = \sum_i \sum_j \frac{1}{2}(v_i^S + v_j^L) Q_i Z_{ij} \tag{6-3}$$

s.t.

$$\sum_i Q_i = D \tag{6-4}$$

$$A_i X_i \leqslant Q_i \leqslant B_i X_i, \forall i \tag{6-5}$$

$$\sum_i Q_i Z_{ij} \leqslant U_j Y_j, \forall j \tag{6-6}$$

$$\sum_j Z_{ij} = 1, \forall i \tag{6-7}$$

$$q_i \mathrm{e}^{-\theta_j t_i} Z_{ij} \geqslant q_0 Z_{ij}, \forall i, j \tag{6-8}$$

$$\frac{1}{2}(v_i^S + v_j^L) Z_{ij} \geqslant v_0 Z_{ij}, \forall i, j \tag{6-9}$$

$$Q_i \in \mathbf{N}, \forall i \tag{6-10}$$

$$X_i, Y_j, Z_{ij} \in \{0,1\}, \forall i, j \tag{6-11}$$

式（6-1）是成本最小化目标，包括原料订货成本和物流成本。式（6-2）是质量最大化目标，$q(t) = q_i \mathrm{e}^{-\theta_j t_i}$ 为质量衰减函数，表示运输一定时间后剩余的合格食品比例或食品残余的质量水平；质量衰减率 θ_j 与物流商 j 的运输状况紧密相关，物流商 j 的运输状况越好，质量衰减率 θ_j 越小，可由历史数据拟合而得[49]。式（6-3）是供应链可视性最大化目标。式（6-4）保证订货总量满足总需求量。式（6-5）保证对每个供应商的订货量在其最小能力和最大能力范围之内。式（6-6）保证给每个物流商的分配量不超过其最大运输能力。式（6-7）保证每个供应商的供货只分配给一个物流商。式（6-8）和式（6-9）保证接收质量和可视性均不低于最低限值。式（6-10）和式（6-11）规定了决策变量的取值范围。

因目标约束及管理决策存在模糊性，故将此模型转变为模糊多目标规划模型[28, 85]。模型中的"~"号指代模糊环境。为免冗余，此处未列出式（6-5）～式（6-11）。

$$\mathrm{Min} \ \tilde{F}_1 \cong \sum_i c_i Q_i + \sum_i \sum_j p_j t_i Q_i Z_{ij} \tag{6-12}$$

$$\mathrm{Max} \ \tilde{F}_2 \cong \sum_i \sum_j q_i \mathrm{e}^{-\theta_j t_i} Q_i Z_{ij} \tag{6-13}$$

$$\mathrm{Max} \ \tilde{F}_3 \cong \sum_i \sum_j \frac{1}{2}(v_i^S + v_j^L) Q_i Z_{ij} \tag{6-14}$$

s.t.

$$\sum_i Q_i \cong D \tag{6-15}$$

6.3　算法设计

6.3.1　模糊多目标规划问题的解决步骤

采用 Amid 等[85]提出的加权上下界方法来解决该规划问题，主要步骤如下。

（1）根据已知准则和约束构建模糊多目标规划模型。

（2）忽略其他目标，在已有约束下依次找到每个单目标函数的最大值 F^+ 和最小值 F^-。

（3）构造隶属度函数。对于最小化目标 F_m、最大化目标 F_n 和模糊约束 G_k，分别有

$$\mu_{F_m}(x) = \begin{cases} 1, & F_m(x) \leqslant F_m^- \\ \dfrac{F_m^+ - F_m(x)}{F_m^+ - F_m^-}, & F_m^- < F_m(x) < F_m^+ \\ 0, & F_m(x) \geqslant F_m^+ \end{cases} \tag{6-16}$$

$$\mu_{F_n}(x) = \begin{cases} 1, & F_n(x) \geqslant F_n^- \\ \dfrac{F_n(x) - F_n^-}{F_n^+ - F_n^-}, & F_n^- < F_n(x) < F_n^+ \\ 0, & F_n(x) \leqslant F_n^+ \end{cases} \tag{6-17}$$

$$\mu_{G_k}(x) = \begin{cases} 1, & G_k(x) \leqslant b_k \\ \dfrac{b_k + d_k - G_k(x)}{d_k}, & b_k < G_k(x) < b_k + d_k \\ 0, & G_k(x) \geqslant b_k + d_k \end{cases} \tag{6-18}$$

其中，$m=1,2,\cdots,M; n=M+1,M+2,\cdots,M+N; k=1,2,\cdots,K$，$d_k$ 为第 k 个不等式约束的最大容忍区间。

（4）根据决策者偏好重构多目标模糊规划模型为单目标规划。其中，w_m、w_n 和 η_k 分别为最大化、最小化目标函数和约束函数的权重，λ_m、λ_n 和 γ_k 则分别对应其实现水平，这里同样沿用式（6-5）～式（6-11）。

$$\text{Max}\,\sigma = \sum_{m=1}^{M} w_m \lambda_m + \sum_{n=M+1}^{M+N} w_n \lambda_n + \sum_{k=1}^{K} \eta_k \gamma_k \tag{6-19}$$

s.t.

$$\lambda_m \leqslant \mu_{F_m}(x) \tag{6-20}$$

$$\lambda_n \leqslant \mu_{F_n}(x) \qquad (6\text{-}21)$$

$$\gamma_k \leqslant \mu_{G_k}(x) \qquad (6\text{-}22)$$

$$\sum_{m=1}^{M} w_m + \sum_{n=M+1}^{M+N} w_n + \sum_{k=1}^{K} \eta_k = 1 \qquad (6\text{-}23)$$

$$\lambda_m, \lambda_n, \gamma_k, w_m, w_n, \eta_k \in [0,1] \qquad (6\text{-}24)$$

（5）计算单目标规划的最优解。

6.3.2　单目标规划两级决策的算法设计

在 6.3.1 节步骤（2）和步骤（5）的单目标规划求解过程中存在多个决策变量，制造商需要同时确定包括订货和运输的两级方案，在供应网络节点较多时该问题就成为非确定性多项式难（non-deterministic polynomial - hard，NP-Hard）问题。先考虑运输决策变量 Z_{ij}，在既定的运输策略下反推出最合要求订货决策变量 Q_i。问题的求解则采用对初始解依赖性弱且具有较好求解效率的模拟退火算法，并对其进行改进，算法设计如下。

（1）初始化。设置模拟退火计划表，给定初始温度 T；随机产生初始解的运输向量 Z；根据各供应商的边际能量，优先向能量最低的供应商订货直至满足需求，得到订货向量 Q；记最优解 $Z^* = Z$，$Q^* = Q$。

（2）执行邻域函数，生成新解 Z' 并反推得该运输策略下的 Q'。

（3）若 $\min\{1, \exp[-(F(Z') - F(Z))/T]\} \geqslant \mathrm{random}[0,1]$，记录当前解 $Z = Z'$，$Q = Q'$，其中，$F(Z)$ 为能量函数；若 $F(Z') - F(Z^*) < 0$，记录最优解 $Z^* = Z'$，$Q^* = Q'$。

（4）若满足同温度下的抽样稳定准则，执行降温 $T = kT(0 < k < 1)$；否则返回步骤（2）。

（5）若满足算法终止准则，终止算法，输出最优解 Z^* 和 Q^*；否则返回步骤（2）。

6.4　算　例　研　究

考虑 10 个供应商和 5 个物流商的情况，原料总需求量 $D = 1000$ 千克。为尽量保证一般性，在相应的合理区间内随机生成供应商和物流商的各项参数（假设各节点企业的可视性已获得标准化结果），如表 6-1 和表 6-2 所示。最低质量水平限值 q_0 和可视性限值 v_0 均取 0.70。

表 6-1 供应商参数值

供应商	最小生产量 A_i / 千克	最大供应能力 B_i /千克	单位价格 c_i （元/千克）	路程时间 t_i / 小时	质量水平 q_i	可视性 v_i^s
S_1	30	240	43	4.8	0.91	0.84
S_2	65	260	37	2.4	0.86	0.91
S_3	30	250	44	4.2	0.92	0.87
S_4	60	420	42	1.1	0.99	0.83
S_5	40	360	44	3.7	0.97	0.85
S_6	20	390	30	1.9	0.81	0.85
S_7	15	210	39	2.7	0.90	0.85
S_8	90	400	38	2.2	0.93	0.83
S_9	55	480	42	1.5	0.94	0.90
S_{10}	25	200	31	3.9	0.85	0.90

表 6-2 物流商参数值

物流商	最大运输能力 U_j /千克	单位费用 p_j /（元/（千克·小时））	质量衰减率 θ_j /小时$^{-1}$	可视性 v_j^L
L_1	900	3.2	0.03	0.88
L_2	800	3.5	0.05	0.84
L_3	750	4.0	0.02	0.90
L_4	850	3.6	0.03	0.82
L_5	600	4.7	0.01	0.89

基于式（6-5）～式（6-15）建立模糊多目标规划模型，分别计算出单目标上下界，所得隶属函数数据集如表 6-3 所示。根据式（6-16）～式（6-18）分别建立三个目标函数和约束函数的隶属函数。

表 6-3 隶属函数数据集

目标与约束	$\mu = 0$	$\mu = 1$	$\mu = 0$
F_1 （成本）/元	—	41235.40	60504.80
F_2 （质量）	735.04	946.99	—
F_3 （可视性）	827.55	899.10	—
G_1 （订货总量）/千克	950	1000	1100

注：本节余下的分析过程中一律省去各参数的单位。

$$\mu_{F_1}(x) = \begin{cases} 1, & F_1(x) \leqslant 41235.40 \\ \dfrac{60504.80 - F_1(x)}{19269.40}, & 41235.40 < F_1(x) < 60504.80 \\ 0, & F_1(x) \geqslant 60504.80 \end{cases} \quad (6\text{-}25)$$

$$\mu_{F_2}(x) = \begin{cases} 1, & F_2(x) \geqslant 946.99 \\ \dfrac{F_2(x) - 735.04}{211.95}, & 735.04 < F_2(x) < 946.99 \\ 0, & F_2(x) \leqslant 735.04 \end{cases} \quad (6\text{-}26)$$

$$\mu_{F_3}(x) = \begin{cases} 1, & F_3(x) \geqslant 899.10 \\ \dfrac{F_3(x) - 827.55}{71.55}, & 827.55 < F_3(x) < 899.10 \\ 0, & F_3(x) \leqslant 827.55 \end{cases} \quad (6\text{-}27)$$

$$\mu_{G_k}(x) = \begin{cases} \dfrac{1100 - G_k(x)}{100}, & 1000 \leqslant G_k(x) \leqslant 1100 \\ \dfrac{G_k(x) - 950}{50}, & 950 \leqslant G_k(x) < 1000 \\ 0, & G_k(x) > 1100 \text{或} G_k(x) < 950 \end{cases} \quad (6\text{-}28)$$

假设制造商对成本、质量、可视性目标和订货总量约束的偏好没有差别（H0），基于式（6-19）～式（6-24）将模糊多目标规划重构为单目标规划模型（式（6-29）～式（6-34）），继续沿用式（6-5）～式（6-11），解该单目标规划得到对称权重下的最优解集，如表 6-4 所示。

$$\text{Max } \sigma = 0.25(\lambda_1 + \lambda_2 + \lambda_3 + \gamma_1) \quad (6\text{-}29)$$

s.t.

$$\lambda_1 \leqslant \frac{60504.80 - F_1(x)}{19269.40} \quad (6\text{-}30)$$

$$\lambda_2 \leqslant \frac{F_2(x) - 735.04}{211.95} \quad (6\text{-}31)$$

$$\lambda_3 \leqslant \frac{F_3(x) - 827.55}{71.55} \quad (6\text{-}32)$$

$$\gamma_1 \leqslant \frac{G_k(x) - 950}{50} \quad (6\text{-}33)$$

$$\gamma_1 \leqslant \frac{1100 - G_k(x)}{100} \quad (6\text{-}34)$$

表 6-4 不同偏好下的最优解集

解集		H0: 对称权重 (0.25)	H1: 主要原料 (0.3,0.3,0.3,0.1)	H2: 辅助原料 (0.4,0.3,0.2,0.1)	H3: 高端原料 (0.2,0.4,0.3,0.1)
订货组合		S_2-L_3:117			
		S_4-L_5:420	S_4-L_5:420	S_4-L_3:420	S_4-L_3:420
		—	S_6-L_3:121	S_6-L_1:276	S_6-L_3:122
		S_9-L_3:480	S_9-L_3:480	S_9-L_3:330	S_9-L_5:480
F_1		48303.60	47401.00	45286.10 (−4.46%)	47619.20 (+0.46%)
F_2		945.02	943.47	918.96 (−2.60%)	946.37 (+0.31%)
F_3		899.09	899.08	899.04 (−0.00%)	899.65 (+0.06%)
G_1		1017	1021	1026 (+0.49%)	1022 (+0.10%)
λ_1		0.6332	0.6800	0.7898 (+16.14%)	0.6687 (−1.67%)
λ_2		0.9907	0.9834	0.8677 (−11.76%)	0.9971 (+1.39%)
λ_3		0.9998	0.9997	0.9992 (−0.05%)	1.0000 (+0.03%)
γ_1		0.8300	0.7900	0.7400 (−6.33%)	0.7800 (−1.27%)
σ		0.8634	0.8779	0.8501 (−3.17%)	0.9106 (+3.72%)

现实环境下考虑食品具有日常消费属性，制造商对食品原料的订货总量要求一般较为宽松，因此将约束权重 η_1 降低为 0.1。此外，对于不同种类的食品原料，制造商对成本、质量和可视性三个目标的偏好也各不相同：（H1）若该种食品原料是制造商所使用的主要原料，制造商则会平衡三个目标，此时 $w_1 = w_2 = w_3 = 0.3$；（H2）若该种食品原料是制造商所使用的辅助原料，如水、调味料等辅料，那么在保证质量的前提下成本将是制造商最关心的目标，辅料自身加工环节相对较少，物流配送也相对简单，故可视性要求可适当放松，此时 $w_1 = 0.4$，$w_2 = 0.3$，$w_3 = 0.2$；（H3）若该种食品原料是制造商所使用的高端原料，那么质量则是首要目标，成本的敏感性下降，此时 $w_1 = 0.2$，$w_2 = 0.4$，$w_3 = 0.3$。表 6-4 展示了这三种情形下的最优解集，其中，H2 和 H3 两列括弧内数值表示相比 H1 的变化程度。

对比订货组合：①H0~H3 的最佳组合中均有供应商 S_4、S_9 和物流商 L_3。S_4 具有最短的路程时间和最高的质量水平，S_9 在路程时间、质量水平和可视性上都位于前三，L_3 则具有最好的可视性和次好的质量衰减率。由此可见，这三名厂商在成本、质量和可视性指标上的整体表现最均衡，因此制造商可考虑将其列为 A 类供应商，与之建立最稳固的合作关系。②相比 H1，H2 更注重成本指标，最佳订货组合中 S_4-L_5 → S_4-L_3，S_6-L_3 → S_6-L_1，S_9-L_3 → S_9-L_3（150 千克），这是因为后者的成本均比前者的成本更低，尤其是 S_6 和 L_1 分别具有最低的单位价格和单位费用，在采购配料时选取它们最经济。③相比 H1，H3 更注重质量指标，最佳订货组合中 S_4-L_5→S_4-L_3，S_9-L_3→S_9-L_5，这是因为高端原料对物流配送中的质量保证更敏感，而 L_5 具有最低的质量衰减率，故选择它承担更多的运输任务。④相比 H2，H1 更注重可视性指标，L_3 和 L_5 的可视性在物流商中占据前两位，因此优先选择它们承担所有的运输任务。

观察 H0～H3，供应链质量的实现水平 λ_2 均在 0.86 以上，供应链可视性的实现水平 λ_3 更是稳定在 0.99 以上，表明该模糊多目标规划模型能够很好地控制到货原料的质量水平和可视性。从 H0 到 H1，订货总量约束权重由 0.25 降为 0.1，订货总量的实现水平出现了下降；从 H1 到 H2，成本权重上升、可视性权重下降，两者的实现水平随之变化；从 H1 到 H3，成本权重下降、质量权重上升，两者的实现水平同样随之变化。由此可见，在其他指标权重保持相对不变的情况下，某一指标权重的增加（或降低）能够起到对指标的强化（或弱化）作用，因此决策者采用该模型可以有效地达成并调整既定目标。

特别地，尽管较高的可视性权重能够促成较高的供应链可视性的实现水平 λ_3，但是这仅能保证供应链累积可视性最大。为获知零售商接收的原料可视性的平均水平，我们对比了各订货总量下四种情形的最优供应链可视性均值，如图 6-2 所示。随着订货总量的增加，每种情形的最优可视性均值均出现先平后降的总体趋势，意味着零售商在订货时总是能优先采购具有最大可视性的组合，直到达到最大可视性实现水平后，才会考虑牺牲可视性去满足成本和质量目标。图中的 4 个带标签的点代表了四种情形下的最优订货方案对应的可视性均值，均在各自曲线最大值附近取得，且 H1＞H3＞H2 与三种情形下可视性权重的排序相一致（分别为第 1、第 2 和第 3），这表明可视性均值也和可视性权重有关。

进一步观察发现，从 H0 到 H1 订货总量出现了上升，最优成本目标却在质量目标和可视性目标下降不多的情况下出现了不小的下降。从 H0 到 H1 订货组合只由 S_2-L_3 变为 S_6-L_3，后者的单位费用显著低于前者，可见订货总量并非影响成本目标的主要因素。从 H1 到 H3，成本目标的上升伴随着质量目标的同步上升，成本目标与质量目标似乎存在明显的伴生关系。为考察这种关系，我们绘制了四种情形下各目标及约束的实现水平随订货总量的变化趋势图，发现各情形下曲线变化类似，此处以 H1 情形为代表列出，如图 6-3 所示。由此可见，λ_1 与 λ_2 的曲线几乎是水平对称的，表明成本目标和质量目标确实存在显著的相关关系。这是因为不同的供应商和物流商组合导致成本目标和质量目标的组合存在多个帕累托最优，而可视性目标组合之间的差异相对不明显，在当前权重下订货总量=1021 处 σ 有最大值。当订货总量变化时，由于能力约束和模糊目标上下限的限制，需要调整供应商和物流商组合以达到新的帕累托最优，成本目标和质量目标的实现水平会同时发生"跳跃"。因此，在管控供应链质量风险时，制造商需要格外关注与风险存在显著关联的指标，以防在风险改善效果不明显的指标上浪费资源。

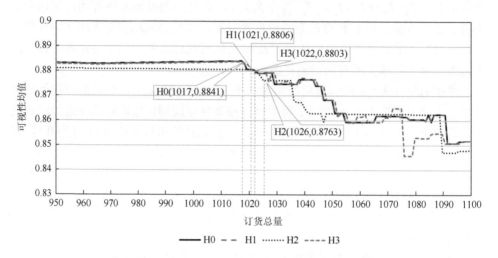

图 6-2　各订货总量下不同情形的最优供应链可视性均值对比

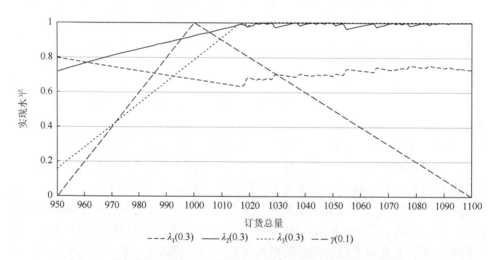

图 6-3　目标权重对称（H1）情形下各目标及约束的实现水平变化趋势

6.5　结论与管理启示

本章通过建立成本最小化、质量最大化和供应链可视性最大化的模糊多目标规划模型，研究多个供应链目标下的食品供应链质量风险控制和决策优化问题。在需求、供应商和物流商的能力约束下，同时考虑了供应商和物流商对供应链食品质量水平和可视性的连续影响，针对不同的食品原料种类，采用改进的模拟退火算法配合加权上下界法得出供应商和物流商最优组合策略与订货分配方案，并通过算例说明模型的现实有效性和管理意义。所得研究结论可为企业在管理供应链质量风险时有效平衡成本、质量和信息投入的关系提供理论依据，并为企业进行模糊多目标决策提供方法参考。

（1）本章所提供的问题解决方案针对决策准则和目标约束对于决策制定者往往是模糊、不精确的现实情境，通过隶属度函数转换获取多目标帕累托前沿，对于不同种类的食品原料，该方法能够帮助制造商识别最稳定的合作伙伴组合，并能保证较高的供应链质量水平和可视性，从而有效地控制供应链质量风险。在其他指标权重保持相对不变的情况下，某一指标权重的增加（或降低）能够起到对指标的强化（或弱化）作用，供应链决策者采用该模型可以有效地达成或调整既定目标，实现最优的供应网络配置。

（2）成本目标和质量目标的实现水平存在显著的负相关关系，而供应链质量可视性目标的实现水平随订货总量增长先与成本目标负相关之后呈现几乎无相关性，这是因为不同的供应商和物流商组合导致成本目标和质量目标的组合存在多个帕累托最优，而质量可视性随订货总量累积到最高实现水平后不再增长。因此在管控供应链质量风险时，制造商需要格外关注与风险存在显著关联的指标，以防在风险改善效果不明显的指标上浪费资源。不过，最优可视性均值出现先平后降的总体趋势，这表明零售商在订货时会优先考虑供应链质量可视性，直到达到最大可视性实现水平后，才会考虑牺牲可视性目标去满足成本目标和质量目标。

（3）本章所提出的模糊多目标规划解决方法具有较高的稳健性，对于随机产生的符合要求的数据集均可高效地获得最优解集，改进的模拟退火算法能提升问题解决效率，有效应对较大规模的供应网络组合问题，也可用于供应链其他模糊或精确多目标决策的求解和优化、供应网络设计和资源配置等场景中。

6.6　本章小结

供应链可视性管理在食品行业和物流领域的应用越来越广泛，本章研究了多级供应网络中对于质量可视性等目标的多目标模糊优化问题，通过供应链成本最小化、供应链产品质量最大化和供应链可视性最大化的模糊多目标规划模型，采用改进的模拟退火算法配合加权上下界法得到供应商和物流商最优组合策略与订货分配方案。研究成果可为企业在供应链质量可视性管理和质量成本、质量风险管理等方面提供理论依据，并为企业进行模糊多目标决策提供方法参考。

参 考 文 献

[1] GEODIS. 2017 Supply chain worldwide survey[R]. Levallois: Geodis Freight Forwarding, 2017.

[2] MARUCHECK A, GREIS N, MENA C, et al. Product safety and security in the global supply chain: Issues, challenges and research opportunities[J]. Journal of Operations Management, 2011, 29 (7-8): 707-720.

[3] SPEIER C, WHIPPLE J M, CLOSS D J, et al. Global supply chain design considerations: Mitigating product safety and security risks[J]. Journal of Operations Management, 2011, 29 (7-8): 721-736.

[4] SHEFFI Y. Preparing for disruptions through early detection[J]. MIT Sloan Management Review, 2015, 57 (1): 31-42.

[5] KUMAR S, SCHMITZ S. Managing recalls in a consumer product supply chain-root cause analysis and measures to mitigate risks[J]. International Journal of Production Research, 2011, 49 (1): 235-253.

[6] SODHI M S, TANG C S. Research opportunities in supply chain transparency[J]. Production and Operations Management, 2019, 28 (12): 2946-2959.

[7] GARTNER. Smart insights for the real-time transportation visibility and monitoring solution market[R]. Stamford: Gartner, Inc., 2019.

[8] HALLER K, LEE J, CHEUNG J. Meet the 2020 consumers driving change[R]. Armonk: IBM, 2020.

[9] WANG Y, HAN J H, BEYNON-DAVIES P. Understanding blockchain technology for future supply chains: A systematic literature review and research agenda[J]. Supply Chain Management: An International Journal, 2019, 24 (1): 62-84.

[10] EL BENNI N, STOLZ H, HOME R, et al. Product attributes and consumer attitudes affecting the preferences for infant milk formula in China – A latent class approach[J]. Food Quality and Preference, 2019, 71: 25-33.

[11] ZETES. Visibiity: Unlocking sustainable competitive advantage across the retail supply chain[R]. Brussels: Zetes, 2019.

[12] MARSHALL D, MCCARTHY L, MCGRATH P, et al. What's your strategy for supply chain disclosure?[J]. MIT Sloan Management Review, 2016, 57 (2): 36-45.

[13] MUSA A, GUNASEKARAN A, YUSUF Y. Supply chain product visibility: Methods, systems and impacts[J]. Expert Systems with Applications, 2014, 41 (1): 176-194.

[14] MCINTIRE J S. Supply chain visibility: From theory to practice[M]. London: Routledge, 2016.

[15] FRANCIS V. Supply chain visibility: Lost in translation?[J]. Supply Chain Management: An

International Journal，2008，13（3）：180-184.

[16] HOULIHAN J B. International supply chain management[J]. International Journal of Physical Distribution & Materials Management，1985，15（1）：22-38.

[17] JOSHI Y V. Information visibility and its effect on supply chain dynamics[D]. Cambridge：Massachusetts Institute of Technology，2000.

[18] SWAMINATHAN J M，TAYUR S R. Models for supply chains in E-business[J]. Management Science，2003，49（10）：1387-1406.

[19] LAMMING R C，CALDWELL N D，HARRISON D A，et al. Transparency in supply relationships：Concept and practice[J]. Journal of Supply Chain Management，2001，37（3）：4-10.

[20] BARRATT M，OKE A. Antecedents of supply chain visibility in retail supply chains：A resource-based theory perspective[J]. Journal of Operations Management，2007，25（6）：1217-1233.

[21] CARIDI M，CRIPPA L，PEREGO A，et al. Do virtuality and complexity affect supply chain visibility?[J]. International Journal of Production Economics，2010，127（2）：372-383.

[22] BARRATT M，BARRATT R. Exploring internal and external supply chain linkages：Evidence from the field[J]. Journal of Operations Management，2011，29（5）：514-528.

[23] WILLIAMS B D，ROH J，TOKAR T，et al. Leveraging supply chain visibility for responsiveness：The moderating role of internal integration[J]. Journal of Operations Management，2013，31（7-8）：543-554.

[24] CARIDI M，MORETTO A，PEREGO A，et al. The benefits of supply chain visibility：A value assessment model[J]. International Journal of Production Economics，2014，151：1-19.

[25] BARTLETT P A，JULIEN D M，BAINES T S. Improving supply chain performance through improved visibility[J]. The International Journal of Logistics Management，2007，18（2）：294-313.

[26] DELEN D，HARDGRAVE B C，SHARDA R. RFID for better supply-chain management through enhanced information visibility[J]. Production and Operations Management，2007，16（5）：613-624.

[27] GOH M，DE SOUZA R，ZHANG A N，et al. Supply chain visibility：A decision making perspective[C]. Xi'an：2009 4th IEEE Conference on Industrial Electronics and Applications，2009：2546-2551.

[28] YU M C，GOH M. A multi-objective approach to supply chain visibility and risk[J]. European Journal of Operational Research，2014，233（1）：125-130.

[29] HOLMSTRÖM J，FRÄMLING K，ALA-RISKU T. The uses of tracking in operations management：Synthesis of a research program[J]. International Journal of Production Economics，2010，126（2）：267-275.

[30] TSE Y K，TAN K H. Managing product quality risk and visibility in multi-layer supply chain[J]. International Journal of Production Economics，2012，139（1）：49-57.

[31] SOMAPA S，COOLS M，DULLAERT W. Characterizing supply chain visibility – A literature review[J]. The International Journal of Logistics Management，2018，29（1）：308-339.

[32] 王良，赵先德. 供应链可视化：文献综述及未来研究展望[J]. 供应链管理，2020，（5）：27-38.

[33] NOORAIE S V, MELLAT PARAST M. A multi-objective approach to supply chain risk management: Integrating visibility with supply and demand risk[J]. International Journal of Production Economics, 2015, 161: 192-200.

[34] KRAFT T, VALDÉS L, ZHENG Y C. Supply chain visibility and social responsibility: Investigating consumers' behaviors and motives[J]. Manufacturing & Service Operations Management, 2018, 20 (4): 617-636.

[35] DUBEY R, GUNASEKARAN A, CHILDE S J, et al. Upstream supply chain visibility and complexity effect on focal company's sustainable performance: Indian manufacturers' perspective[J]. Annals of Operations Research, 2020, 290 (1-2): 343-367.

[36] ROY V. Contrasting supply chain traceability and supply chain visibility: Are they interchangeable?[J]. The International Journal of Logistics Management, 2021, 32 (3): 942-972.

[37] WU J H, ZHAI X, ZHANG C, et al. Sharing quality information in a dual-supplier network: A game theoretic perspective[J]. International Journal of Production Research, 2011, 49 (1): 199-214.

[38] GROSSMAN S J, HART O D. Disclosure laws and takeover bids[J]. The Journal of Finance, 1980, 35 (2): 323-334.

[39] GUO L A. Quality disclosure formats in a distribution channel[J]. Management Science, 2009, 55 (9): 1513-1526.

[40] FABRIZIO K R, KIM E H. Reluctant disclosure and transparency: Evidence from environmental disclosures[J]. Organization Science, 2019, 30 (6): 1207-1231.

[41] ZHANG J, LI K J. Quality disclosure under consumer loss aversion[J]. Management Science, 2021, 67 (8): 5052-5069.

[42] HU M, WANG Z Z, FENG Y B. Information disclosure and pricing policies for sales of network goods[J]. Operations Research, 2020, 68 (4): 1162-1177.

[43] ZHANG A N, GOH M, MENG F W. Conceptual modelling for supply chain inventory visibility[J]. International Journal of Production Economics, 2011, 133 (2): 578-585.

[44] ZHOU W. RFID and item-level information visibility[J]. European Journal of Operational Research, 2009, 198 (1): 252-258.

[45] GRANADOS N, GUPTA A, KAUFFMAN R J. Research commentary-information transparency in business-to-consumer markets: Concepts, framework, and research agenda[J]. Information Systems Research, 2010, 21 (2): 207-226.

[46] WU J H, IYER A, PRECKEL P V. Information visibility and its impact in a supply chain[J]. Operations Research Letters, 2016, 44 (1): 74-79.

[47] ZHU K. Information Transparency of business-to-business electronic markets: A game-theoretic analysis[J]. Management Science, 2004, 50 (5): 670-685.

[48] ZHOU Z Z, ZHU K X. The effects of information transparency on suppliers, manufacturers, and consumers in online markets[J]. Marketing Science, 2010, 29 (6): 1125-1137.

[49] PIRAMUTHU S, FARAHANI P, GRUNOW M. RFID-generated traceability for contaminated

product recall in perishable food supply networks[J]. European Journal of Operational Research，2013，225（2）：253-262.

[50]　TSE Y K，TAN K H. Managing product quality risk in a multi-tier global supply chain[J]. International Journal of Production Research，2011，49（1）：139-158.

[51]　HSIAO H I，HUANG K L. Time-temperature transparency in the cold chain[J]. Food Control，2016，64：181-188.

[52]　ZHAO G Q，LIU S F，LOPEZ C，et al. Risk analysis of the agri-food supply chain：A multi-method approach[J]. International Journal of Production Research，2020，58（16）：4851-4876.

[53]　CARIDI M，PEREGO A，TUMINO A. Measuring supply chain visibility in the apparel industry[J]. Benchmarking：An International Journal，2013，20（1）：25-44.

[54]　赵晴晴，刘亮，何曙光，等. 供应链可视化测量指标量化模型[J]. 天津工业大学学报，2018，37（3）：83-88.

[55]　ZHOU H G，BENTON W C. Supply chain practice and information sharing[J]. Journal of Operations Management，2007，25（6）：1348-1365.

[56]　张煜，汪寿阳. 食品供应链质量安全管理模式研究——三鹿奶粉事件案例分析[J]. 管理评论，2010，22（10）：67-74.

[57]　BRUSSET X. Does supply chain visibility enhance agility?[J]. International Journal of Production Economics，2016，171：46-59.

[58]　ZHOU M S，DAN B，MA S X，et al. Supply chain coordination with information sharing：The informational advantage of GPOs[J]. European Journal of Operational Research，2017，256（3）：785-802.

[59]　BAI C G，SARKIS J. A supply chain transparency and sustainability technology appraisal model for blockchain technology[J]. International Journal of Production Research，2020，58（7）：2142-2162.

[60]　GUO L A，ZHAO Y. Voluntary quality disclosure and market interaction[J]. Marketing Science，2009，28（3）：488-501.

[61]　CAO H A，GUAN X，FAN T J，et al. The acquisition of quality information in a supply chain with voluntary vs. mandatory disclosure[J]. Production and Operations Management，2020，29（3）：595-616.

[62]　AKKERMANS H，BOGERD P，VAN DOREMALEN J. Travail，transparency and trust：A case study of computer-supported collaborative supply chain planning in high-tech electronics[J]. European Journal of Operational Research，2004，153（2）：445-456.

[63]　CHOI T M，FENG L P，LI R. Information disclosure structure in supply chains with rental service platforms in the blockchain technology era[J]. International Journal of Production Economics，2020，221：107473.

[64]　ASIOLI D，BOECKER A，CANAVARI M. On the linkages between traceability levels and expected and actual traceability costs and benefits in the Italian fishery supply chain[J]. Food Control，2014，46：10-17.

[65]　陈红华，田志宏. 企业农产品可追溯系统的成本及定价策略——基于 A 企业调研数据的分

析[J]. 中国农业大学学报（社会科学版），2016，33（4）：116-121.

[66] ROGERSON M，PARRY G C. Blockchain：Case studies in food supply chain visibility[J]. Supply Chain Management：An International Journal，2020，25（5）：601-614.

[67] 中欧-普洛斯供应链服务与创新中心，京东数科智臻链. 2020 区块链溯源服务创新及应用报告[R]. 上海：中欧国际工商学院，2020.

[68] DEMIRKAN H，CHENG H K. The risk and information sharing of application services supply chain[J]. European Journal of Operational Research，2008，187（3）：765-784.

[69] GRANADOS N，GUPTA A. Transparency strategy：Competing with information in a digital world[J]. MIS Quarterly，2013，37（2）：637-641.

[70] JOVANOVIC B. Truthful disclosure of information[J]. The Bell Journal of Economics，1982，13（1）：36-44.

[71] SUN M. Disclosing multiple product attributes[J]. Journal of Economics & Management Strategy，2011，20（1）：195-224.

[72] GUAN X，CHEN Y J. Hierarchical quality disclosure in a supply chain with cost heterogeneity[J]. Decision Support Systems，2015，76：63-75.

[73] CHAN F T S，CHONG A Y L. Determinants of mobile supply chain management system diffusion：A structural equation analysis of manufacturing firms[J]. International Journal of Production Research，2013，51（4）：1196-1213.

[74] LI S H，LIN B S. Accessing information sharing and information quality in supply chain management[J]. Decision Support Systems，2006，42（3）：1641-1656.

[75] LEE H，KIM M S，KIM K K. Interorganizational information systems visibility and supply chain performance[J]. International Journal of Information Management，2014，34（2）：285-295.

[76] WANG Z Y，ZHENG Z E，JIANG W，et al. Blockchain-enabled data sharing in supply chains：model，operationalization，and tutorial[J]. Production and Operations Management，2021，30（7）：1965-1985.

[77] WEI H L，WANG E T G. The strategic value of supply chain visibility：Increasing the ability to reconfigure[J]. European Journal of Information Systems，2010，19（2）：238-249.

[78] NOTHACKER D. Supply chain visibility and exception management[M]// Wurst C，Graf L. Disrupting logistics. Cham：Springer，2021：51-62.

[79] GHOSH B，GALBRETH M R. The impact of consumer attentiveness and search costs on firm quality disclosure：A competitive analysis[J]. Management Science，2013，59（11）：2604-2621.

[80] RIGANELLI C，MARCHINI A. Governance and quality disclosure：The palm oil issue[J]. British Food Journal，2017，119（8）：1718-1731.

[81] BUELL R W，KALKANCI B. How transparency into internal and external responsibility initiatives influences consumer choice[J]. Management Science，2021，67（2）：932-950.

[82] 中国副食流通协会食品安全与信息追溯分会. 中国校园食品安全现状及对策研究[R]. 北京：中国副食流通协会，2021.

[83] GARCIA-TORRES S，ALBAREDA L，REY-GARCIA M，et al. Traceability for sustainability-literature review and conceptual framework[J]. Supply Chain Management：An International Journal，2019，24（1）：85-106.

[84] BALOCCO R，MIRAGLIOTTA G，PEREGO A，et al. RFId adoption in the FMCG supply chain：An interpretative framework[J]. Supply Chain Management：An International Journal，2011，16（5）：299-315.

[85] AMID A，GHODSYPOUR S H，O'BRIEN C. Fuzzy multiobjective linear model for supplier selection in a supply chain[J]. International Journal of Production Economics，2006，104（2）：394-407.

[86] GROSSMAN S J. The informational role of warranties and private disclosure about product quality[J]. The Journal of Law and Economics，1981，24（3）：461-483.

[87] MILGROM P R. Good news and bad news：Representation theorems and applications[J]. The Bell Journal of Economics，1981，12（2）：380-391.

[88] GUAN X，CHEN Y J. The interplay between information acquisition and quality disclosure[J]. Production and Operations Management，2017，26（3）：389-408.

[89] IYER G，SINGH S. Voluntary product safety certification[J]. Management Science，2018，64（2）：695-714.

[90] HONG X P，CAO X L，GONG Y M，et al. Quality information acquisition and disclosure with green manufacturing in a closed-loop supply chain[J]. International Journal of Production Economics，2021，232：1-16.

[91] HUANG S，GUAN X，CHEN Y J. Retailer information sharing with supplier encroachment[J]. Production and Operations Management，2018，27（6）：1133-1147.

[92] 石纯来，聂佳佳. 网络外部性对双渠道供应链信息分享的影响[J]. 中国管理科学，2019，27（8）：142-150.

[93] LI L. Information sharing in a supply chain with horizontal competition[J]. Management Science，2002，48（9）：1196-1212.

[94] LI L，ZHANG H T. Confidentiality and information sharing in supply chain coordination[J]. Management Science，2008，54（8）：1467-1481.

[95] HA A Y，TONG S L，ZHANG H T. Sharing demand information in competing supply chains with production diseconomies[J]. Management Science，2011，57（3）：566-581.

[96] GUO L，IYER G. Information acquisition and sharing in a vertical relationship[J]. Marketing Science，2010，29（3）：483-506.

[97] 周茂森，张庆宇. 双向部分透明供应链的大数据投资决策与激励[J]. 中国管理科学，2020，28（11）：130-144.

[98] ZHAO M，DONG C W，CHENG T C E. Quality disclosure strategies for small business enterprises in a competitive marketplace[J]. European Journal of Operational Research，2018，270（1）：218-229.

[99] CAI X Q，CHEN J A，XIAO Y B，et al. Optimization and coordination of fresh product supply chains with freshness-keeping effort[J]. Production and Operations Management，2009，19（3）：261-278.

[100] 马雪丽，王淑云，金辉，等. 考虑保鲜努力与数量/质量弹性的农产品三级供应链协调优化[J]. 中国管理科学，2018，26（2）：175-185.

[101] 曹晓宁，王永明，薛方红，等. 供应商保鲜努力的生鲜农产品双渠道供应链协调决策

研究[J]. 中国管理科学，2021，29（3）：109-118.

[102] FISHMAN M J，HAGERTY K M. Mandatory versus voluntary disclosure in markets with informed and uninformed customers[J]. Journal of Law，Economics，and Organization，2003，19（1）：45-63.

[103] GUAN X，CHEN Y J. Timing of information acquisition in a competitive environment[J]. Naval Research Logistics，2016，63（1）：3-22.

[104] GUAN X，WANG Y L，YI Z L，et al. Inducing consumer online reviews via disclosure[J]. Production and Operations Management，2020，29（8）：1956-1971.

[105] 张翠华，孙莉莉. 双零售商动态博弈下分销渠道的质量信息披露策略研究[J]. 管理工程学报，2012，26（4）：199-204.

[106] GUAN X，LIU B S，CHEN Y J，et al. Inducing supply chain transparency through supplier encroachment[J]. Production and Operations Management，2020，29（3）：725-749.

[107] 邓力，赵瑞娟，郑建国，等. 双渠道供应链质量信息披露策略[J]. 系统管理学报，2019，28（1）：141-154.

[108] 蒋忠中，赵金龙，弋泽龙，等. 灰色市场下考虑非对称信息的制造商质量披露及定价策略[J]. 系统工程理论与实践，2020，40（7）：1735-1751.

[109] GUO L A，LI T A，ZHANG H T. Strategic information sharing in competing channels[J]. Production and Operations Management，2014，23（10）：1719-1731.

[110] HUANG S，YANG J. Information acquisition and transparency in a supply chain with asymmetric production cost information[J]. International Journal of Production Economics，2016，182：449-464.

[111] 周建亨，冉芸. 基于策略性竞争博弈的供应链信息共享策略[J]. 中国管理科学，2019，27（6）：88-102.

[112] LI L. Cournot oligopoly with information sharing[J]. The RAND Journal of Economics，1985，16（4）：521-536.

[113] LEE H L，SO K C，TANG C S. The value of information sharing in a two-level supply chain[J]. Management Science，2000，46（5）：626-643.

[114] ZHANG H T. Vertical information exchange in a supply chain with duopoly retailers[J]. Production and Operations Management，2009，11（4）：531-546.

[115] HA A Y，TIAN Q，TONG S. Information sharing in competing supply chains with production cost reduction[J]. Manufacturing & Service Operations Management，2017，19（2）：246-262.

[116] SHANG W X，HA A Y，TONG S L. Information sharing in a supply chain with a common retailer[J]. Management Science，2016，62（1）：245-263.

[117] 周茂森，张庆宇. 竞争环境下考虑供应链透明度的大数据投资决策[J]. 系统工程理论与实践，2018，38（12）：2993-3009.

[118] LIU Z K，ZHANG D J，ZHANG F Q. Information sharing on retail platforms[J]. Manufacturing & Service Operations Management，2021，23（3）：606-619.

[119] BOARD O. Competition and disclosure[J]. The Journal of Industrial Economics，2009，57（1）：197-213.

[120] GAO L，LI Z L，SHOU B Y. Information acquisition and voluntary disclosure in an

export-processing system[J]. Production and Operations Management，2014，23（5）：802-816.

[121] SLUIS S，DE GIOVANNI P. The selection of contracts in supply chains：An empirical analysis[J]. Journal of Operations Management，2016，41（1）：1-11.

[122] JEULAND A P，SHUGAN S M. Managing channel profits[J]. Marketing Science，1983，2（3）：239-272.

[123] CHEN J. Returns with wholesale-price-discount contract in a newsvendor problem[J]. International Journal of Production Economics，2011，130（1）：104-111.

[124] 但斌，王瑶，王磊，等. 考虑制造商服务努力的异质产品双渠道供应链协调[J]. 系统管理学报，2013，22（6）：835-840.

[125] HA A Y，TONG S L. Contracting and information sharing under supply chain competition[J]. Management Science，2008，54（4）：701-715.

[126] GUO L A. The benefits of downstream information acquisition[J]. Marketing Science，2009，28（3）：457-471.

[127] TAYLOR T A，XIAO W Q. Incentives for retailer forecasting：Rebates vs. returns[J]. Management Science，2009，55（10）：1654-1669.

[128] TANG W J，GIROTRA K. Using advance purchase discount contracts under uncertain information acquisition cost[J]. Production and Operations Management，2017，26（8）：1553-1567.

[129] CHEN F R，LAI G M，XIAO W Q. Provision of incentives for information acquisition：Forecast-based contracts vs. menus of linear contracts[J]. Management Science，2016，62（7）：1899-1914.

[130] CACHON G P，LARIVIERE M A. Supply chain coordination with revenue-sharing contracts：Strengths and limitations[J]. Management Science，2005，51（1）：30-44.

[131] TAYLOR T A. Supply chain coordination under channel rebates with sales effort effects[J]. Management Science，2002，48（8）：992-1007.

[132] KRISHNAN H，KAPUSCINSKI R，BUTZ D A. Coordinating contracts for decentralized supply chains with retailer promotional effort[J]. Management Science，2004，50（1）：48-63.

[133] BERNSTEIN F，FEDERGRUEN A. Decentralized supply chains with competing retailers under demand uncertainty[J]. Management Science，2005，51（1）：18-29.

[134] BHASKARAN S R，KRISHNAN V. Effort，revenue，and cost sharing mechanisms for collaborative new product development[J]. Management Science，2009，55（7）：1152-1169.

[135] LIU B S，MA S H，GUAN X，et al. Timing of sales commitment in a supply chain with manufacturer-quality and retailer-effort induced demand[J]. International Journal of Production Economics，2018，195：249-258.

[136] LAMBERTINI L. Coordinating research and development efforts for quality improvement along a supply chain[J]. European Journal of Operational Research，2018，270（2）：599-605.

[137] ROY A，GILBERT S M，LAI G. The implications of visibility on the use of strategic inventory in a supply chain[J]. Management Science，2019，65（4）：1752-1767.

[138] LEE H，OZER O. Unlocking the value of RFID[J]. Production and Operations Management，2007，16（1）：40-64.

[139] TSAY A A，AGRAWAL N. Channel dynamics under price and service competition[J]. Manufacturing & Service Operations Management，2000，2（4）：372-391.

[140] CHEN J X，LIANG L，YAO D Q，et al. Price and quality decisions in dual-channel supply chains[J]. European Journal of Operational Research，2017，259（3）：935-948.

[141] 士明军，王勇，但斌，等. 绿色供应链中不对称需求预测下的信息共享研究[J]. 中国管理科学，2019，27（4）：104-114.

[142] CHEN Y J，TANG C S. The economic value of market information for farmers in developing economies[J]. Production and Operations Management，2015，24（9）：1441-1452.

[143] JOSHI Y V，MUSALEM A. When consumers learn，money burns：Signaling quality via advertising with observational learning and word of mouth[J]. Marketing Science，2021，40（1）：168-188.

[144] BANKER R D，KHOSLA I，SINHA K K. Quality and competition[J]. Management Science，1998，44（9）：1179-1192.

[145] 唐润，李倩倩，彭洋洋. 考虑质量损失的生鲜农产品双渠道市场出清策略研究[J]. 系统工程理论与实践，2018，38（10）：2543-2555.

[146] 申强，徐莉莉，杨为民，等. 需求不确定下双渠道供应链产品质量控制研究[J]. 中国管理科学，2019，27（3）：128-136.

[147] ZHANG Z，SONG H M，SHI V，et al. Quality differentiation in a dual-channel supply chain[J]. European Journal of Operational Research，2021，290（3）：1000-1013.

[148] CHOI S C. Price competition in a duopoly common retailer channel[J]. Journal of Retailing，1996，72（2）：117-134.

[149] CHEN C. Design for the environment：A quality-based model for green product development[J]. Management Science，2001，47（2）：250-263.

[150] LAUGA D O，OFEK E. Product positioning in a two-dimensional vertical differentiation model：The role of quality costs[J]. Marketing Science，2011，30（5）：903-923.

[151] MA P，WANG H Y，SHANG J. Supply chain channel strategies with quality and marketing effort-dependent demand[J]. International Journal of Production Economics，2013，144（2）：572-581.

[152] CHEN L，PENG J，LIU Z B，et al. Pricing and effort decisions for a supply chain with uncertain information[J]. International Journal of Production Research，2017，55（1）：264-284.

[153] GUPTA R，BISWAS I，KUMAR S. Pricing decisions for three-echelon supply chain with advertising and quality effort-dependent fuzzy demand[J]. International Journal of Production Research，2019，57（9）：2715-2731.

[154] VAN DER VORST J，TROMP S O，VAN DER ZEE D J. Simulation modelling for food supply chain redesign：integrated decision making on product quality，sustainability and logistics[J]. International Journal of Production Research，2009，47（23）：6611-6631.

[155] AUNG M M，CHANG Y S. Traceability in a food supply chain：Safety and quality perspectives[J]. Food Control，2014，39：172-184.

[156] AHUMADA O，VILLALOBOS J R. Application of planning models in the agri-food supply chain：A review[J]. European Journal of Operational Research，2009，196（1）：1-20.

[157] 刘凯飞，邵鲁生，刘晓. 基于质量控制的易腐食品供应链计划问题[J]. 工业工程与管理，2011，16（3）：45-51，56.

[158] REINER G，TRCKA M. Customized supply chain design：Problems and alternatives for a production company in the food industry. A simulation based analysis[J]. International Journal of Production Economics，2004，89（2）：217-229.

[159] 赵霞，窦建平. 求解农产品供应链网络设计问题的混合粒子群算法[J]. 管理工程学报，2013，27（4）：169-177.

[160] TING S L，TSE Y K，HO G T S，et al. Mining logistics data to assure the quality in a sustainable food supply chain：A case in the red wine industry[J]. International Journal of Production Economics，2014，152：200-209.

[161] WILHELM M M，BLOME C，BHAKOO V，et al. Sustainability in multi-tier supply chains：Understanding the double agency role of the first-tier supplier[J]. Journal of Operations Management，2016，41：42-60.

[162] SONG C，ZHUANG J. Modeling a government-manufacturer-farmer game for food supply chain risk management[J]. Food Control，2017，78：443-455.

[163] 林峰，贾涛，高艳，等. 考虑分割配送的易腐品一体化库存路径问题[J]. 工业工程与管理，2015，20（5）：45-53.

[164] MATTEVI M，JONES J A. Traceability in the food supply chain：Awareness and attitudes of UK small and medium-sized enterprises[J]. Food Control，2016，64：120-127.

[165] BOTTANI E，MONTANARI R，VOLPI A. The impact of RFID and EPC network on the bullwhip effect in the Italian FMCG supply chain[J]. International Journal of Production Economics，2010，124（2）：426-432.

[166] WANG J，YUE H L. Food safety pre-warning system based on data mining for a sustainable food supply chain[J]. Food Control，2017，73：223-229.